传
记
文
库

特立,不独行

四川美术学院学术出版基金资助

本著作为四川美术学院当代视觉艺术研究中心
学术研究项目成果 sjzx2019001

家长的故事
1980 年代的毛旭辉

吕澎 著

新星出版社 NEW STAR PRESS

目 录

引　子　　1

第一章　　启　蒙
　　　　　阅读浸染　5
　　　　　"外光派"的影响　21
　　　　　经验　31
　　　　　学生时期的创作　53

第二章　　青春的紊乱
　　　　　从圭山到"塞纳河"　103
　　　　　诗与笔记：思想的悸动　125
　　　　　"体积"　154
　　　　　最后的纯朴　163

第三章　　"新具像"与现代主义
　　　　　歌尔德蒙式的出走　203
　　　　　首届"新具像"展览　211
　　　　　"新具像"的延伸　225
　　　　　现代主义的辩护　244
　　　　　"荒原狼"　252
　　　　　心理叙事　267

第四章　　"家　长"
　　　　　灵魂不息　301
　　　　　"家长"　320

后　记　　357

引 子

2016年1月28日到2月3日,我在昆明。之前,毛旭辉和他的助手张光华为我的写作已经做了长时间的资料搜集和文献整理,这几天他便将照片、笔记,早年的记事本、速写本、水粉和油画写生,各种形式的资料文献、手稿和作品,一一给我翻阅和观看。在毛旭辉的创库工作室,在巴赫、拉赫玛尼诺夫以及其他西方音乐的背景下,我们的思绪不时回到三十年前的80年代,尤其是那些老照片和毛旭辉早年的写生,很容易将我们引向往昔。在翻阅资料的过程中,我一次又一次地感受到时光的飞逝和世事面目全非的变迁,而我将要做的是,如何通过一个特殊而孤独甚至"疾病缠身"的个人,来描述、分析和判断一个特定历史时期的艺术风景及其问题。

2009年11月13日,北京。一个隶属中国艺术研究院的"中国当代艺术院"正式挂牌成立,院长是《父亲》的作者罗中立。没有人清楚这个官方机构是在什么背景下突然产生的,但是,2004年至2008年间出现的中国当代艺术在全球拍卖市场上的价格"井喷",无疑为那些在官方艺术机构里没有任何地位的当代艺术家——官方机构几乎没有收藏他们的作品——增加了鲜艳的色彩:张晓刚、王广义、方力钧、岳敏君、刘小东、周春芽以及曾梵志等艺术家开始在社会中广为人知,他们的艺术市场价格迅速地为他们披上了似乎有点神话成分的外衣,他们的艺术被认为在全球艺术市场中树立了一个"中国牌"的象征招牌,以至于有欧美的艺术家开玩笑地感叹道:"如果我有一张中国人的脸就好了!"无论这样的局面究竟属于什么性质抑或根本就是问题的开始,中国当代艺术被金钱拉入了让世界瞩目和震惊的焦点,就像中国的经济被世界所关注,而"中国制造"这个很快就解体的概念也一度被认为是影响全球经济的品牌一样。这个机构的"院士"——被人们嘲讽地使用的词汇——成员名单还有：徐冰、许江、隋建国、韦尔申、蔡国强、汪建伟、叶永青、王功新、林天苗、展望、冯梦波、宋冬和邱志杰。在授予聘任证书的仪式上，夹杂着不同政治信仰、艺术观念、价值立场的艺术家受到了党和国家主管部门以及全国美术家协会主席的到场祝贺。敏感的人会在内心询问：这究竟意味着什么？参加了2008年12月召开的全国美术家协会代表大会的人应该有记忆："工作报告"指责了玩世现实主义和政治波普对中国形象的歪曲。然而不到一年的时间，官方居然认可了那些在政治和意识形态准则上让人怀疑的中国当代艺术，是发生在中国的当代艺术开始进入了一个合法化的程序了吗，或者那些"功成名就"的艺术家最终向官方伸出了感激之手了？到场参加祝贺的画家陈丹青用"流寇"这个词来形容这些被认为在昨天还"不合法"的艺术家，他对那些"特立独行""不按常理出牌"的"院士"给予了多少有些预言式的劝告："不管怎么样，都不要把自己的锐气灭掉，不要让自己慢慢变蔫了……"无论如何，不少批评家更愿意将此次事件认定为在野的、边缘的艺术家被官方"招安"。

作为张晓刚的朋友，毛旭辉参加了这次成立典礼仪式，他非常熟悉台上的那些面孔，张晓刚和叶永青是他早年学习绘画并在80年代的现代主义运动中保持共同艺术立场的战友。但是，这个曾经以表现主义艺术倾向（"生命之流"——批评家高名潞为80年代中期的艺术现象设置的两个概念之一，另一个概念是"理性绘画"）成为"'85时期"西南重要代表的艺术家并没有成为中国当代艺术院成员中的一个，而台上站着的却不乏对1979年以来的中国现代艺术和当代艺术并没有什么特殊表现的艺术家或在这段历史中并不那么重要的艺术家。过去三十年的人生风景在毛旭辉的脑海里一一闪现，他应该是来祝贺他在台上的几个朋友的，但他站在台下看着眼前的一切，不知道该说什么好……仪式结束之后他对张晓刚说，有些该在上面的人不在上面，一些不该在上面的却在上面。毛旭辉显然有一个自己的判断，但是，他说出这个看法时没有将这个时期官方机构的性质与背后的意识形态基础与他所主张的价值区分开来。

此时的北京已经入秋，也许是受2008年的全球经济危机的影响，中国当代艺术在市场中的"井喷"已近熄灭，不过余温还在，中国当代艺术院的成立可以看成是2004年至2008年那些"大腕"艺术家美好风光最后的余续，尽管不少人这时还完全没有意识到这一点。

2010年8月18日，由中国艺术研究院和中国美术馆联合主办、由中国当代艺术院承办的"建构之维——中国当代艺术邀请展"在中国美术馆举行，这是中国当代艺术院成立活动的组成部分。这年12月9日，由高名潞策展的《川逝：大毛的艺术》在北京炎黄艺术馆（一个由隶属民生银行的民生现代美术馆所管理和经营的民间美术馆）举办。展览的现场展示了毛旭辉在80年代的文献和资料，据此，高名潞编辑了一本由书信（以20世纪80年代和90年代初期为主）和文献构成的图录，为观众提供了关于这位来自云南昆明的艺术家的背景资料。但是，如此隆重的个人展览似乎并没有唤起朋友们早年那样的激情——这个容易理解，旧时光早已过去。

90年代初，在不少艺术家和知识分子看来，灵魂因市场经济的影响开始受到金钱的挤压，毛旭辉在1995年写道："我们至今仍然没有做出什么惊天动地的事情，这与少年时代的雄心壮志多少有些出入。"（《棕树营画室手记》）文字中已经有一丝苍凉的情绪。1993年至1994年间，知识界对人文精神是否正在消失表示了深深的忧虑，社会与艺术家曾经关心过的问题——政治、哲学、宗教以及关于人的其他更为深刻的问题——变得越发复杂。

资料表明：从70年代初开始学习绘画，经历了前辈的指导、学院正规教育以及参与现代主义艺术运动，毛旭辉的艺术之路构成了艺术史上的一个特殊案例。早在1990年，我在写作有关毛旭辉的艺术的文章《生命的具象与陈述》里曾引用了柯林伍德（Robin George Collingwood，1889—1943）在《艺术原理》结尾中的一段话：

艺术家必须预言；这并不是说，他预报了即将来临的事态，而是说，他冒着使观众生气的风险，把观众自己内心的秘密告诉他们。作为一个艺术家，他的任务就是要把话讲出来，把心里话完全坦白出来。但是艺术家必须说的东西，并不像个人主义的艺术理论要我们相信的，是他自己的私人秘密。作为社会的代言人，艺术家必须讲出的私密是属于那个社会的。社会之所以需要艺术家，是因为没有哪个社会完全了解自己的内心；并且社会由于没有对自己内心的这种认识，它就会在这一点上欺骗自己，而对于这一点的无知就意味着死亡。对于来自那种愚昧无知的不幸，作为预言家的诗人没有提出任何药物，因为他已经给出药物了，药物就是诗歌本身。艺术是社会疾病的良药，专治最危险的心理疾病——意识腐化症。

可是直到今天，中国的当代艺术家所面临的不仅仅是"冒着使观众生气的风险"。明确地说，他们的艺术远远没有获得制度上的保障，他们的艺术因其价值观和立场而根本没有作为这个国家的历史遗产被加以对待，他们的艺术对于坐落在北京的中国美术馆来说无足轻重——这真是一个被普遍忽略的事实。复杂的是，尽管早年曾与他的同伴共同反抗过官方美术家协会，可是毛旭辉最终还是接受了云南美术家协会油画艺术委员会主任这个身份，这表明随着时间的流逝，这位艺术家试图证明自己的努力拥有价值的路径似乎只有一条——他顾不上去思考获得了这个官方机构的形式认可究竟与当初的理想和目标有什么关联，就像那些不安分的"流寇"接受了中国当代艺术院的"招安"一样，这类在价值观和艺术态度不清楚的情况下进行的"握手"在事后都使得艺术家们不同程度地感到尴尬——因为这严重地模糊了他们的价值观和艺术态度的边界。这是一个复杂的时代，如果我们缺乏独立的价值观和立场，缺乏符合理性精神的历史意识，如果我们将艺术和价值的判断放在随波逐流的水准上，比如放在一个僵化了的艺术史标准陈述上，像毛旭辉这样的艺术家的艺术以及他们为之进行的所有努力将会被视为垃圾，视为社会疾病或"精神污染"的蔓延，根本不可能成为治疗"社会疾病的良药"。

写作中，我在一封我曾经（1989年11月15日）写给毛旭辉的信里，看到有这样的话："在可能的情况下，我再去一趟昆明，但很难说。我倒想在明年写一本《毛旭辉》，类似《达利》（我的一本翻译著作）的那种体例。如定下时间，明年我会在昆明住一段时间。"次年夏天（8月），我去了昆明，回到成都写了一篇《生命的具象与陈述》。然而直到今天，我才完成了这部详细描述毛旭辉80年代艺术历程的文字。的确，那是一代人的风华年月，今天看来，对在这个风华年月中一个艺术家的经历给予深入的考察已经不是一个简单的个案研究，而是这个时期的艺术史问题了。

所以，我没有打算书写一个有关艺术家的光荣史，而是在记录和介绍一位出生在50年代热爱艺术的年轻人在成长过程中面临和表现出来的种种问题。社会没有条件去考察每个人，但允许人们通过一个具体的生命去了解和联想过去，了解与之同时代的一代人的经历，兴许人们可以发现那个特定的历史时期比较具有普遍性的灵魂，从而理解由此而产生的艺术精神与人生态度。毛旭辉在1985年的一天写给他一个女友的书信里有这样的文字："大师的桂冠从来也没有规定是赐于（予）男性或者某个人，它就摆在一个地方，任何人只要走到那里，谁都可以戴在自己的头上，关键是你要有能力走到那里。当然，我们不是为了这顶桂冠。其实当一个人创造了真正的艺术时，任何桂冠都是苍白的，毫无意义的。"[1]

2018年2月12日星期一于杭州到成都的飞机上

---

[1] 毛旭辉致孙国娟信，1985年5月28日。（孙国娟提供）

1976年,大学之前,毛旭辉留影于昆明百货公司宿舍内

第一章　启　蒙

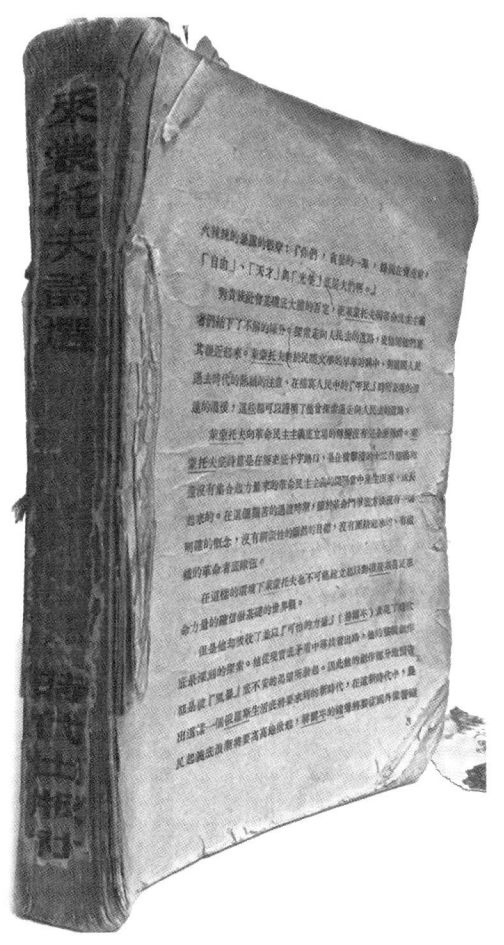

《莱蒙托夫诗选》,时代出版社,1951年9月第1版

在大海底深蓝色的浓雾里

一只孤独的帆儿闪着白光……

它在寻求什么,在这遥远的异地?

它抛下了什么,在那自己的故乡?

……

——莱蒙托夫《帆》(1832年)

阅读浸染

以上诗句引用自中文版《莱蒙托夫诗集》[1]。毛旭辉说："这首《帆》是当时大家最喜爱、耳熟能详、朗朗上口的一首诗。"他是1972年读到莱蒙托夫（Mikhail Lemontov，1814—1841）的诗集的，俄罗斯诗人的这首描述自己心情的诗歌能够引起一位中国少年的持久记忆，当然与诗歌的含义和情绪有关——这首诗是一个出生于中国普通家庭的男孩对人生开始有了朦胧感受的一个可以证实的标志：表明了这个男孩对经验世界最早理解的开始。

毛旭辉于1956年6月2日出生于中国四川省重庆市一个普通教师家庭，因为他落地的同时太阳也升起来了，父亲给他取名为"旭辉"。这位艺术家的记录显示："父母原在重庆地质学校（沙坪坝井口二塘）工作，家住学校的一个独户小院，能听到嘉陵江上的船工号子和轮船的汽笛声。1956年，重庆地质学校为支援边疆建设，抽调部分教学资源在昆明成立昆明地质学校。"毛旭辉在家中排行老三，有两个哥哥，大哥毛庆西和二哥毛大林。1958年夏天，毛旭辉和他的二哥毛大林被送回重庆，寄养在外公家。此后，毛旭辉经常被父母送往重庆外公家寄养，来来回回有好几年的时间。幼年的这个经历成为他以后对重庆有特殊感情的基本原因。在昆明地质学校，母亲教语文课，父亲教政治经济课。毛旭辉祖籍四川武胜，高祖至祖父三代中医，因技艺精湛，祖父于1927年举家迁往重庆行医，开办毛家诊

---

[1] 中文版《莱蒙托夫诗集》由时代出版社1951年出版。毛旭辉是1972年在公司同事那里发现的这本旧书。1966年"文化大革命"开始，即便是苏联的书籍也大多被视为修正主义（封、资、修）的东西而被批判和焚毁，但民间保留的旧书仍然会在私下传阅。莱蒙托夫并不是苏联时期的诗人，但在"文革"期间也显然不被作为无产阶级的诗人——例如高尔基——而受到允许。

1957年，毛旭辉全家合影
母亲手中抱着的婴儿为毛旭辉。摄于昆明

所。父亲毛晓初（1925—2007），中学时代与中共地下党组织有接触，阅读进步书籍，思想倾向民主，因带头反抗学校官员的贪污腐化被开除而转学。1945年考取重庆大学法律系，大学期间继续与中共地下党组织保持联系，阅读大量进步书籍，并组织成立"驼铃诗刊社"，以诗歌形式歌颂民主自由，揭露黑暗统治。他因为积极参加学生运动和革命活动，是学校学运骨干，被国民党特务视为"异党分子"，1949年4月25日被特务逮捕，后被转囚于重庆白公馆监狱。1949年11月27日，在国民党挥向"政治犯"的屠刀下侥幸脱险。1950年被分配到川东行政公署民政厅工作，1952年调至西南地质勘探干部学校，后改建为重庆地质学校。1956年10月被组织抽调至云南，支援昆明地质学校的创办。毛旭辉的母亲陈传贞（1925—2009）与毛晓初是自由恋爱，一开始遭到毛旭辉爷爷的反对，并切断了对毛晓初的经济支持，原因是陈传贞出身贫寒。她尚年幼，其父因其母屡产屡夭，生不出儿子，便抛弃了妻子另立门户。遭此厄运，毛旭辉外婆哭瞎了眼睛。她是一位虔诚的天主教徒，她身边的亲人也都信奉天主教，所以毛旭辉的母亲也是天主教徒。外婆同意了父母的婚事，但要求他们在天主教堂举行婚礼。当时外婆已病重，当她把女儿托付给毛晓初之后，便在女婿的怀中离世了。因此，毛旭辉的父母都是思想开明之人，他们从不干涉毛旭辉的生活、工作和人生选择。毛旭辉认为，这是他能顺利选择绘画的原因之一。不仅如此，毛旭辉也认为他从父亲那里遗传了热爱文学的基因，且有狂热的成分；从母亲那里则遗传了些多愁善感的特质，时常会产生一些莫名的悲剧感。1962年9月，毛旭辉被送进昆明地质学校附近的上马村小学读书。1964年，父母被调动到位于昆明市白塔路的云南省地质局机关，父亲在地质局下属的探矿机械厂任政治部主任，母亲在地质局机关工会工作，所以，9月，毛旭辉又被转到地质局子弟学校读小学，直至读到四年级"文革"爆发（1966年5月），学校停课（9月）。全国所有城市大街小巷都充斥着各类政治标语和口号。"不上学的日子里能做的事情是帮助机关的大人们抄写大字报，散发传单，用刻笔在钢板上刻蜡纸，用三轮车拉着石灰桶在地上、墙上刷标语。"[1] 这样的经历是大多数 50 年代出生的人都经历过且非常熟悉的。与其他一些同学的情况不同，毛旭辉的父亲因为"白公馆监狱"那段历史被定性为"叛徒"和"走资派"[2]，被监禁在工厂里劳动和批斗，直到 1968 年，才被允许每周回家一次。1968 年前后，昆明的"武斗"越发高涨[3]，为了躲避，重庆的亲戚家仍然是毛旭辉一家人可能的去处。在毛旭辉的记忆中，正是在重庆的亲戚家，他读到了一本外国小说《斯巴达克斯》，小说中的"悲壮""悲剧"色彩震撼了这颗幼小的心灵。文字传递的"悲壮""悲剧"对一个小学还没有读完的人来说仍然是抽象的，很可能只是唤起了一种无意识的心理状态，这样的心理状态只有在以后开始独立思考并对现实有了更多的认识时才会有具体的针对性。1969 年，毛旭辉与大哥毛庆西、表哥赵建狮、九叔毛朝忠游览了重庆朝天门码头和解放碑，这种反反复复的游历加深了他对重庆的特殊感情。3 月，全国的中学按照毛泽东的指示"复课闹革命"，毛旭辉回到昆明后被分配到位于郊区的昆明市第十一中学；5 月，他又被转到位于白塔路的昆明市第十中学。中学的经历给毛旭辉留下的持久记忆是："三个月学工（去延安医院附近的云南机床厂开车床、车零件），三个月学农（插秧、耙地、和泥），三个月学军（练队列、拉练、叠被服），还有大量政治课。"[4] 中学生的这种学习是普遍的，其直接的政治背景是：大规模的武斗之后，党内的敌人已经被清理，原有的政治管理结构被破坏，作为学生的红卫兵的政治任务已经完成，这时，毛泽东一面号召毕业的学生到农村去接受农民（贫下中农）的再教育，将这个失控的力量引向并分散到农村；一方面希望工人和解放军能够成为之后教育领域的控制力量。尽管那些进入学校的工人和士兵的文化水平非常有限，但是，他们被毛泽东认为代表了正确的政治方向，代表了领袖确定的无产阶级革命路线，而

1　《毛旭辉年表》（未发表），由毛旭辉及其助手撰写。

2　对任何人的这类身份的定性在"文革"期间是经常发生的，几乎没有任何法律依据。

3　"武斗"，即在 1966 年 5 月"文革"爆发之后出现的政治派系之间的武力冲突，参与"武斗"的大多数是学生和工人。

4　《毛旭辉年表》（未发表）。

1968年，春节期间，毛旭辉（后排右一）与二哥（后排右二）在重庆外公家躲避武斗，与亲戚合影。摄于重庆红星照相馆

1969年，毛旭辉（右）和九叔毛朝忠（中）、大哥毛庆西（左）于重庆解放碑合影

1974年，毛旭辉（左）与朋友汤克强（右）在昆明市百货公司昙华寺仓库宿舍内学习乐器

在学校的教师却大多被认为属于资产阶级队伍中的力量，至少沾染了太多的资产阶级思想，因而也需要接受政治上的不断改造，接受工人阶级和解放军的领导。

1971年3月，毛旭辉从昆明市第十中学毕业，被分配到昆明市百货公司鞋帽批发部当搬运工，开始接触较为复杂的社会生活。次年在鞋帽批发部昙花寺仓库任仓库保管员的时候，毛旭辉表现出了对音乐的浓厚兴趣，他与他的工友一块儿唱歌、抄歌，学习手风琴、口琴、吉他和"蚊子铃"（8弦琴曼陀铃）。在1972年的抄歌本封二里，毛旭辉写下了"把你心爱的歌都抄在上边吧"。在这个由样板戏的剧照构成笔记本图片的抄歌本里，毛旭辉以粘贴和抄写的方式保留了大量外国歌曲，包括在这个时候很容易被视为资产阶级色情文艺的情歌：舒伯特的《小夜曲》、波兰民歌《把我嫁出去》、英国古典民歌《她的微笑又出现》、印尼马鲁古岛民歌《多么可惜呀！》、罗马尼亚的《假如我们不曾相遇》、俄罗斯的《美丽的姑娘，你像春天一样》、印尼巴达民歌《星星索》、意大利的《重归苏莲托》，等等。"文革"期间，这类歌曲显然是不被允许公开歌唱的，不过，毛旭辉还是与他的同事悄悄地交换、交流这些爱好。在一张1974年的照片里，毛旭辉穿着公司的同事从家里偷偷带来的他父亲的西装，打着领带，拉着小提琴，一副新奇而满意的神情。事实上，这种对西方生活方式或趣味的爱好只能在自己的宿舍里通过模拟悄悄享受，因为在那个批判"封、资、修"的年月，这一身打扮和爱好是不合时宜的。抄写爱情歌曲固然与青春的萌动有关，但已经透露出这位年轻人对自由与想象的本能向往。

在"文革"期间，人们能够听到的主要声音，是用于政治宣传的音乐，而不是具有不同思想与感情的音乐，大街小巷传来的声音都与毛泽东的语录或政治口号有关。因此，"资产阶级的小情小调"足以导致年轻人的过度自由和放纵——柏拉图的担心在这时的中国根本谈不上，人们仍然普遍认为，躲避在自己的空间里悄悄地吟唱这类歌曲自然会唤起危险的自由情绪。不过，偷偷吟唱外国情歌这种不合时宜的举动因人性的需要而继续发展着,只要压制的力量还没有触及一个小单位(公司)的宿舍。与音乐相比,文字更易对人产生影响,更容易唤起思考与理性。这一年,毛旭辉还从同事那里借来了《莱蒙托夫诗集》和1957年新文艺出版社出版的海涅(Heinrich Heine,1797—1856)《诗歌集》中文版。时间与不当的保存早使这些书破烂不堪,但书中的文字却深深地吸引着这位仓库保管员。

现在,毛旭辉渐渐开始对自我这个生命体有了一丝意识,他有些理解了莱蒙托夫在海岸边写下的《帆》的意思:社会就像大海一样无边无际,波涛汹涌,海风咆哮,而生命的个体就像大海中桅杆轧轧作响的白帆。也许,每个人的目的是寻求幸福,可是,帆真正需要的是"风暴","仿佛是在风暴中才有安详!"这句诗提示了内心的冲突和矛盾。毛旭辉不仅开始接触"孤独"的字眼,也能够感到孤独的吸引力,这样的思想积累了毛旭辉无意识的内心力量,因而让他念念不忘。作为诗人,莱蒙托夫当然写了国家、个人、爱情、忧伤,那些诗歌里的思想和情绪都感染着毛旭辉,在一个思想与感情匮乏的时期,这类诗歌就像甘泉一样滋润着这个年轻人。

孤独的短歌呀,你还留着!现在也去吧,
为我寻访那消失已久的梦影,
你若遇到了它,请替我问好——
我要把我的幽思送给那个幻影。
……
——海涅《梦幻曲》

从前有一位忧郁而沉默的骑士,
露出一副瘦削而惨白的面貌;
他摇摇摆摆,颠颠晃晃,走去走来,
好像被一种沉闷的梦魂缠绕。
他是这样的呆呆板板,笨头笨脑,

只要他一瘸一拐地走过，
花儿和少女们就要在四周窃窃暗笑。
……

——海涅《序诗》

我要登上山去，
那里有清净的茅庐，
那里可以自由地敞开胸膛，
那里有自由的微风吹拂。
……

——海涅《序诗》

与莱蒙托夫的诗歌一样，德国诗人海涅的诗歌同样唤起了毛旭辉对人性和自由的渴望。诗歌集中的插图非常优美，毛旭辉也认真临摹过。与1978年之后的情形不同的是，"文革"期间对外国著作与文学的阅读，几乎都是私下的，于公开的地方是不合法的。

毛旭辉对阅读有一种更深的渴求。他开始使用笔记本，不断抄录他从不同的书籍或者资料中读到的涉及哲学、历史、政治、艺术、文学的内容，在他看来，这些被抄录的句子和文章是值得反复阅读，并能引起思考的。例如莱蒙托夫的《帆》就被完整地抄录进他的笔记本里。

毛旭辉很早就通过对《从文艺复兴到十九世纪资产阶级文学家艺术家有关人道主义人性论言论选辑》[1]的抄录开始了解欧洲文明的发展和艺术史。他抄录了但丁（Dante，1265—1321）的经典句子："并非家族使个人高贵，而是个人使家族高贵。"薄伽丘（Giovanni Boccaccio，1313—1375）的句子："人类天生平等。""智慧是快乐的源泉。"毛旭辉当然还要抄录达·芬奇（Leonardo da Vinci，1452—1519）的《笔记》："能创造发明的人和在

---

[1] 北京大学西语系资料组编，商务印书馆出版，1971年11月第1版第1次印刷。

自然与人类之间做翻译的人，比起那些背诵旁人的作品而大肆吹嘘的人，就如同镜子所照的东西和那东西在镜子里所生的印象一样，一个是一件使用的东西，而另一个只是一种幻影。那些人从自然那里得到的益处甚少，只是碰巧具有人形，否则他们就大可列在畜生一类。"

他也从思想家那里开始理解人性。他抄录了蒙台涅（Michel Eyquem de Montaigne，1533—1592）具有哲学思考的散文，去理解对人的不同于之前的看法，人的渺小与可能的愚蠢。毛旭辉发现了这位法国作家对人的自以为是的批判，发现了不曾阅读过的新的道理，例如：人们长期探索，只能够证明自己的愚昧无知。这类道理与这个时期他所受到的关于绝对真理和解放全人类的政治思想教育完全不同。毛旭辉将关于莎士比亚（William Shakespeare，1564—1616）的介绍长长地抄录在笔记本里，他意识到了莎士比亚与其他人文主义者将追求并获得个人幸福的权利视为至高无上，强调人性的本质不会因为身份地位的不同而存在根本的差异。在理解人性的特质时，毛旭辉甚至将《罗密欧与朱丽叶》中的台词抄录下来：

充实的思想不在于言语的富丽，它引以自傲的是内容，不是虚饰；只有乞儿才能够计数他的家私。真诚的爱情充溢在我的心里，我无法估计自己享受的财富的一半。

显然，毛旭辉也抄录有关西方艺术家的介绍，例如雷诺尔兹（Reynolds，1723—1792）。尽管数年后，毛旭辉对这类西方艺术家已经非常熟悉，但是，在"文革"期间，能够阅读到西方美术史的中文文献，已经非常不易。在这个时候，阅读西方文献的感受，与悄悄穿上西装并拉拉小提琴的心理状态具有同等重要的意义。从这类西方美术史文献里，他渐渐找到了拉斐尔（Raffaello Santi，1483—1520）、伦勃朗（Rembrandt Harmenszoon van Rijn，1606—1669）、鲁本斯（Peter Paul Rubens，1577—1640），等等。在抄录中，毛旭辉开始阅读到那些与出现在课本、报纸、大街小巷里的大字报和标语口号完全不同的词语和句子。毛旭辉不仅抄录了雷诺尔兹的著名的艺术讲演，并且在那些他已经理解并认为非常重要的表述段落中画出重视的红线：

审美趣味在自然本性中有固定不变的基础，须凭理性去探讨；诉诸理性的艺术作品高于诉诸感性的艺术作品：普遍人性。

……画家所需要的知识如果只靠从调色板上点点滴滴地积累起来，或者如果只靠从研究生活中或图画作品中的范本得来，就都还不够。一个文盲的画家决不能成为一个大艺术家。

无疑，德拉克洛瓦（Eugène Delacroix，1798—1863）、罗丹（Auguste Rodin，1840—1917）以及那些著名的音乐家如贝多芬（Ludwig van Beethoven，1770—1827）、哲学家如康德（Immanuel Kant，1724—1804）、思想家如车尔尼雪夫斯基（Nikolai Chernyshevsky，1828—1889）、文学家如司汤达（Stendhal，1783—1842）的艺术思想，都成为毛旭辉阅读、思考和抄录的对象。虽然毛旭辉有幸获得了这本看上去比较系统的西方思想资料，但是，不同历史时期和不同专业性质的作者给予毛旭辉的并不是一个系统思想的建立，而是不同语词中透露出来的思想对自己大脑的开启。重要的不是一个句子让毛旭辉获得了经过消化的知识，而是开始清除之前被填塞的政治语词和口号，并让自己的大脑具有了不断思考与理解源源而来的知识的可能。

随着阅读的增加，便产生了对问题的思考。尽管毛旭辉已经接受过教材、文件、会议和别的形式灌输的知识，但对西方文献的私下阅读促使了他对生活、人生的重新理解，笔记本里有了记录者独立思考的感想。有几页记录于1974年的文字可以尽可能充分地引用，因为这些文字非常细致地记录了毛旭辉在这个时候的思想活动：

当你向东穿过了笔直宽阔的东风路，那就已经来到了郊外。这郊外对我来说是一种甜美的佳品。她宽广辽阔，远处有层层的山丘。可以看见这些山脚下一座座的工厂。一片片的田野发出阵阵的芳香（这是真正的清香，是那些花园所不能相比的）。一到春天，那片片淡黄色的油菜花，随着温暖的春风，在蔚蓝色的天空下，翻着黄色的波浪。一群群蜜蜂在花的上边来回繁忙着。每当我在这些田野中，心中都有说不出的愉快。

今天我沿着田野间的小路，徐缓地走着，两旁澄清的河水，发出低微的声响。这时我在回想着，这两天看着的巴金小说《家》。在这本书中充满了悲伤、痛苦、眼泪和不幸。我看见许多人在生活的激流中，搏斗着，在挣扎，在反抗。也有一些懦弱的人，经不起斗争的考验，后退了。有许多人被那旧制度束缚着，喘不过气来也不敢叫一声，只会躲在角落里，对着飘落的花瓣痛苦（哭）流涕，唉声叹气。当然现在只看了个开头，只是一个序幕，还没有到高潮。但是我已经看到了一点东西，人应该接受新的思想，要敢于斗争。而不敢进行斗争的人，只会自己折磨自己的创伤，永远是没有出路的。那（哪）怕你悲惨到何等地步，是我才不是（去）同情他！

这本书已是几十年前的书了，现在来看是（似）乎是过时了一点，但是只有自己仔细地分析，还是可以学到不少知识的。

1974.3.

人的一生能活多久，如果算一算日子，那是很可怕的。每年360天，到60岁才是3万多天。这小小的数字，一个母亲怀里的婴儿已经变成了一个白发苍苍的老头。

虽然是这样可怕，但是有的人又怎样去珍惜它呢？有的人只渴望这一身（生）安安稳稳地渡（度）过，不要有什么波折，变（便）满足了。有的人当回首一下往事，会悲叹地说："啊！这一身（生）怎么这样地短暂，在这许多年中有几天是欢乐地渡（度）过？"

1974.3.

我这短暂的一生，经历了十多年，我的心中仍然有着爱，有着恨，有着欢乐和痛苦。我爱什么时，我会热烈地、全心全意地去爱；当我恨什么时我要去征服它，去做顽强的斗争；当我欢乐的时候，我为自己感到骄傲和自豪；当我痛苦时，我会在黑暗中寻求新的光明。

......

我也和大家一样非常兴奋，可能我有生以来也没有见过这样的大雪。我站在一个高处，这样我可以使自己看得远一些。只见田野都变成了白色，树木像一根根银树，真是好看极了。这时田野的上空有一只鹰还在飞翔着，他（它）在搏斗，一会儿低一会儿高，一会儿令（被）雪花吞噬了，但马上又从另一个地方钻了出来。真勇敢的鹰啊！我心里赞赏着。我被这鹰感动了，多么坚强的斗志啊！这样大的风雪，但他（它）无所畏惧，勇敢地飞翔着，我一直目送着这只山鹰，直到看不见他（它）。

在人生的途中，就要像只鹰啊！有着无所畏惧的精神，坚强的斗志，必胜的信心。

1974 年 3 月 27 日

所有的抄录与日记，都是欲望与理解的产物。毛旭辉几乎是本能地想了解人生的道理，他在不同时期的不同本子里不仅抄录他认为重要的内容，也会写下自己的感想和对问题的理解。这表明了之前已有的教育并没有在他的大脑里产生决定性的作用，新的阅读正在开始产生作用，他希望了解未来更多的可能性，这样的精神状态和思想基础为之后的学习提供了条件。

每个人都隐藏着绘画的欲望甚至天赋，可是，这样的欲望和天赋的暴露需要契机和因缘。毛旭辉的绘画欲望开始于他在抄歌本中的插图，他经常在完成一篇歌谱的抄写后配上自己想象出来的图画作为歌曲的形象说明，而那些插图也透露出他的视觉倾向：异域情调。1973 年，毛旭辉第一次看到了有关绘画学习的书籍，苏联赫拉帕科夫斯基[1]的《给初学画者的信》（人民美术出版社，1959 年）。至少在昆明这个城市，不止一位艺术家陈述了自己当年受到这本绘画入门书的影响。可以想象，这正是毛旭辉在学习绘画需要获得具体指引的时候，书中的每一封信几乎都成为他的艺术圣经。有特别意义的是，这本书的作者没有将他对艺术学习的看法局限在纯粹的技术层面，作者开篇就告诉读者：

1　赫拉帕科夫斯基（卒于 20 世纪 50 年代），苏联著名的美术教育家，列宾的学生。

重要的不单是给青年画家讲述如何正确地开始画素描，而且还要为他们指出正确的艺术道路……

于讲授素描方面的必要技巧的同时，很重要的是要唤起初学画者的创作思想，教导他们创造性地对待一切生活现象，使他们眼界开阔，能看到大自然的美丽。

书中引用了很多艺术史上的大师例如达·芬奇、罗丹、列宾（Ilya Yefimovich Repin，1844—1930）、丢勒（Albrecht Dürer，1471—1528）、伦勃朗、普桑（Nicolas Poussin，1594—1665）等人的艺术观点，这样的艺术教育给予青年艺术家的影响远远不局限于绘画的技术和技巧，更多的是艺术史的路线，是思想方面的感染。书中所附上的"大画家的作品"例如契斯恰科夫（Pavel Petrovich Chistyakov，1832—1919）、列宾、夏尔丹（Chardin，Jean-Baptiste-Siméon，1699—1779）、苏里科夫（Vasily Surikov，1848—1916）、拉斐尔的作品，已经开始通过模糊的黑白图像感染与影响着这位中国年轻人。尽管黑白效果和印刷质量不堪细评，但是，任何积极的心灵和大脑都会对眼睛看到的一切给予理解与想象，艺术的历史痕迹也渐渐通过这些图像缓缓进入到绘画学习者的心底。

在这一年的几幅保留下来的素描中，很明显能够看到初学者的朴实和幼稚，按照苏联绘画的逻辑，毛旭辉的学习不过刚刚起步。也许会有一些年龄较长的画家给予一些指点，使得毛旭辉自己也能够发现练习中的问题，例如在《圆通寺写生》中他记下了"石桥的透视没有画正确，错误太大，影响了整个画面"；在《金汁河边抽水站写生傍晚》里有"河水没有把流水表现出来"的问题，《椅子上的夹克衫》里椅子的透视显然也不对。光影、结构、调子与立体感，都处在理解的初期，至于质感还远远谈不上。看得出来，即便是已经读到了《给初学画者的信》，所产生的效果也是在以后才渐渐体现出来。

1974年11月，毛旭辉被调回位于宝善街的昆明市百货公司鞋帽批发部总部，任鞋帽批发部财会室的物价员和统计员。从留存的资料看，此时，他开始大胆地进行人像写生，同时收集各类他觉得适合参考的照片、印刷品等绘画素材，并将那些四处发现的图片放进他制作的剪贴本里。在那个视觉形象单一的时代，任何一个异域和特别的图像，都可能成为刺激自己想象力的诱因。这是一个精神生活普遍枯燥的岁月，人们很难获得能够满足自己的心理和感情需要的艺术。同时，这个国家仍然处在一个严酷的政治环境中，人类的知识与思想大多被认为是异端，这个时候，掌握国家权力的是毛泽东的妻子江青及其政治集团。尽管1973年2月邓小平顶替了因病住院的周恩来主持国家的日常工作，但是意识形态领域的主导权仍然在江青等人的手中，所有有悖于官方艺术准则的艺术都是不被允许的。7月19日，《辽宁日报》发表了一位没有通过大学考试的青年人张铁生的一封信，张在信中对入学考试的制度表示了强烈的抱怨。这封否定知识的必要性的信件被作为政治斗争中的一个武器：时任辽宁省委书记的毛远新告诉人们：张铁生"对物理化学这门课的考试似乎交了白卷，然而对整个大学招生的路线问题，却交了一份颇有见解、发人深省的答卷"。毛甚至理直气壮地问："录取的主要标准，是根据他在三大革命中的表现，还是根据文化考试的分数？"结果，张铁生被大学录取——他被称为"白卷英雄"。张铁生的言行意味着书本中的知识远远没有符合政治集团需要的政治立场与口号更重要。10月21日，北京市中关村一小的小学生黄帅写信给《北京日报》，她对学习中听到老师要求学生遵守课堂纪律的表述（一些用词不当且有嘲讽的态度）不满，信中说："难道还要我们毛泽东时代的青少年再做旧教育制度'师道尊严'奴役下的奴隶吗？"这个需要具体处理的师生冲突被江青的政治集团放大为一个政治现象，以致报纸的编者按语将其演变为一个重大的政治问题："黄帅敢于向修正主义教育路线开火，生动地反映出毛泽东思想哺育的新一代的革命精神面貌。"这位小学生被称为"反潮流的小英雄"。[1] 这是毛旭辉开始学习绘画的政治与社会语境。毛旭辉接受他

---

[1] 这两个事件在当时的中国成为家喻户晓的政治新闻，并直接影响到这时的大学招生以及大中小教育领域里的教育实施。张在信发表之后被铁岭农学院畜牧兽医系录取，加入中国共产党，并于1975年成为全国人大常委，之后任铁岭学院党委副书记。"文革"结束之后，张被判刑15年。黄帅在1976年之后受到政治上的歧视，母亲接受批判，父亲被隔离审查，开除党籍和公职。

人指导而对绘画的学习开始于1975年，一位在杂技团工作的杨世杰老师成为毛旭辉的第一位美术老师，这位"住在昆明岔街的嘈杂的民房中，人很沉闷，不爱说话，喜欢俄罗斯巡回画派"的老师不仅示范苏里科夫的临摹，也带领毛旭辉作风景写生。

1976年，毛旭辉读到了一本于1959年由中国青年出版社出版的苏联儿童小说《初升的太阳》。这部作品讲述了苏联柯里亚·季米特利叶夫这位年轻艺术家短短的一生。他自小爱绘画，15岁时的作品成熟到让人们吃惊，他因打猎时枪走火夭折，他为屠格涅夫（Ivan Turgenev，1818—1883）的小说《歌手》画插图，为克雷洛夫（Ivan Andreyevich Krylov，1769—1844）的寓言画插图，且画出的油画让人感到接近大师的水平，例如书中附图《前奏曲》《列宾卡村的街道》……小说涉及他的家庭，女友，在美术学校的生活，和同学们的友情，以及他的创作和探索。这尽管是一部苏联时期的小说，但是语言流畅不俗，儿童文学作家列夫·卡西里（Chicane Lev Kassil，1905—1970）将主人公的故事描写得非常富于戏剧性，文字温馨而富于感染力，与人们每天听到、读到、看到的政治口号和语词尖锐的文章形成了鲜明的对比。这对于一位生活在没有文学、没有诗歌、没有艺术的中国青年来说，实在具有足够的吸引力。同时，正是这位天才少年画家的作品的成熟度，让毛旭辉感受到了一丝希望，他似乎看到了一个也许可以达到成为艺术家的理想目标。[1]对于这位昆明青年来说，书中的文字像音乐一样滋润着他的心田，他甚至将书中的文字大段大段地抄录在笔记本里反复温习：

教授：其实呢，好孩子，你倒应该知道这个，假如你真的想要成为一个艺术家，你必须通晓许多事物。一个艺术家应该认识花卉和石头，听得懂鸟声，知道野兽的癖性和人的习惯。一切他都应该了解——光的规律（就是光学），星宿的运行，历史的变动，地球的构造……是的，亲爱的小朋友，

---

[1] 小说作者卡西里的儿童文学在当时的苏联受到广泛欢迎，但在苏联大清洗时期，他的弟弟约瑟夫（也是位作家）被指控为反苏恐怖组织和颠覆政权组织的积极参与者，1938年1月被枪杀。卡西里在1970年6月21日观看世界杯巴西和意大利冠军争夺战时，心脏病发作去世。卡西里有若干作品被翻译成中文：《小儿子的街》《初升的太阳》《成长吧，孩子》。

必须这样！还有结晶体的形成和人类社会的构造，面包的价格，蒸汽和电流，国家秩序和原子秘密所服从的定则——这一切都应该支配着真正的艺术家的想象。要不然就会变成一朵不结果实的花。

这种富于知识和思想敏锐的文字显然具有启发性，这样的教育文字没有意识形态的浸染，给出了极为宽阔的开放性，但却在当时的中国非常稀有，这与同时发生的对"黑画"的批判言辞形成了有趣的对比[1]。就像很多中国年轻人一样，毛旭辉有一段时间将这位15岁就去世的苏联小画家视为人生的楷模。

"外光派"的影响

森林无论是繁茂还是荒芜，总是孕育着大大小小的生命，如果你仅仅将眼光扫向那些突出的植物和风景，就会忽略很多有限生命的存在。那些爬行在石缝和泥土中的生命，例如蚂蚁，他们的生存与状态，只有敏感者才可以探寻到。在很大程度上，一种内心的需要会将人带向应该去的方向，冥冥中，无意识中，你会感受到一些微不足道的生命的存在，因为你的生命和对世界的感受与它们非常接近。对于毛旭辉来说，从60年代到70年代的几个画家就是在昆明这个森林中发现的生命，它们微弱而边缘，却吸引着毛旭辉，没有别的理由，就是要找到，且与之共鸣，从中获取内心的滋润。

一位叫李翔荣的画家记述了一段已经不为人知的历史：

上世纪六七十年代，在昆明的翠湖、海埂、西山、西坝苗圃，或市区的大街小巷，人们不时会看见一些青少年支着简陋的油画箱，或蹲或站地

---

[1] 1974年2月，江青安排在中国美术馆和人民大会堂举办了一个展览，展出了十八位艺术家（丰子恺、李苦禅、吴冠中、黄永玉等）的作品215幅。这些作品被指认为"黑画"，因为艺术家创作这些作品的目的被认为是出于"反党、反社会主义、反毛泽东思想"。江青政治集团使用了历史上的政治手段：将文字、色彩以及题材的象征性引向了设定的政治问题，例如李可染使用了浓墨表现山水，却被认为是用黑色污蔑党领导的社会主义河山。

在专心画油画写生。那时人们称这种现象为"画小风景"。这种大约持续了将近二十年的写生现象,现在美术界回首往事觉得界定这种艺术现象为"外光绘画"较为妥帖。[1]

可是,作者介绍的他的"画友"——沙磷、蒋高仪、裴文琨、裴文璐、甘家伟、陈崇平等人的绘画的确深深地影响了当年还是青少年的毛旭辉。

这是几个微小的东西,有生命、蠕动,但边缘,没有人在意。他们大多是在这个时期中没有政治地位的家庭成员,他们没有资格和条件参加到大街小巷的"大批判"的群众队伍中,只有躲避和远离游行队伍的命数。但是,他们都喜欢画画,是画画将这些"牛鬼蛇神"的子女归纳到一块,共同去满足自己的兴趣和爱好——这样的爱好在那个枯燥和严峻的时代已经被压抑到最低的程度。毛旭辉记录说:

一方面这些画家并不完全认同和迎合"文革"期间的那一套,由政府部门领导的专业美术创作队伍和出资支持的美术创作的模式,导致这种非一致性有着多方面的原因,这其中与这些"业余画家"和"美术爱好者"的社会地位和家庭背景有关。"文革"时期有严格的阶级成分的划分,如果出身于"工农兵"那前途会很光明,一旦不幸出身于"地富反坏右"[2]的家庭,那前途就必然被蒙上阴影,这在那个时代是极普通又残酷的现实。许多"业余画家"和"美术爱好者"出身大都有些问题,无论有无才华都很难成为那个时代的精英。这些"业余画家"和"美术爱好者"都是这个城市的平民,有些在工厂做工,有些在小学教书,只有极少的能干上与业余爱好沾上边的美术宣传工作,其主要功能还是体现在写政治标语和画政治宣传画上,与绘画实际没有太多相干。这批人大都出生在1949年前,在童年和少年时代经历了中国社会的巨大动荡和变迁,而且从小在这个边疆城市长大,他们成长的历程与这个城市的变迁息息相关。

---

1 李翔荣:《彩云下的"外光派"》,载《昆明日报》2004年6月28日《赏艺·读书》版。2003年,在云南大学任教的毛旭辉设立了一个课题,研究20世纪60至70年代昆明的艺术,针对这个时候风景画的这个群体,毛使用了"外光派"这个词。

2 即地主、富农、反革命("反动派")、坏分子、右派分子。

他们爱这个城市，爱这里的阳光和天空，爱滇池的波浪和晨曦，大观楼的船影和水色，圆通山的海棠树林道上赏花的人群，翠湖的荷塘和柳岸，西郊苗圃的梧桐林道和落叶，篆塘的码头和船厂的喧闹，盘龙江边的青瓦白墙的旧房，三市街、金碧路、巡津街的洋楼，武成路、威远街、长春路那些明清时代的建筑……他们日复一日年复一年地，无论春夏秋冬，烈日还是雨后，黄昏还是清晨，都在富有激情地绘画着这个城市和它的近郊，这种绘画的方式有整整十年影响着人们的视线，成为一种风尚。每到周日常常能在公园和大街小巷里看到把画箱支在自行车后架上作画的外光画家们，是他们直观地告诉了人们什么是色彩，什么是油画，什么是这个城市的美丽，要知道这些都是发生在一个政治运动高发期的事情，这种日常性的绘画活动给予这个城市一些特别的魅力，我是那个时期的年轻人，在日复一日年复一年的政治运动的紧张多变和混乱中，能看到这些画自己城市的人，让心灵获得一种美好的希望。梦想成为一个像他们一样的，在阳光下画画的人。[1]

在毛旭辉的眼里，他们是充满感性和美好心灵的蚁群：

始终在营造着自己神圣而美丽的宫殿，并为此辛勤地劳作，怀着原始的迷恋和天真的幻想。每个时代都有这样的一些人，不安于现实的价值观，而生活在别处。他们相互在下面传递着自己的心声，视彼此为同类、同志和朋友。随着时光的流逝，他们的创作往往落满灰尘而无人问津，甚至他们自己也已改弦易辙放弃了曾经的幻想，回到现实，做一个正常人。[2]

人们对这些画家对绘画的虔诚和热爱有过特别而有趣的记载：

老裴（文琨）的模样很好记忆，因为他很个性的形象就是在21世纪的今天也是很"酷"的。他瘦长的身材和狭长的脸型颇似当今的红影星王志文，只不过黝黑的头发略长一些，鼻子上架了副老式黑方框眼镜。深灰色的衬衣外面套着一件那时稀有的浅灰色便西服（他老母亲制作的），下面是一

---

[1] 毛旭辉：《城市与近郊——昆明外光绘画研究》（2011年12月）。

[2] 毛旭辉：《城市与近郊——昆明外光绘画研究》（2011年12月）。

条松垮垮稍长的裤子。他的衣裤上总会残留些斑驳的颜料。据说有一天，他在海埂画油画海景，正画到高兴时，揩笔纸却让海风刮飞了，一支脏了的画笔没法揩干净，晚霞渐逝，情急之中，他撩起西服衣角就揩油画笔……[1]

裴文琨爱画滇池、海埂，画风受俄罗斯画家列维坦（Isaac Ilyich Levitan，1860—1900）、爱瓦佐夫斯基（Ivan Konstantinovich Aivazovsky，1817—1900）的影响较大，调子灰色但明快，笔触粗放不拘泥，光的处理又有印象派的趣味。他的风景画对毛旭辉有直接的影响。毛旭辉对裴文琨的记忆是如此深刻与生动，没有什么比如下的回忆更能说明裴对毛早年的影响了：

老裴是我认为最大师的人物，他细高个子，瘦长脸上卡着眼镜，黑色长发像"五四青年"迎风飘动，眼睛总是望着远方，我几乎没有见他笑过，但他说话很和蔼。只要遇着他在那里画外光，我们都会收起自己的画箱，站在他身后看他画画。无论你看过他画多少次，你都永远不知道他今天将从哪点开始。他没有现在学院都熟知的那一套规矩和步骤，他画画有他个人的方式。……印象最深的一次是一天下午，天空非常晴朗，阳光耀目，老裴站在沙滩上面对滇池，几乎是逆光，风浪声很大，波浪有节奏地推向岸边，吐出白沫，有水鸟在飞翔，远处看得见渔船的影子在湖面上移动。老裴支好画架，手里捏着画笔，长时间地注视着滇池，我也屏住呼吸等待着他下笔，经过一番观察后，他迅速地在调色板上运作起来，就像大师傅在炒菜一样干了起来，他调出一种橄榄灰绿，然后急切地一笔笔摆在画面上，看了半天才明白，他今天是从翻卷而来的波浪的暗部着手，当他接着用很厚的亮调子把浪花和天光画出来时，最初那几笔橄榄灰绿真的很透明，而且有起伏的动感……[2]

关于昆明这个城市的艺术史没有任何版本，作为有资历和影响的艺术家，姚钟华（1939— ）曾在他的文章《云南油画概述》（2003年）和《红土高原上的艺术奇葩》（2012年）里谈及过20世纪初以来昆明的艺术发展

---

[1] 李翔荣：《昆明的裴氏兄弟画家》，载《昆明日报》2004年5月17日《赏艺·读书》版。
[2] 毛旭辉：《深藏的记忆》（2003年10月）。

线路和有影响的艺术家及其事件,尽管他提到了不少省内和省外艺术家对昆明艺术的影响,但是对这些"外光派"画家的介绍却微乎其微,他很少提及这些画"小风景"的"外光派"画家的名字。[1] 毛旭辉根据自己的艺术启蒙经历注意到,这些属于"蚁群"的画家的艺术对之后的艺术产生过影响,至少,自己的艺术——写生、色彩、对自然的观察以及透过画画对艺术的理解——很大程度上一开始受惠于这些画家画笔下的色彩与阳光。在讨论昆明现代艺术的源头时,毛旭辉有过这样的回忆:

> 作为一个画家,我是看着那些画作和其绘画的方式而成长的。上世纪六七十年代的昆明与中国其他地区一样笼罩在强烈的政治风潮运动中,那时我没读完小学就遭遇了"文革"的爆发,在读了不完整的两年初中之后,就进了国营单位,成了市里一家百货公司批发部的童工。国民经济的萧条和政治的狂热构成了我那一代人的成长背景,无论是艰苦的劳动还是纷杂的社会现实,都不足以给一个青少年提供一种真实可信的美好前景,正是在那些年,我遇到了活跃在这个城市的一些爱画风景的画家。他们在阳光下的绘画方式,让一个年轻人看到了生活的另外一种景致,一种非革命化的非政治色彩的不唱高调的生活情趣。生活原来还有另外一种可能性,生活原来也可以用一种美好的方式去创造,这种全新的感受对一个处在那个时期的年轻人而言,具有不可磨灭的影响。[2]

这些被毛旭辉以后称之为"昆明外光绘画"的画家在大街小巷和有自然风景的区域的写生构成了他在1973年至1977年间的学习范例。正是从这个时候起,他开始了写生,并与那些"昆明外光绘画"的画家们有了接触,开始频繁地"周末去大观楼、翠湖公园、圆通山、海埂公园和西坝苗圃(现在的西华园)以及郊野写生"。

---

[1] 他在《云南油画概述》中提到了沙磷和蒋高仪。

[2] 毛旭辉:《城市与近郊——昆明外光绘画研究》(2011年12月)。在2003年10月的一篇回忆文章《深藏的记忆》里,毛旭辉还有这样的记述:"在那些年昆明活跃着一批外光派画家,海埂是他们主要的场所之一。那时几乎每次去海埂,都能碰到一些支着画架,或把画支在单车后座上的画家们,面对'大海'的波浪,头顶蓝天白云,摆弄着色彩和画刀,捕捉阳光在湖面和树梢间的闪烁,在写生过程中,也不时与围观者轻松交谈。许多昆明人包括我也就是在这样的现场认识油画的。"

的确，宝善街的时光是毛旭辉早年记忆中不可抹去的一部分。1974年11月，他在百货公司的职务被调换为鞋帽批发部财会室物价员和统计员，这份工作使毛旭辉养成了将日常事务做记录并有条理的习惯。甚至在多年后，他作为"新具像"的牵头人，仍能将大家筹集的有限费用管理得有条不紊，账目清晰。这一年，他开始了人像的写生。那些保留下来的素描的确显现出初学者的理解。不过，在1976年的下半年，他的素描就显现出变化，因为在那些头像中，毛旭辉对结构与光的表现有了理解。

　　"外光派"的影响开始于1973年，到了1975年，毛旭辉的风景写生已经显现出对光和色彩的敏感和理解，《从得胜桥看盘龙江》《夏日的海埂》以及《昆明海口写生》这样的画，已经显得技法非常自如了。大量的写生都是"外光派"画家影响的结果，那些用大胆的笔触涂抹的强烈的阳光以及冷暖对比，已经充分表现出毛旭辉在绘画上的才能。尽管那些手法并不奇特，但是，具体的笔触和色彩运用可以透露出作画人究竟有多大的绘画天赋。"外光派"画家们很明显地引导毛旭辉养成了日记般写生的习惯。他经常用水粉颜料写生，在他的办公室眺望窗外的风景对景写生，用最短的时间表现对风景的印象。在昆明市百货公司鞋帽批发部（宝善街）工作期间，毛旭辉画了公司和单身宿舍附近如同仁街、宝善街、金碧路、南屏街和东风路的风景，那些色彩明快、笔触自由的写生或者速写，构成了与"外光派"画家一样的对有异国情调的老昆明的形象记忆；正是昆明的这些有历史痕迹的建筑与街区，引发了昆明那些绘画爱好者不间断的兴趣。[1]

　　1976年是这个国家的政治出现危机的一年。1月，国家总理周恩来去世，"十里长街送总理"的现象表明了人们对现实的不满。在过去的一段时间，在严酷的政治环境中周恩来给人们留下了和蔼可亲的印象，所以人

---

[1] 毛旭辉的朋友、收藏家聂荣庆这样写道："昆明南屏街，由于20世纪初受越南传来的法国文化和1940年代美国驻军带来的美国文化的影响，这条街道有着浓郁的殖民色彩，建筑形式大都偏向西式，开设有百货公司、钟表店和书店。还曾经有飞虎队的俱乐部。人行道上是异常茂盛的法国梧桐，这里曾是昆明旧时的商业中心，是昆明的'香榭丽舍'大街。宝善街与南屏街平行，也是旧时的商业中心区，所有建筑都是两层楼上门板的商业铺面。毛旭辉在百货公司工作的单身宿舍就在这条街道的中段。"（聂荣庆：《护城河的颜色：20世纪80年代的昆明艺术家》，人民美术出版社2015年版，第38页）

70年代初,中学同学在昆明红太阳广场合影
左起:毛旭辉,刘铁君,乔非,张尔承

1976年,毛旭辉于昆明海埂写生

们通过对周恩来的缅怀来表达对江青政治集团的不满;7月,中共元老之一朱德去世,人们对重要政治人物的依赖性被进一步动摇;直至9月毛泽东逝世,不少民众有"天垮塌"的心理状态。的确,大多数人对毛泽东的去世难以适应,毛泽东的多年影响和长期政治教育使得人们将国家和个人的命运维系在一个领导人身上,现在,"伟大的领袖"去世,人们对未来惶恐不安。这是一个不稳定时期,在过去十年的"文革"政治运动中,有太多的问题需要澄清,社会中似乎也有一股需要明显改变的空气。10月,以江青为主要代表的政治集团成员被中共老一辈革命家逮捕。1977年7月,曾经被毛泽东视为走资本主义道路的党内代表人物邓小平继1975年4月的第二次失利后再次复出,之后,中国的政治、经济以及文化领域在他和他领导的党的意志下发生了决定性的变化。对于毛旭辉来说,最直接的影响是他父亲的政治问题得到了解决,"平反"的含义是说过去党组织对父亲的政治判断是错误的,现在应该给予改正,这赋予了父亲更多的自由,并为这个家庭带来了轻松的空气。1976年,毛旭辉画了不止一幅昆明纪念毛泽东逝世的游行队伍。在一幅30×39.5cm大小的纸本上,毛旭辉用概括的笔触点缀出阳光下游行的队伍,只有草草完成的花圈和多人支撑的纪念字幅可以让人联想到这个重要的历史时刻。毛旭辉显然是对街上游行队伍所呈现的光感有兴趣,就像莫奈(Claude Monet,1840—1926)看着死人的面孔对脸上的光斑感兴趣一样,重要的不是对象,而是与绘画有关的光与色彩导致了作者的兴趣。毛旭辉后来说:"这一年周恩来、毛泽东相继去世,我和苏新宏在百货公司楼顶上看那几天的悼念伟人去世的游行,并一起写生。楼下即是近日公园,有喷泉,右边是百货大楼,游行队伍从东风西路走下来,左边是三市街。"[1]

1977年4月,毛旭辉被安排为"农业学大寨"工作队成员,随队去晋宁县宝丰公社新街大队,结识了在那里当知青的夏维。在晋宁期间,毛旭辉画了不少风景写生。为了找助手画晋宁县百货公司的橱窗,在晋宁县文

---

[1] 毛旭辉日记(2015年10月3日)

化馆组织的绘画培训班上,他又结识了在晋宁县插队落户的知青张晓刚、陈一云、杨一江等人。尽管如此,他们之间似乎还没有建立起友谊,毛觉得张晓刚缺乏自信的样子似乎难以完成任务,就让夏维、陈一云和彭曙明做了助手。对于张晓刚来说,毛已经是一个有名气的人物,传说中从城市来的毛旭辉的篮球和绘画方面的技艺引起了他的注意与好奇。若干年后,张晓刚记述了毛旭辉第一次给他的印象:

  记得第一次见他,大约是在七七年初夏的云南晋宁县,一次农民美术培训班上。当时我在那儿当知青,因为喜爱绘画所以经常被县里调来搞"创作"。"小毛"在宝丰公社做"带队干部"(跟咱的级别不一样)。那次培训班,县文化馆的向馆长凭着自己的私人关系,往昆明去请了几个高手来县里指导。据说,某一个高手说道:"在你的县里就藏着一个'风景'高手叫毛旭辉,人称'小毛'。"于是向馆长又亲自将"小毛"给请来做了几天的"嘉宾"。我在昆明属无名小辈,认识的人很少,通过这次培训班才大概知道了昆明的江湖上都有谁谁谁。就在那天中午,听到一个朋友兴奋地告诉我:"小毛来了!"

  "小毛"出场即出手不凡,放下行李就参加了一场当地的篮球比赛。之后又和大家兴奋地谈论刚看过的两部电影:《奇普里安·波隆贝斯库》,一部爱情风光片,另一部是《瓦尔特保卫萨拉热窝》。只听他说道:《奇普里安·波隆贝斯库》拍得太美了,要构图有构图,要色彩有色彩!而《瓦尔特保卫萨拉热窝》最让人感动的一幕是:一声枪响后,老游击队员倒在广场上,一大群鸽子飞过整个画面……作为一个学画青年其感受非浅可想而知。这是我第一次认识的毛旭辉。虽然我们年纪只相差两岁,但由于级别不一样(他是干部,我是知青),所以说不上真正的认识。(2005年)

  8月,教育部在北京召开全国高等学校招生工作会议,决定恢复高考。1977年冬天,"农业学大寨"工作队下乡地点改为呈贡农村,毛旭辉也总是利用时间四处写生,表现他最感兴趣的"外光"。毛旭辉就在呈贡报考了当时云南唯一一所有艺术专业的昆明师范学院美术系(后改为云南艺术

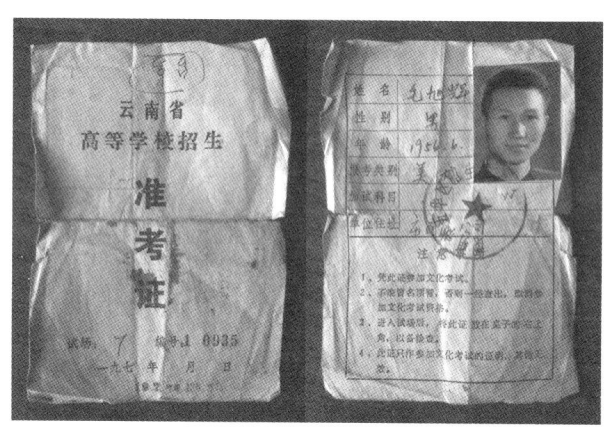

1977年12月,毛旭辉参加云南省高等学校招生时的《准考证》

学院)。1978年年初,毛旭辉在呈贡收到昆明师范学院美术系的录取通知书。这对于毛旭辉的未来来说,是一次决定性的人生转折。

经　验

在"农业学大寨"工作队工作期间,毛旭辉没有间断地利用时间写生,有两张画于呈贡梁王山和附近的风景写生保留了他那时朴实的绘画态度。3月,毛旭辉终于进入昆明师范学院(前身是西南联大师范学院)美术系油画专业学习。他开始接受几乎属于苏联契斯恰科夫体系的基础训练[1]。对于毛旭辉来说,契氏体系并不陌生,在之前学习绘画的日子里,他曾于昆明一些在外省上过大学的老画家和一些从外省分配到昆明工作的画家那里看到过契氏体系的图片,对于50年代左右的中国艺术爱好者来说,契氏体系通过"巡回展览画派"[2]的绘画呈现出很充分的说服力,那些学习画画的人总是在契氏体系教科书、"巡回展览画派"的作品以及马克西莫夫的教学[3]

---

[1] 契斯恰科夫是俄罗斯美术教育家,彼得堡美术学院教授,契斯恰科夫素描教学体系的创立者,他的系统素描教学方法对中国1950—1960年代美术教育有占据支配地位的影响。契斯恰科夫素描教学体系主要包括解剖和透视,是基于现实主义方法至上的一套教学方法:强调观察、理解和表现的系统过程,强调形体而不是线条教学在素描中的核心地位。中国的老师和学生非常熟悉其在教学中对"五个调子"——黑、白、灰、高光、反光的重视,既是科学规律又是艺术表现的手段,已成为表现立体感的科学法则。契氏体系影响了列宾、谢洛夫、苏里科夫、波列诺夫等一批画家。

[2] 英文Peredvizhniki。1870年由莫斯科画家米索耶道夫(Grigoriy Myasoyedov, 1834—1911)、彼罗夫(Vasily G. Perov, 1834—1882)发起成立,并得到圣彼得堡画家克拉姆斯科依(Kramskoyhan, 1837—1887)等人的响应,成立全俄巡回艺术展览协会。在创建之初有15位画家在协会章程上签名,其中包括彼罗夫、克拉姆斯科依、米索耶道夫、希什金(Shishkin, Ivan Ivanovich, 1832—1898)、盖依(Nikolai Ge, 1831—1894)等人。这个协会不限于只在彼得堡和莫斯科展览,而是不断到外省展出,因而被称为"巡回展览画派"。1871年10月在圣彼得堡他们举办了首次画展,以后在其存在的53年中,几乎每年都在不同地区举办巡回展览。俄国绘画史上的代表人物如列宾、苏里科夫、瓦斯涅佐夫(1848—1926)、亚罗申科(Nikolai Yaroshenko, 1846—1898)等都是它的成员。巡回画派主张:坚持车尔尼雪夫斯基"美就是生活"的艺术思想,反对俄罗斯艺术上的西欧化,强调民族特点,以反映本国人民的生活与人民的苦难为自己的责任,坚持民主主义的现实主义精神。巡回艺术展览协会到1923年结束,存在了53年,其间开过48次展览,展出地点遍及俄罗斯各地,受到了广大人民的热烈支持。代表画家有克拉姆斯科依、列宾、苏里科夫、彼罗夫、萨维茨基(Konstantin Savitsky, 1844—1905)、亚罗申科、萨甫拉索夫(Alexei Savrasov, 1830—1897)、希什金、瓦斯涅佐夫、列维坦等人。

[3] 马克西莫夫(Максимов.К.М, 1913—1993),苏联艺术家,曾任莫斯科苏里科夫美术学院油画系

中寻找适合自己的绘画方法,大同小异。一张拍摄于1976年的照片告诉我们,在百货公司时期,毛旭辉就与他的朋友四处寻觅到一些石膏像,用于素描训练。不过,正是在学院里,毛旭辉的石膏素描才有了明显的进步。一幅画于1978年7月的石膏像被老师给了85分,比4月完成的嘴的石膏像要专业一些,但是,两个月后完成的《阿波罗》显然更为出彩,老师要求的层次与空气感很强烈,作为长期素描的用笔方法和结构处理更为成熟。

  1977年年底,毛旭辉与张晓刚以及叶永青等人就已经感觉到考上大学的可能性,他们在考试期间到照相馆拍摄了一张纪念照片。照片里,毛旭辉显得很开心,他似乎对考上大学充满信心,至少,他比前排的张晓刚要心情轻松得多。作为在晋宁认识的画友,张晓刚后来说,当时他似乎还没有足够的信心面对自己的未来。事实上,叶永青是1978年才考上四川美术学院的。不过,在绘画上,他们之间已经有了共同的趣味倾向,他们开始了友谊的建立。由于"文革"的结束,大学的日常空气与环境给予了毛旭辉明显的影响,正如聂荣庆记录的:"一天傍晚,从食堂打完饭走在操场上的毛旭辉,突然听到学校的高音喇叭里流出了舒伯特的小夜曲,那一刻他泪水夺眶而出,整个人几乎凝固了,他有些不敢相信,这样的音乐可以公开广播,世界仿佛改天换地了一样。"[1] 1978年的8月是第一个暑假,毛旭辉就约上张晓刚和另外两位同学张崇明、陈晓燕去云南丽江写生。那些写生,连同之后在寻甸学院农场和其他地方的写生,都是用之前从"外光派"那里习得的方法完成的。在丽江写生期间,他买到了第一本西方艺术的著

教授,对中国20世纪50年代美术教育产生重要影响的画家和教育家。1955年2月17日,马克西莫夫作为中央美术学院油画训练班的指导教师以及中央美术学院顾问抵达北京。1955年至1957年作为中央美术学院的顾问,为中国培训了一批美术院校学生和师资,他在绘画上注重结构和外光的思想对中国绘画产生了很大的影响。1949年后的中国,可供作为油画教学使用的图片匮乏,无从谈起欧洲油画原作,马克西莫夫常和学员一起作画,通过示范让他们了解油画的物理性能和表现技巧。他也通过室外写生进行教学。在制定油画教学大纲涉及框架、细节时,马克西莫夫大致限于苏式教学体系。因此,油训班学员较为系统全面地接受了苏联油画教学方法的培训,马克西莫夫协助中央美术学院油画系制定了教学大纲。马克西莫夫培训班的知名学生有冯法祀、靳尚谊、侯一民、詹建俊、汪诚一、于长拱等。

1 聂荣庆:《护城河的颜色》,第71页。

作《罗丹艺术论》[1]。毛之前阅读的书几乎是50年代出版但在"文革"期间幸存于私人手中的旧书,那些旧书在"文革"期间因宣扬资产阶级思想而被作为禁书。1976年之后,中国开始陆续出版涉及哲学、历史、政治、经济和文学艺术方面的西方著作,就在丽江的小书店里,毛旭辉发现了他已经熟知的名字罗丹,现在他可以充分地阅读这位法国雕塑家的故事了。他抄录了罗丹如下文字:

不要模仿你们的前辈。尊重传统,把传统所包含永远富有生命力的东西区别出来——对"自然"的爱好和真挚,这是天才作家的两种强烈的渴望。他们都崇拜自然,从没有说过谎。所以传统把钥匙交给你们……也就是传统本身,告诫你们要不断地探求真实,和阻止你们盲从任何一位大师。

这样的教导在这个时候的毛旭辉看来,更多的是一种精神上的准备,一种勉励和一种从事艺术的精神支持,那些对艺术的具体意见和看法,只是在潜移默化地影响着这个出生于重庆的昆明人,至少可以肯定的是,像"世间有一种低级的精确,那就是照相和翻模的精确""最美的题材摆在你们面前,那就是你们最熟悉的人物"以及"如果你们的才艺是新颖的,那么最初志同道合的只能很少,而敌人很多"这类句子持久地影响着毛旭辉,他将这类句子打上了横线的印记,以便让自己能够反复阅读和记忆。在帮助造型能力的长期素描的基础上,毛旭辉在陆续看到的国外电影中发现了新的形象,那些人种不同的电影人物让他觉得新奇而有趣,他们的形象结构连同言行举止构成了一种让人想画的对象和风景。毛旭辉通过记忆去描绘那些电影中的人物和情节:苏联的《钢铁是怎样炼成的》、法国的《沉默的人》、墨西哥的《冷酷的心》、南斯拉夫的《桥》、日本的《追捕》、英国的《尼罗河上的惨案》,等等。实际上,正是那些异域情调和陌生的

---

[1] 即便是这本《罗丹艺术论》(人民美术出版社1978年5月北京第1版),编者也在"出版说明"中有这样的文字,以避免遭受新闻出版检查机构的非难:"《罗丹艺术论》的某些章节中还宣扬了唯心主义的'天才论'和艺术至上、自我奋斗等意识形态,这些都打上了深刻的阶级和时代的烙印。罗丹艺术思想存在着许多矛盾,这些矛盾也反映在罗丹的创作中。罗丹思想上的悲观、消极的一面,反映了19世纪后期很多资产阶级、小资产阶级知识分子的共同的心理状态。……罗丹一生的艺术活动和他在理论上的矛盾再次表明,资本主义制度阻碍了艺术的正常发展。"

1977年高考期间，毛旭辉与画友合影
后排右起：刘涌、毛旭辉、叶永青、陈一云，前排右起：张晓刚、张晓刚的同学

1978年夏天，毛旭辉大学一年级暑假与同学去丽江写生
左起：张晓刚、陈晓燕、张崇明、毛旭辉

1978年,毛旭辉大学期间去云南江川县写生

1978年秋季,昆明师范学院美术77级同学到昆明西郊筇竹寺观摩寺内的500罗汉像后,在筇竹寺后山游玩并合影留念。后排右一为毛旭辉

故事以及不同于中国人的气质的人物形象，吸引了毛旭辉和他的画友们的兴趣——张晓刚在这个时候也画了不少电影情节的草图。大致从1978年到80年代的很长一段时间里，西方人的形象本身就构成了中国年轻艺术家捕捉的对象。学校的长期素描，从1977年开始的户外铅笔速写以及这类凭着想象完成的色彩作业，为未来的艺术实践奠定了基础。有很多年，写生是一种普遍的风气。1979年5月，毛旭辉与同学们去江川县江城公社孤山大队下乡写生，与那些在学校完成的作业一样，毛旭辉已经能够非常娴熟地勾画眼前看到的一切；8月至9月的暑假期间，他又同张晓刚、叶永青、杨一江还有几个同班同学第一次到了石林县圭山地区海邑公社大糯黑村写生。糯黑村是一个彝族撒尼人聚居的山村，位于云南路南县，早在50年代初期，老一辈画家黄永玉就在糯黑村附近的村落体验过生活，并为彝族叙事长诗《阿诗玛》创作了一组木刻插图，《阿诗玛》木刻组画在这个时期家喻户晓。以后也有不少文学艺术家来到这个区域从事文学艺术的创作，在云南的画家例如姚钟华、丁绍光也经常到这里来写生作画。这里的地理与人文历史对艺术家们具有持久的吸引力，以致在新的西方艺术史的知识的训导下，毛旭辉们将这里视为他们的"巴比松"。与画家们去过若干次糯黑村的聂荣庆是这样描述的：

散落在喀斯特地形中的撒尼山村，有着中世纪时代一般的石块农舍和细高歪斜的烟叶烤房，竟有几分像欧洲乡村的教堂。户与户之间铺着世世代代脚步抛光的石板小径，村子周围是喀斯特地貌的黑石头山峦。弥漫在山头和农舍之间的是红得像染料一般的红土，生长在红土地上的植物在这幅画面中营造出各式优美的线条。每天清晨，家家户户的羊群在领头羊铃声的带领下沿着石板小径到山上觅草。夜幕降临，微醺的汉子就会把自己心仪的女人拖到夜色中，女子们半推半就，石板路上有拖拉着的鞋子与石板的摩擦声。除了村头的高音喇叭偶尔传来几声村委会的通知，这个村子里的一切几乎和这个时代无关。撒尼人是彝族的一个分支，撒尼男人生性刚烈，热爱斗牛。撒尼女人黑俏俊美，喜欢刺绣、歌舞。他们的生活有

苏联电影《钢铁是怎样炼成的》的记忆

墨西哥电影《冷酷的心》的记忆

法国电影《沉默的人》的记忆

南斯拉夫电影《桥》的记忆

日本电影《追捕》的记忆

英国电影《尼罗河上的惨案》的记忆

着与汉族截然不同的韵味。

……

他们来到糯黑村的时候，正值傍晚。圭山夏天的傍晚是最美的时刻，天空色彩异常丰富，红土红得像要流下的血一般，村头的核桃树影影绰绰，剪影般美丽的黑树枝飞舞着。身着阿诗玛服装的撒尼少女带着牧归的羊群翩然而至，羊脖上系的铃铛声飘向远方。他们被眼前这个优美的山村深深吸引了。

毛旭辉在前面带路，拿着介绍信去找大队长，请他们为来这里体验生活的艺术院校的大学生们安排食宿。那时村子太穷，负担不了这么多人，于是大队长就把他们几个人分配到三个小队里的人家吃饭，睡觉就在村子的仓库里。叶永青和张晓刚就睡在一个大箱子上。村里人收工收得很晚，等到做完饭已经是晚上八九点钟了，糯黑村子很穷，几乎没有灯，那些场景跟梵·高的《吃土豆的人》那幅画几乎一样，大家吃的也大都是土豆和有一点米的苞谷饭，基本没有肉，但是有苞谷酒。老乡们都很善良，对他们说："我们这里卫生也不有得，吃的也不有得，只有酒么到是多多呢！"于是，他们也就像撒尼人一样，白天跟随出工的撒尼人上山画画。夜晚的时候，就围坐在火塘旁边，就着火塘里的烤土豆喝苞谷酒，向老乡们讲一讲毛主席不在的事情，摆一摆华国锋当了主席的情况。然后一直到全体喝醉，再一帮人手里捏着石头，打着电筒回仓库睡觉。因为村子里很多狗，看见外来的人就咬，这些外来的学生走路的时候，书包里都要装几块石头用来撵狗。[1]

尽管"圭山"是毛旭辉艺术生涯中的一个重要概念，但这个时候的圭山不过是其他画家也熟悉的写生之地，毛旭辉也是带着别人的习惯，不是寻找俄罗斯的色彩，就是用"外光派"画家的眼睛在观看眼前的风景，他还没有看到自己的圭山。但是，正如聂荣庆所提示的那样："初次到圭山，让他们觉得在这里寻找到了一份对土地对生命的感动，这份感动指引着他

---

[1] 聂荣庆：《护城河的颜色》，第80至83页。

们在以后的艺术生涯中又无数次地回到圭山。"[1]

读书学习期间,对毛旭辉影响最大的不是基础训练,而是不断从美术杂志和北京传来的信息,是昆明偶尔举办的国外艺术家的展览,是同学与朋友之间关于艺术的讨论,是那些不断出版的西方哲学与艺术方面的著作,当然还有他与那些热爱艺术的同学游历获得的经验。

1980年7月6日—8月25日,毛旭辉与张晓刚、叶永青、武俊、刘涌以及未来的妻子贺立德利用暑假游历了重庆、大足、武汉、南京、无锡、苏州、杭州、上海、北京等城市,毛旭辉记录了这群年轻人这次的远足游历,这是毛旭辉早期通过游历获取知识与感受的一次记录。在一个蓝色的美术日记本里,他记下了这次游历的财务状况和行程安排,他甚至将这次经过的城市的景点与参观场所的门票都保留了下来,例如南京博物院、江苏省美术馆、浙江展览馆、岳王庙、中央美术学院陈列馆。7月8日,他在江北码头用钢笔画下了码头的景象,以表达这时的心情,他写道:

从朝天门到江北,8分钱就可渡个来回。这些码头对于没有见过长江的人,自然是相当新鲜有趣,变化丰富,面对这些东西,真是不知如何去表现。

在另一幅朝天门的速写里,附上的文字开始清晰地透露出这个年轻学生渐渐浓厚的忧郁气质:

这是站在朝天门西码头上看到的气势宏伟的景色,看着这一切,听着一声声汽笛沉闷的声调,把人的思绪带向了遥远的旅途上。茫茫的江水,奔腾不息,使人感受到一种说不出来的意境。

在大足,他用铅笔和钢笔勾画了很多佛教造像,数十幅写生加上他不断对描绘对象的富于耐心的文字记录,表明了他对这些传统艺术一开始就持有兴趣。在7月11日的一幅铅笔勾画大足北山的观音造像图上,毛旭辉记录了他对佛教及艺术的理解:

"佛",就是大彻大悟者也,观音是仅次于佛的地位!用四川一般人的话来说就是"看穿了"。

---

[1] 聂荣庆:《护城河的颜色》,第83页。

大足的石刻在运用造型艺术语言上是有着相当水准的成功之作。随着泥塑、铸造等形式技术的发展，石刻艺术到了明代已经明显衰退了。

参观大足之后，这群年轻人终于离开重庆，毛旭辉在他的速写本上记录了他的心情，这些文字非常简单，可是，文字记录的心情最终会因为他渐渐对社会和人性的理解而无意识地滋养出他特殊的文化性格：

7月18日晨，乘上了江轮出航了。山城、朝天门码头的影子在眼前渐渐模糊，最后消失在淡蓝灰色的雾色里，融化在那茫茫的巴国特有的那种气氛中，一切都是那样模糊不清，柔和，给人一种淡淡的虚无缥缈的感觉。而向前方望去，长江混浊不清的水流习惯地打着旋涡急速地伴随着我们的船向一片灰色的茫茫不知有多深远的方向驶去。站在船尾，江轮激起浪花，急速的江水一起在沸腾，留下那动荡不安的行迹。船才一出码头进入这苍茫的长江急流中，就宛如一叶轻舟了，站在甲板上，手把着栏杆望着滔滔的江水、两岸的群山，各种思绪一下子全都涌上心头。

随船到达万县，经过三峡，之后是汉口，继而是南京，在这个古老而富于历史传奇的城市，南京长江大桥、中山陵、紫金山天文台、南京博物院的展览，给他们留下不同程度的印象。之后的城市是无锡、苏州，毛旭辉认为这两个江南城市"水乡景色很动人"，这个时候他能使用马可·波罗的术语，说这里是"中国的威尼斯"。在杭州，他们去了浙江美术学院[1]。因油画《连续作战》（1974年）而知名的云南同乡尚丁在这里做研究生，他带着这些来自昆明的年轻人观看了研究生的作品，以及77、78级学生的作业。在这所有历史的美术学院里，他们看到了全山石留学苏联的习作[2]、曾经在这个学校做培训班的博巴的油画[3]、英国画家荷加斯（William

---

1　1928年由蔡元培和林风眠创办，1993年改名为"中国美术学院"。

2　全山石（1930—　），油画家，1950年考入杭州国立艺专（后改为中央美术学院华东分院，以后改为浙江美术学院，最后改为中国美术学院）。1954年，由学校推荐，去苏联列宁格勒列宾美术学院油画系学习，师从梅尔尼柯夫、阿历希尼柯夫、乌加洛夫等教授。1960年，全山石归国，回到杭州母校浙江美术学院。从此，他一直在该院任教。代表作有收藏在中国国家博物馆的《英勇不屈》《井冈山上》《娄山关》《重上井冈山》等。在60年代，全山石的油画风格为那些学习油画的年轻人所赞叹。

3　埃乌琴·博巴（Eugen Popa，1919—1996），罗马尼亚著名的油画家、版画家和美术教育家，毕业

Hogarth，1697—1764）的铜版画等，能亲眼观看到这些曾经在书本和杂志上知道的艺术家的原作，这对于毛旭辉这些艺术的渴望者来说，具有特别的刺激。

7月31日，一行人乘列车从杭州前往上海。8月1日的早上，他们已经在上海画院油画雕塑室的一个展览会上。在这里，他们看到了陈逸飞、俞晓夫的油画作品。这个时候的陈逸飞早已因为之前的《开路先锋》（1972）《蒋家王朝的覆灭》（1977）成为全国知名画家，《蒋家王朝的覆灭》里俯视的构图、灰黄色的调子以及对细节的刻画，让几乎全国的油画家们赞叹不已，在江青规定的"红、光、亮"艺术标准仍然有效的时期，这样的绘画语言给人一种耳目一新的感受。尽管他们与陈逸飞的见面只有几分钟，也给这几个年轻人留下记忆[1]。俞晓夫的历史人物画也是那时人们熟悉的油画，在毛旭辉看来，俞晓夫的油画"相当强烈、奔放、粗犷"。在上海文联一位曾姓四川人的介绍下，他们去拜望了老艺术家颜文樑（1893—1988）。颜"已有80多岁，老态龙钟，走路不便，但健谈，很热情地接待我们，记下我们每个人的姓名。看了他的一九二八年一九二九年间在国外的油画写生和几张静物，现在的风景，画得相当内在、细腻。画幅相当小，但很深入、丰富。老先生的热情接待使每个人感动"。在上海几天之后，8月4日，他们乘火车从上海前往北京。在首都，重要的事项是观看了"同代人油画展"，参加这个展览的有王怀庆、孙为民、孙景波、陈丹青等若

于布加勒斯特美术学院卡米尔·莱苏工作室。后又赴法国深造，曾任罗马尼亚布加勒斯特美术学院教授、罗马尼亚美术家协会副书记。根据中国与罗马尼亚文化协定，博巴应中国文化部邀请，于1960年至1962年间在浙江美术学院举办油画训练班。与马克西莫夫的教学相比，博巴的艺术更接近形式趣味而不是"逼真"，这与彼时中国的政治气候和对文艺的要求不是十分吻合，因此，博巴在中国的受推崇程度不如马克西莫夫。

1 聂荣庆在他的《护城河的颜色》（见第101页）里有这样的记录："到了上海，他们直接赶去油画雕塑院拜访陈逸飞。他们到油雕院门口时下起蒙蒙细雨，他们看见从院里走来一个穿着白衬衫、文质彬彬、推着自行车的人，他就是陈逸飞。张晓刚赶紧冲过去说：'我们是美术学院的学生，想来拜访您，看看您的作品。'陈逸飞亲切地招呼张晓刚他们到屋檐下避雨。令大家遗憾的是，陈逸飞明天就要去美国了，他的所有作品都已经打包好了，所以不能展示出来。这让他们觉得陈逸飞太成功了，但只能目送着陈逸飞的背影消失在上海油雕院的门口。当时谁也没有想到，很多年以后，陈逸飞从美国回来，那几个多年前拜访他的青年学生已经成了非常有影响的艺术家了。陈逸飞过世前，曾去北京费家村张晓刚工作室拜访。张晓刚回忆起当年上海的那一幕，陈逸飞却完全记不起来了。"

干画家。这批"同代人"在全国美协的主办下举办了他们的画展,参展画家多是中央美术学院附中的同学,"文革"导致他们不少人在70年代未进入中央美术学院继续学习,但他们却在可能的条件下研究西方艺术。这个展览于1980年7月16日在中国美术馆开幕,展览中的作品普遍具有脱离写实绘画和政治主题的倾向。之后,毛旭辉等人到中央美术学院见到了袁运生、孙景波。袁运生因之前的机场壁画而名声大起,那时,就壁画中的裸体是否适合出现在公共场合这一问题引起了一场不小的争论。毛旭辉记录了拜访袁运生的情形:

8月8日早晨9:00到中央美院,到袁运生家看袁的画。袁长长的头发,很客气,给我看了他最近画在碟子上的画,近一百多个,都是即兴创作的,人体、动物和一些抽象的线条、色彩的组合,很美。他说,学生期间,主要解决提高鉴别能力与分得清是好画、坏画,找到自己的路子,不一定就形成什么风格。主题性绘画不一定就是一种表现手法,也同样可以用抽象的语言表现。具象也可以表达出抽象的含义,其实这两个因素是交错在作品中的。任何技术只是手段。现在的学生思想束缚不是很大,很容易解放,但又感到空虚、贫乏。

这天中午,他们看了中央美术学院的"院藏油画展",有不少早年中国画家例如罗工柳、肖锋、全山石、林岗、吴作人临摹的俄罗斯油画,例如苏里科夫的《女贵族莫洛佐娃》、列宾的《伊凡雷帝杀子》、谢洛夫的《少女与桃》,同时也有一些对提香、伦勃朗、高更(P. Gauguin, 1848—1903)、塞尚(Paul Cézanne, 1839—1906)、梵·高(Vincent Willem van Gogh, 1853—1890)、雷诺阿的临摹作品。同时,也看了吴作人、董希文和常书鸿的油画。8月11日,毛旭辉去了军事博物馆,看到一连串"文革"期间艺术界熟悉的名字:何孔德、陈逸飞、魏景山、张文新、沈尧伊、高虹、汤小铭、林庸、韦启美、谌北新。尽管这些画家在"文革"时期完成了不少有关中共革命和历史题材的作品,但是,在70年代的很长一段时间里,即便是写实的方法和具有政治与文学性的主题,他们在油画和表现技法上都尽可能地注重油画的表现力,甚至是微妙的趣味。对那些学习油画的年轻人来说,这些画家的作品曾经是学习的范例。

毛旭辉记录了他们在北京的广泛游历,从展览到学院,从人民大会堂到八达岭长城,直至去王府井穿街走巷,对于这些来自西南地区的年轻人来说,一切都是那样新鲜和让人充满兴趣,直至8月15日,他们搭乘前往昆明的火车离开北京。那时由北京开往昆明的列车全程要走三天两夜。

至少对于毛旭辉来说,这一次长途的游历是一次学习艺术的盛宴。问题不在于他们的远游消耗了多长时间和去了多少个城市,事实上,这是一次自由的旅行,不仅他们的行为是自由的,最重要的是这群年轻人正好看到和感受到了一个在1978年之前难以想象的宽松而富于生气的社会环境与艺术环境:他们所看到的不少艺术作品在之前是完全没有机会看到的,他们从老师辈那里听到的艺术观点也是之前难以听到的。自从1978年的春天进入学校之后,这批50年代出生的学生很幸运地开始接受来自世界的信息,用上帝的话来说:"你们有福了。"

对于普通人来说,幸运也许开始于四年前的1976年10月"四人帮"集团的政治失败,因为人们长期压抑的心情由此普遍获得了缓解。但是,对于渐渐树立独立思考的人来说,真正的福音来自1978年5月11日的《光明日报》发表的特约评论员的文章《实践是检验真理的唯一标准》。8月11日,上海《文汇报》发表了卢新华短篇小说《伤痕》,10月28至30日,表现1976年4月天安门政治事件的话剧《于无声处》在《文汇报》上发表,这意味着人们可以公开讨论并怀疑刚刚结束的"无产阶级文化大革命"的政治性质和严重的后果,进而可以公开讨论和主张人性的存在与价值。而在此之前,"人性"不是被归纳进资产阶级的腐朽思想接受批判,就是认为根本不存在,关于"人性"的讨论没有任何可能性。党内的政治行为在改变一切,11月15日,新华社报道:北京市委做出决定为1976年4月5日"天安门事件"平反;11月16日,新华社报道:遵照中共中央决定,全国全部摘掉右派分子帽子;12月18日,中共中央召开十一届三中全会,两天后发表公报告诉全国：停止使用毛泽东之前提出的"以阶级斗争为纲"的政治口号，确立了"以经济建设为中心"的方针。

尽管官方美术家协会机关刊物《美术》于1976年3月恢复出刊，但直到1979年3月，协会才正式恢复工作[1]。这一年《美术》第二期发表了周恩来1961年《在文艺工作座谈会和故事片创作会议上的讲话》，这个已经过去了近二十年的"讲话"不过是文艺界为了争取创作上的宽松而寻找合法的依据，在此之前，"四人帮"集团还对周恩来展开过政治批判。现在，周恩来关于要注意艺术性和艺术规律的讲话可以被作为艺术界摆脱"文革"艺术标准的讨论的开场白，正如同期发表的发言摘要表现出来的那样：著名雕塑家刘开渠的《要按艺术规律办事》是想说艺术不要受制于政治标准，美协主要负责人江丰的《民主要争取，不能靠恩赐》是想为艺术创作争取更多的自由，其他的文章不出这个目的和范围。这年6月，中央美术学院主办的《世界美术》创刊，开始连载邵大箴的《西方现代美术流派简介》，这篇介绍文字非常简单，却给这时希望了解西方现代艺术的学生和年轻人以极大的刺激和持久的记忆。很快，人们就开始进一步地利用来自西方的理论谈论艺术问题了。

毛旭辉从1979年开始购买和收集《美术》杂志，他至今还保留着《美术》杂志1979年的合订本。在这一年的《美术》杂志里，已经出现了具有思想能力的评论文字，例如第5期里吴冠中的《绘画的形式美》、第7期高小华的《为什么画〈为什么〉》。前者开启了对绘画文学性和政治工具的抛弃立场，在全国掀起了艺术主题、风格以及思想解放的讨论；高的文章则通过对自己的创作的辩护直接提出了艺术的批判功能。尽管高的《为什么》仍然遵循的是主题性绘画的路径，但这位四川美术学院的学生在画中使用了灰色的调子和低落的情绪，他试图用武斗间歇中红卫兵表现出来的茫然与困惑情绪的情节"控诉、揭露、批判林彪'四人帮'鼓吹'文攻武

---

1 《美术》1979年第3期发表了"中国美术家协会第二十三次全国常务理事扩大会议纪要"，第一条的表述是："中国美术家协会正式恢复工作。"

为'的罪行。让后一代人记住这个血的教训——历史悲剧不能再重演了！"这个写于 1979 年 4 月的文字在今天看来也许缺乏理论色彩，但是，高小华为之辩护的油画《为什么》却是暴露"黑暗面"的"伤痕美术"最重要的作品之一。

的确，在绘画领域具有颠覆性影响的现象发生在四川美术学院。最初，人们被发表在《连环画报》1979 年第 8 期上的连环画《枫》所震撼：在那个泯灭人性的时期，愚蠢的政治信仰可以摧毁美好的爱情和青春的肉体。这是美术界与文学领域的《伤痕》和戏剧领域的《于无声处》相呼应的最早的作品。这组连环画的作者们（陈宜明、刘宇廉、李斌）试图真实地呈现"文革"时期的政治现实，不夸张，也不在形象上丑化在政治上失败的人物，他们希望"竭力如实地去表现这一代青年在当时的纯洁、真诚、可爱和可悲，用形象和色彩，用赤裸裸的现实，把我们这一代青年最美好的东西撕破给人们看"[1]。1980 年 3 月，庆祝中华人民共和国成立三十周年的全国美展作品评奖工作结束，程丛林的《1968 年 × 月 × 日》、高小华的《为什么》和王亥的《春》获奖；1981 年 1 月，罗中立的《父亲》获得第二届全国青年美术作品展览一等奖；同年 8 月，全国青年油画工作者创作座谈会在北京召开。这时，四川美术学院的几位学生的创作已经构成了一个被称为"伤痕美术"的整体性影响力。"伤痕"一词显然来自小说《伤痕》的标题，其含义非常清楚：这些绘画作品在揭示之前这个国家发生的严重的政治问题，其中也透露出对那些几近泯灭的人性的歌颂（例如王亥的《春》和王川的《再见吧，小路！》以及何多苓的《春风已经苏醒》）。

毛旭辉从 1974 年就开始了他的图片收集，直到 1982 年他都保持着一种敏感的习惯，将那些散落在不同杂志和印刷品里有关绘画的旧图片和照片贴在他的"临摹参考资料"里。除了早期苏联和一些外国绘画参考资料、素描石膏和人体习作范例外，他也粘贴了 70 年代的那些非常流行的油画，例如陈逸飞的《蒋家王朝的覆灭》、潘家峻的《我是海燕》、尚丁的《连

---

[1] 陈宜明、刘宇廉、李斌：《关于创作连环画〈枫〉的一些想法》，《美术》1980 年第 1 期。

续作战》、陈衍宁的《赤脚医生》、周树桥的《春风杨柳》、何孔德的《古田会议》等。现在，当毛旭辉与他的伙伴们准备出门了解更多的世界时，显然也注意到了正在发生的"伤痕美术"现象，例如他很快也将王亥的《春》、程丛林的《1968 年 × 月 × 日》、高小华的《为什么》、罗中立的《忠魂》的作品照片贴在他的参考资料本里[1]。1978 年之后，文学艺术方面的杂志陆续介绍西方现代主义的艺术，毛旭辉不断收集着这些资料。在 8 月的旅行中，他在上海淮海路新华书店购买到赫伯特·里德的《现代绘画简史》，这部由上海人民美术出版社 1979 年 10 月出版的艺术史著作成为这个时期青年艺术家中极少的流行书，因为作者非常系统地介绍了西方现代绘画的历史与艺术观念。更为需要理解力和思考的艺术思想开始成为毛旭辉需要吸收的对象，他欣然去阅读。

里德的《现代绘画简史》是这时年轻艺术家和关心现代艺术的人的流行书，作者对艺术的观点和表述方式构成了中国读者充满兴趣但费劲的理解，导致费劲的原因一方面是翻译文字的句子结构与人们之前的阅读习惯有悖，但根本原因仍然是中国人对现代主义艺术的知识背景或历史语境不熟悉，以致对语言的理解和感受有极大的障碍，这也是现代主义在中国被泛泛概括为形式主义的原因，也是艺术家们渴望通过西方哲学和历史的学习来思考艺术问题的原因。毛旭辉不断在书中感兴趣或者有感悟的地方勾出着重线，他一开始就发现，正是一种哲学化的思考，使得去理解新的艺术变得容易，而不会将其视为偶然。当里德在书的《现代艺术的起源》一章里说"整个艺术史是一部关于视觉方式的历史"（The whole history of art is a history of modes of visual perception）时，毛旭辉就将这句话重重地圈了出来。无论当初毛旭辉是如何理解"视觉方式"这个中文词的，他都已经隐隐感觉到艺术的改变应该是问题的重点。里德在书的正文最后说：

> 我们知道旧标准的形成，是法国革命的必然结果，因为那次革命创建

---

[1] 毛旭辉收集的"伤痕美术"作品照片是展览上销售的作品图片，主办机构将展览上最重要的作品洗印成黑白照片，按套装进行销售和宣传，与今天的展览明信片和单页作品彩色广告的宣传完全不同。1980 年 10 月在成都举办的四川青年美展上，就有这样的照片销售。

了现代西方社会，把社会分割成不同的活动领域。资产阶级秩序创立了学院制度，这种制度把科学分析和哲学思辨分开，技术和科学分开，科学和艺术分开。其结果是现代人产生隔膜，失去了结合精神与物质的能力，失去了理解世界整体的能力。在这个严格分工的世界上，艺术仍然作为一个没有预先规定范围的活动而存在。如果这一点公开的辩护也被否定，那就要导致死胡同和近代艺术的琐碎浅薄。如果把这一辩护看作挑战，那就可能锤炼成一个新的、扩大了的艺术概念，把艺术看作诸家锻炼的活动，它沟通各个领域的知识，联结人的直觉和理智、混乱和秩序这些两极化的东西。[1]

毛旭辉在最后一句画下重重的波纹线，并打上了一个巨大的惊叹号。在读完这本书时，他在最后一页写上："扩大艺术概念。"

对自印象派开始的现代主义在中国重新获得公开介绍的文章也早早见于艺术史家吴甲丰发表在《社会科学战线》1979年第2期上的《印象派的再认识》。作者从印象主义在中国之前的评价、哲学基础以及个人看法方面为印象主义在中国的合法性提供了意见。吴甲丰使用了非常迂回与含蓄的文字，不过是想说印象派也是一种艺术流派，应该有其被学习和借鉴的文化价值。只有了解1949年以来中国的政治运动的人，才可以理解一位老年艺术史家为什么在这个时候还在为印象派进行辩护——之前在50年代中期，艺术界曾经讨论过印象派在艺术风格上的合法性问题，但很快出现的"反右运动"将印象派作为资产阶级艺术而进行批判。若干年后的1979年，当党内的"四人帮"集团失败之后，印象派作为艺术界解放思想的一个具体学术案例，被再次提出来，这不过为之后的后期印象主义、野兽主义、表现主义、抽象主义、未来主义、立体主义以及超现实主义等各种西方现代主义艺术在中国的再次出现的合法化提供一个合理的放行机会。

1980年9月8日，毛旭辉和他的同学们根据学校的安排，前往藏族聚居的德钦。德钦的藏族风貌显然吻合了这个时期因陈丹青早早完成的《泪水洒满丰收田》（1976年）以及刚刚受到人们关注的"西藏组画"（1980）

---

[1] 赫伯特·里德：《现代绘画简史》，上海人民美术出版社1979年10月版，第176至177页。

何多苓 《春风已经苏醒》
布面油画 96×130cm
1981 年

陈丹青 《西藏组画：母与子》
油画纸本油彩 51×75cm
1980 年

淳朴风格的流行，尤其是陈丹青的"西藏组画"，完全脱离了文学性和主题性的特征，以致在习惯了主题创作的人看来只能够叫"习作"而不是创作——这在这个时候的中国，就是一种具有颠覆性的观念，这样的观念的价值正好来自人性及其内在精神的真实性[1]。可是，这种不利用"情节"甚至"主题"的绘画正好是这时中国艺术家抛弃"文革"或之前苏联社会主义现实主义绘画的一个关键性的措施，其意义和影响力迅速为人们所接受。作为以藏族为主的德钦，为那些希望学习陈丹青或者"生活流"的学生来说显然提供了一次机会。

"德钦"系藏语，意为"极乐太平"，这也许解释了为什么德钦被称为"歌舞之乡"，毛旭辉与他的同学也的确一路画了很多藏族歌舞的速写。不过，学校基于海拔3400米和这个地区的落后状况，没有允许女生前往，毛旭辉没有像七八月游历南方和北方城市那样有他的女友贺立德相随，以致与之前游历的心情完全不同。在德钦一路，毛旭辉记录了他的所见与感受，可是从他要出发的前一天的记录文字中，我们就能够发现这位三年级学生的忧郁气质：

这几天来，说也怪，我总能听到那首古老的英格兰民歌《过去的好时光》（又名《离歌》，是人们在离别的时候唱的）。歌词我已记不清了，但那音调却总能触动我的心弦。音乐真是一个神奇的歌手，善于用那优美的旋律唱出人们心底那种不可言传的隐秘的、深厚的情感。

我和她又将分别了。我到德钦，她去瑞丽。两个月的下乡，不能见面，不能通信。这对我脆弱的情感来说，又是一次巨大的考验。

这位学习绘画的学生描述了将与女友分别的难受甚至痛苦，他受着越来越多的外国爱情电影中主人公情感命运的感染与影响，例如日本电影《生

---

[1] 陈丹青完全摈弃了此时还流行的官方主题性绘画，他在解释他的作品时这样写道："我想让人看看在遥远高原上有着如此强悍粗犷的生命。如果你看见过康巴一带的牧人，你一定会感到那才叫真正的汉子。我每天在街上见到他们成群地站着，交换装饰品或出卖酥油。他们目光炯炯，前额厚实，盘起的发辫和垂挂的佩带走路时晃动着，沉甸甸的步伐英武稳重，真是威风凛凛，让人羡慕，他们浑身上下都是绘画的好对象，我找到一个单刀直入的语言；他们站着，这就是一幅画。"（《美术研究》1981年第1期，第50页。）这样的态度无疑对毛旭辉产生了影响。

死恋》中的大宫与夏子,尽管他与那些角色的经历完全是两码事。

9月8日早晨,火车启动,毛旭辉开始了与部分男生结伴的艰苦的德钦之旅。他的眼睛略过了村庄、田野和山丘。他注意到了偏僻地区的贫困与落后,也看到了黎明中苍山顶上的"几块金色",看见金沙江两岸群山耸立、雄伟,感到敬畏。群山,草原以及有白族、彝族和藏族来往的中甸街景,都让毛旭辉感到惬意,他说他"大饱眼福"。这样的心理状态符合大多数到藏区写生的艺术家和学生的感受。9月13日,他在迪庆招待所记录了对藏族的理解:

藏族真是太激动人了。自由豪放,彪悍的体格,无羁无束,异域情调,完全是一个不同于其他民族的有独特风俗习惯、味道的民族。

在中甸放牧的这些藏民,有的来自四川,有的来自其他县,那里有阳光和草地,他们就住(驻)扎在那里,不要床,不要房,一个帐篷就是家了。多么自在的生活。尽管苦,尽管肮(脏),但一个人能自由地漂游,就是难得的幸福。

高原强烈的阳光,把它们的皮肤晒得像铁块一样。他们喜欢喝酒,也喜欢歌声,酒和歌正是自由人最好的享受。

成群的牦牛在辽阔的草甸上,尽情地吸着大自然赐给的食粮,连绵起伏的群山落下白云的影子,藏胞的"家"里飘着炊烟,好一片高原景色。那广阔、深远、高亢、原始的味儿,使人的心境平静、安宁。享受这高原之光,胜过了那些被世人传颂的西湖十景,苏州园林,太湖的波光。

在这里才使人感到美之所在,完全是自然的、没有人为的做作,那样的和谐又强烈,丰富而又单纯,整体又富有变化。是原始的,但又是最美的。

想到明天就要进德钦了,心里又是一阵阵抑止(制)不住的激动!

在到达德钦的第一天,毛旭辉还有这样的文字:

雪山,一位藏族妇女,情不自禁地歌唱起来,她唱的是民歌,和眼前的一切多么和谐。婉转的歌声,听得出来是对高原的热爱,抒发的是对高原的赞美。(9月14日)

这些文字所反映出来的心情与趣味，显然与这个时候西南地区的很多艺术家例如何多苓、周春芽、张晓刚的感受是一样的，也完全呼应着此时陈丹青的"西藏组画"中的态度。毛旭辉觉得这一切让他感受到藏区的特殊性，他明显发现了这里和暑假看到的三峡风光、名胜古迹完全不同。他似乎认为如果用音乐来表现这一切，他会用交响乐来歌颂这里的山、森林、云雾、雪峰，以及"生长在高原的人的那种力的美，那里阳光照耀下的草地，那些牧歌式的画面"。这些文字足以能够解释为什么在德钦，毛旭辉会用浓重的色彩去画藏族的风情和完成之后的创作《高原》（1981）、《喝茶》（1981）。

不过，第二天，毛旭辉的文字就表现出与张晓刚和周春芽到藏区的表述完全不同的情绪：

望着这山的世界，我感觉人在这些地方太孤独了，太显示不出什么来了。这些（么）大的一个世界，仿佛是死了一般，那样的静寂，那里有几只鸟叫，都可以闻见。看不见人烟，在峡谷下端有一些零零落落的藏民的房屋和一些梯田，不过太渺小、微弱了。

人在这里要行动，相当困难，从山上到山脚没有一天的功（工）夫休想成功，而且还得冒着危险，要付出巨大的体力。就是最聪明的人，在这山里住久，也会呆滞的。我真想离开这里。这里太缺乏人味了。人显得太自卑。

怀着这样的心情回到县城，昨天使我很讨厌的县城又脏又灰，但人多一些，心里又得到一种安慰。

几天后的9月20日，毛旭辉还有这样的文字：

出门就是山，眼睛里全是山。我都有一点害怕了。是的，山雄伟、壮观、有气魄、坚实，但是它也会给人留下阴森、恐怖的印象。

这显然不是一种乐观的自然主义者的态度，他很快就发现如果没有人的对话，就难以适应。这时，毛旭辉还没有将自己的感受延伸到一个更为宽广的社会与历史理解，不过，这样的情绪是以后现代主义阅读的气质基础：对人的存在的敏感。而此时，他只有最为直接的个体感受："今天我感到我特别需要她在我身边。我感到身体不舒服，心情也十分抑郁。"

除了有时与藏民的接触获得了一些好的感受外——例如一路看到的一些风景（有时他用"大自然的杰作"来形容）、藏民的热情和观看藏民跳舞唱歌——他在路上的文字也不乏抱怨：偏僻、落后、路途的艰辛（有一天他甚至怀疑自己将葬身于路上）以及与之打交道的"地头蛇"的滑头。他不断地表露出内心的孤独：

我感到很孤独。时间已经过去了一个月。这种孤独的生活还有整整一个月。在这里，简直找不到一个可以说一说心底话的人。尽管大家都相处十分和气。每天只有孤军作战，和那些语言不通的藏人打交道，和那些沉默的大山相对而坐。（10月3日）

在这时，这位年轻的学生只有将时间消耗到画画和思念女友上面，以致他经常在梦中与她相见："昨天夜里多么幸福，我看见她了……"（9月30日）"这里的夜实在寒冷，每晚都要冷醒几次，每次醒来只有想着你来麻痹自己，昏昏欲睡……"（10月6日）他甚至从县文化馆的杂志抄录一些国外的爱情诗"来帮我述说我内心的怀念和相思"。（10月19日）他将外国诗人的心思移情到自己的内心，他理解为：人的思念与爱情感受应该是一样的。这种心理状态使得他也觉得时间过得太慢，他不知道应该对谁去述说，以致只能够自言自语，这也是毛旭辉很早就是一个文字的充分使用者的原因：

艺术、爱情，多么美好，令人激动。人生的意义之所在。起码对于我个人是如此。我为艺术而苦恼，勤奋，为爱而思念，也为爱而痛苦。这段时间我发觉我又懂事不少，我知道怎样去珍惜在我头上闪烁的爱情的光辉，我体会到了分离的难堪和寂寞，我发觉我离不开这美好的情感，有时想到今后还有不知多少次的分离，就如我想到人生终究要灭亡一般难过。（10月19日）

10月28日，毛旭辉记录了队伍到达丽江的情况，他在开头和结尾有这

样的文字:

  离开了,离开了高原,令人敬畏的高原,我没有向它说再见。按照我近来的体会和心理,是很难说我们后会有期的。

……

  滇西这一次是走到顶头了。[1]

学生时期的创作

  1981年春,毛旭辉与同班油画专业组同学在圆通山举办了"小草"画展,展出作品主要为中甸写生创作。一幅被作为创作的作品《高原》参加了这次展览。很显然,这幅在色彩和造型上非常凝重的作品是受"乡土绘画",尤其是陈丹青的油画《西藏组画》影响的结果。事实上,"伤痕美术"与"乡土绘画"的影响是广泛而深远的,凝重的调性不仅是一种绘画的风格,也是思想的结果。"伤痕美术"提示了对历史的思考,而"乡土绘画"通过表现土地及其人的本来面貌来还原有关"真实"的概念,而这两个特征都是毛旭辉认可的。直至1981年年初,毛旭辉的视域都大致局限在《美术》杂志、文学刊物以及极少的外国展览的目录,他的视觉经验很难越出已有的感受与认识,这使得即便是参加1981年6月的"庆祝中国共产党成立六十周年云南省美术作品展览"的《山寨秋色》和同年11月的"云南省少数民族美术作品展览"的《喝茶》,都充分保留了"乡土绘画"的影响。《山寨秋色》的原作已经遗失,留下来的色彩草图甚至还保留了他在数年前接受的"外光派"的影响,而"外光派"的趣味尤其是笔触总是能够让人联想到"文革"时期的油画:笔触干脆、少有涂抹,色彩的对比明快而

---

1 在回顾1981年这年夏天与版画系的同学周春芽去阿坝草原的经历时,张晓刚还有这样的文字:"当我离开体验生活的草地以后,很多具体的事情很快就淡忘了,留下来的只有草地上强烈、浓厚的色彩,藏民纯朴而粗犷的形象,以及贯穿这些色彩和形象的线条。……我希望自己能天真纯朴地接触自然,像初生小儿那样看世界。"(《美术》1982年4月号)这个时候,毛旭辉与他的画友张晓刚的感受有明显的不同。

富于光的感受。而《喝茶》的方法却有明显的不同，题材与表现方法非常接近陈丹青的风格路线：厚重、平实以及不强调笔触趣味。保留下来的素描和水彩草图充分表现出毛旭辉跟随"乡土绘画"的痕迹，没有追求笔触的"潇洒"和色彩的变化，即便使用水彩颜料，毛旭辉似乎也希望产生油画一样的厚重效果，至于素描稿子，显然是为厚重和朴实的目的所准备的。中甸、德钦的藏族形象以及他们的生活显然强烈地影响着毛旭辉，"乡土绘画"或者陈丹青的影响将毛旭辉带入了对藏族地区浓厚的气氛不能自拔，直至1981年9月西双版纳写生之行受到那里的风情与色彩在形式上给予新的影响为止。

今天的人们很难想象"文革"给人们带来的禁锢与压力，在70年代末和80年代初的艺术界，从事艺术批评和艺术史研究的教授或者专家还处在沉默中，政治上的变化给予了他们内心放松的可能，但是，要在公开的范围发表与"文革"时期相反的观点，仍然必须小心翼翼。就像艺术史家吴甲丰那样，在理论的陈述中需要巧妙地使用官方熟悉的概念和文字，避开截然对立的观点的表述。可是，艺术家的感性基因也许多于批评家，吴冠中的文章《绘画的形式美》就强调"形式"的重要性，产生了极大的影响。经历过"文革"的人很清楚，将"形式"单独抽取出来给予强调，这是在坚持资产阶级的文艺观点，艺术家的观点不仅难以被官方接受，其思想还会招来暴风骤雨般的批判。吴冠中在文章里有一个很说明问题的例子：

我有一回在绍兴田野写生，遇到一个小小的池塘，其间红萍绿藻，被一夜东风吹卷成极有韵律感的纹样，撒上厚薄不均的油菜花，衬以深色的倒影，幽美意境令我神往，久久不肯离去。但这种"无标题美术"我画了岂不被批个狗血喷头！归途中一路沉思，忽然想到一个窍门：设法在倒影远处一角画入劳动的人群和红旗，点题"岸上东风吹遍"不就能对付批判了吗！翌晨，我急急忙忙背着画箱赶到那池塘边。天哪！一夜西风，摧毁了水中文章。还是那些红萍绿藻、黄花……内容未改。但组织关系改变了，形式变了，失去了韵律感，失去了美感！我再也不想画了！[1]

吴冠中对形式的强调是如此急切和不可置疑，以致他几乎将艺术的方法纳入到了进化论的逻辑之中，他针对于中国部分艺术家例如陈丹青有明显影响的法国19世纪写实绘画时这样说：

美，形式美，已是科学，是可分析、解剖的。对具有独特成就的作品或作品造型手法的分析，在西方美术学院中早已成为平常的讲授内容，但在我国的美术院校中尚属禁区，青年学生对这一主要专业知识的无知程度是惊人的！法国19世纪农村风景画的展出在美术界引起的不满足是值得重视的，为什么在卫星上天的今天还只能展出外国的蒸汽机呢！

实际上，吴冠中发表的这篇文章来自1978年他开始的在西南地区写生期间在各个美术院校的讲座；1979年4月，他在西南师范学院美术系的讲座主要谈的就是形式美问题，以致学院学报将他的讲座内容约为文稿准备发表。[2] 之前的1978年春天，毛旭辉也曾在云南省图书馆倾听过吴的艺术讲座，吴对"形式"的强调给他留下深刻的印象。那时，云南的蒋铁峰和丁绍光的"云南画派"对线、对形式的强调，也非常吻合于吴冠中的艺术观点，装饰性的图案与写实主义的惯习相去甚远，在昆明这个城市的艺术家中形成了巨大的影响——以致形成了一个"云南画派"；而这种对形式、对强烈的色彩和夸张的形体的强调似乎与现代主义的图像比较接近，至少，与文学性和写实绘画"伤痕美术"和"乡土绘画"形成了强烈的对比。毕业于中央美术学院的云南画家姚钟华也提到："文革"结束之后，有不少北京和其他城市的艺术家到云南来写生作画，其中吴冠中和袁运生给他留下了深刻的印象：

吴冠中先生那年60岁，精力充沛，热情饱满，去了石林、西双版纳、丽江等地。在版纳正逢干热的旱季，他常常作画至天色已晚才归，吃晚饭

---

[1] 《美术》1979年第5期，第34页。

[2] 吴冠中回忆说："他们学院的学报要发表，我便整理成文稿：《绘画的形式美》。但后来并未见发表，我估计主编者有顾虑，害怕了。但是《美术》杂志却来约了这篇稿，约稿人是吴步乃，并立即作为重点稿发出。"（吴冠中：《永无坦途：吴冠中自述》，湖南美术出版社2015年版，第170页）

时已是晚上九点。我们还陪他去了安江村国立艺专旧址,在那里他更是往事历历,感慨万千。祝大年及袁运生分别完成了当时新建的首都机场大型壁画《森林之歌》(陶瓷)、《泼水节——生命的赞歌》,在全国有颇大的影响。袁运生住在勐定傣家竹楼二月余,还画了大量精彩的白描写生。[1]

不过,昆明这个城市似乎没有产生具有全国影响的艺术现象,姚钟华在回忆云南油画的发展时这样说:

> 从70年代末到80年代初期,文艺界的思想非常活跃,思潮涌动,如"伤痕文艺","形式美"的张扬,"小、苦、涩","风情热",西方现代主义、后现代主义思潮的影响及"商品化"的倾向,等等。在云南,有些思潮有强烈反应与表现,有些思潮反应甚弱。如"伤痕文艺"在云南反应淡薄(包括文学等文艺门类)。而表现"边疆风情"或带有装饰倾向的"形式美"却很风行。究其原因,并非云南人心灵上没有"伤痕",而是云南文艺界长期以来把"边疆民族特色"作为云南文艺的一个立足之本来对待,但许多文艺人对这个"特色"并没有深刻的认识和感受,往往注意表面的外部特征,以猎奇的心态用以装饰自己的作品,淡化了艺术家的主题意识,掩盖了内容的贫乏和技巧的平庸。[2]

吴冠中与袁运生显然是毛旭辉眼前的范例[3],他们的艺术风格与思想对这个不安分的年轻学生来说就是在艺术上进行反叛的最直接的依据。1979年,袁运生为首都机场创作的壁画《泼水节——生命的赞歌》引起了普遍的争议。这位曾经是右派分子的画家使用了一种变形的装饰风格描绘了女性裸体,尽管那些抽象、变形、象征特征让人不难理解,但是,画家的创

---

1 姚钟华:《红土高原上的艺术奇葩》,载《艺林漫步》,北京大学出版社2015年版,第7页。

2 姚钟华:《云南油画概述》,载《艺术·生活·往事》,晨光出版社、云南美术出版社2005年版,第98页。

3 袁运生:画家,曾就读中央美术学院,1957年被打成学生右派。1960年,作为拒绝改造的右派分子,和同样被打成右派的美院院长江丰等一同下放到双桥农场劳动,与江丰、李宗津、王炳召等住在一个房间。毕业后离开北京去了长春,但与董希文、张仃、朱乃正保持联系。1978年去云南西双版纳写生,习作成为《泼水节——生命的赞歌》壁画的素材。1979年,受中央工艺美术学院张仃邀请参与首都机场航站楼壁画创作。随后,中央美院成立了壁画系,袁运生进入壁画系任教。

作在这个时候明显有了自由创作和借用西方艺术风格的趋势；对于毛旭辉来说，袁运生的绘画脱离了刻板教条的现实主义，自由发挥艺术的语言有了可能性。考虑到泼水节的习俗，画沐浴场景中的人是不能穿着衣服的。为了通过官方审查，画家甚至策略性地在草稿上画了多条轮廓线，这样看上去人物似乎穿着衣服。在壁画正式完成时，画家略去了多余的线条，构图中出现的是裸女。这次机场壁画的总指挥是国家领导人李瑞环，为了政治上的安全，他甚至请示了邓小平，"小平同志看了说道，'我看可以'。就这样《泼水节》展出了"（袁运生）。不过，经历了长期政治禁锢的人们对机场壁画中的裸女显然不习惯，画家不得不将三个裸女披上透明纱衣，"参观的人们可以透过纱衣看到裸女，也可以掀开纱衣一窥究竟。最后用木板将有人体的这部分封死了"（袁运生）。这让人联想到米朗基罗《最后的审判》的命运。对机场壁画的批评和质疑越来越大，甚至有官方美协领导多次提出撤掉《泼水节》[1]。两年后，袁运生在北京市美协和北京油画研究会的一次学术讨论会上发言："社会的发展要求艺术家充分地表现艺术个性和自我。"[2] 这样的观点对毛旭辉显然是一种刺激，同时，毛也将吴冠中和袁运生强调形式美的观点潜意识地与他的老师丁绍光带有装饰性趣味的云南风情绘画联系起来了[3]。考虑到毛对北京星星美展的了解，也许他在内心里认为"形式美"这个模模糊糊的问题与1979年11月的"星星"美展中的现代主义风格是一回事。不过，在这个时候，对于这位艺术院校的学生，自己的艺术究竟应该如何进行下去仍然是一个问题。1981年7月

---

[1] 1982年之后，"机场壁画前立起一堵三合板做的假墙封住浴女画面。1990年，我哥哥袁运甫带领一群工人为机场壁画涂进口的保护液。遇到假墙工人觉得麻烦，也没请示谁就把墙拆了。裸女就这样重见天日，她的色彩显得比周围壁画的色彩都要新。这真是一个非常中国式的结局啊。2002年，机场航站楼装修，许多媒体关注机场壁画的命运，呼吁留住机场壁画，但并没得到机场呼应。我一直以为壁画就这样被拆掉了，谁知，航站楼装修后，壁画还是保存了下来。但令人哭笑不得的是，因为吊顶的缘故，《泼水节》的顶部被盖住了50厘米。张仃的壁画前则安了个大影壁。袁运甫的壁画前巨大S形的隔间，挡住近三分之一的画面。机场壁画完全成了一次装修的牺牲品。如今看来，机场壁画就像20世纪80年代以后中国各时期的镜子，折射着文化的尴尬处境，它的命运令人啼笑皆非"（袁运生）。

[2] 《美术》（1981年3月号）。

[3] 作为毛旭辉的老师，丁绍光于1980年5月离开昆明去了美国，在之前，他与蒋铁峰的绘画风格以"云南画派"而知名，对生活在云南的画家产生了普遍的影响。

底到 9 月上旬，毛旭辉再次北上游历。在北京，他拜访了袁运生，也见到了星星画家马德升、黄锐。这些经历加上他在文物出版社购买的李泽厚的《美的历程》（1981 年版），加强了"形式"和"美"这类词汇在大脑中的印象。也是在 8 月 20 日左右，毛旭辉离开北京前往山西，参观了太原晋祠、大同云冈石窟、运城永乐宫壁画；9 月初，到达陕西，参观了西安的文化名胜和博物馆，参观了咸阳乾陵博物馆，游览了华山；之后，到达河南洛阳，参观了洛阳龙门石窟。与一年前的游历一样，毛旭辉保留了写日记的习惯。除了记录每天看到的景象，那些淳朴的文字的主要内容是这位学生一路思考人生与艺术问题，对他的艺术理解有潜移默化作用的流水账。就像他在从昆明出发前一天（7 月 23 日）的日记中写道的：

尽管列车不是帆船在海上航行，乘风破浪，但我对一切都抱有幻想。更重要的是我要在列车上冷静地思考一些问题，什么是爱，什么是情，什么是人的本能，什么是人的满足，人的欲望、梦想和追求。

在火车上，他记录了对爱的理解：

爱就是阳光、空气、蔚蓝的天空、纯白的云朵、大海的呼吸、山间的云雀。它是沙漠上的绿洲，荒原上的歌声，冰山的雪莲。

……

爱是暴风雨、雷鸣和闪电，它具有大海一样的魄力和激昂，不可抑制的力量。

他也记录肉体所接触到的具体环境：

我越来越感到这车厢是一个囚笼，又闷又热，拥挤不堪。疲惫的旅客，包括我自己的确是一批流放异地的囚犯。坐在同一个位置，吃饭、睡觉、喝水、看书、娱乐，无法离开一步。解小便也得排轮子。窗口是我们唯一吸收点新鲜空气、看一看天空与大地的地方。正常的生活规律完全被打破，不知道何时该吃该睡，规律在这里毫无意义。一切都得沉默和忍耐。车厢里窒息得使你已无法迈开一步，最好是学会昏迷。现在是今天的晚上 10 点 30 分，列车整整走了 24 小时，我们也当了整整一天的囚犯。每个椅子下都塞满了

人,不是泥土,不是行李,是一个个活生生的人。讨厌的是我现在还有感觉。(7月25日)

一路上的体验并不让毛旭辉感到顺畅,无意识的感知与意念却频频涌现。到达北京之初,他仍然沉浸在这样的情绪之中去思考人生问题:

怎么能用理智、用条规、用极为简单的公式来支配生活本身呢?那不是生活,因为那里人不敢有情绪,不会有波动,不会有膨胀和风景,更没有闪电和雷鸣,也不会懂得夜莺的歌儿和布谷鸟的鸣啼,那儿不产生艺术,不会有毕加索、马提斯和莫迪里阿尼,不会有绘画,也不可能有小夜曲,更不要奢望产生贝多芬和莫扎特,那儿不会有诗歌,不会有惠特曼、海涅和波特莱尔,在那里不会有爱情,只有爱的坟墓和耶稣基督的受难,那种中世纪的痛苦,人类的愚昧和岁月,那儿是罗丹的"地狱之门",那儿没有爱,没有爱的奔放,没有玫瑰和可爱的百合花……(7月28日)

7月27日,到了北京。8月2日,参观了八达岭、十三陵、颐和园、圆明园和燕京饭店。8月3日去中央美院预约看画时间。8月4日与贺立德、木志英汇合。8月6日,毛旭辉记录下游历北海的感受:"灰绿色的北海泛起了波浪,飞鸟在追逐着,在水面上,是在游戏还是在不安地飞翔。而我沿着岸边望着那铅灰、沉重的、苍茫的天空,渴望着暴风雨或者蓝天……"接下来则正式开始了他们的艺术访问:

8月7日中午找到马德升家,费尽力气,问到一个办事处姑娘才找到马家。看了一些木刻作品,讲究黑白、变形、概括,有思想深度。热情、奔放,追求永恒感、对母与子的爱,和现在人的痛苦、压抑。用自己的语言和世界对话,身体不好,不是一个健康的人,但对生活充满激情,在这样一个人身上感受到的是精神,只剩下了精神和思维,一种创作欲(想起九爸)。

光凭激情和感觉不行,还得靠理智来完成。

8月8日上午到美院,下午到黄锐家。

陈丹青说:艺术是艺术家的事,是谈不上为人民服务的。艺术作品只是少数人的事。何况社会上很多事也没有为人民服务,特别是更为直接和实用的和人民生活直接相关的。

陈的《牧羊女》和女人体印象很深。

在黄锐家看了很多画,都是画在框子上的,北京四合院,一些街道和民主墙,最近搞一些色块和纸、照片的剪贴。他和法国的一些艺术家有些联系,照了一本他自己的画的彩色照片,效果很好,有的比原作还精彩。他的色彩表现了北京的地方味,灰调子变化微妙。家里贴满了"不陪客"和"谈话不超过十分钟"的纸条。感觉非常勤奋。看了几本香港杂志《观察家》,有许多篇幅介绍"星星美展"的艺术家和观众留言和评论文章,谈王克平较多。还为这些作者照了相。

毛旭辉这几个昆明人是作为学生的身份去拜访袁运生的。在8月15日去中央美术学院之前的一天,他们参观了袁运生的机场壁画:"早上到国际机场送人,参观了餐厅、壁画,《泼水节》和《哪吒闹海》的确不错。"

晚上7点到中央美院,来了不少同学。在袁运生那里,屋太窄,我们都站在门外听,他刚刚从各地考古回来,敦煌、麦积山、大同、龙门、西安,谈到了他对考古的看法:在了解的基础上,各其(取)所需。

(他)对北魏、隋比较推崇,认为自由,富有想象力,粗犷,但粗犷是时间造成的,认为不必过分追究过去画的是怎么回事,既然由于时间造成,现在这种效果,而且很好,有现代感,接受它有什么不好!

认为唐的东西不如北魏自由,但还是表现出那时的庄严堂皇和气派,那种全盛时期的辉煌。

没有提唐代以后的东西。

谈到洛阳,有许多非常有气派有价值的文物,但遭到十分痛心的破坏。有价值的东西葬送在无知的手里。听了十分难过。

提到西安,赞不绝口,谈到那些陵墓的构思,造型的气派,是空前绝后的,就是在世界上也找不到并列的东西,而且有现代感。

提到麦积山的东西很特殊,它和其他的石窟……

实际上,毛旭辉在太原、西安、咸阳、洛阳、长沙一路都有对博物馆里的文物和石窟现场的写生和图案记录。他通过这些记录了解传统艺术，兴趣盎然，完全没有表现出任何的反感。他在11月17日给张晓刚的信中报告了自己的收获：

> 这次外出，从北京到大同、太原、华山、永乐宫、西安、洛阳，跨过黄河、长江、渭河，北方的平原、窑洞、黄土高原、白杨树，古代辉煌的艺术，霍去病墓的石刻和碑林，使我惊叹不已，我开始意识到许多东西。过去，我对这些从来是漠不关心的。我们的祖先留给我们的那些仅仅是单线平涂、十八描。出去最大的收获就是学会注意研究这些东西了。

1981年9月16日，毛旭辉出发去云南西双版纳写生，他去了风景"美丽"的橄榄坝、勐海、南糯山的爱伲村寨和小勐养植物园——这次写生旅行，是试图为大学毕业创作准备素材。在这里，毛旭辉看到了完全不同于藏区的氛围、色彩与形式。在11月17日的一封给张晓刚的书信里，毛旭辉描述了自己在西双版纳的生活与心理状态：

> 当我沉浸在亚热带的丛林里，在仅有的一个月时间里，我想要静下来画画是很困难的，我放开缰绳，到处东奔西跑，企图把整个版纳都尽收眼底。成天穿梭在茂密的绿色中，呈现在眼前的是人类原始古朴、宁静和平的景象，生活的节奏是悠缓而恬静，听着当地的语言，那真是一种享受，我听不懂，但也并不想去懂。但从那音调和节奏中表露出人类最基本和最单纯的感情和交往。过惯了嘈杂纷乱的都市生活，来到这里，真是不可多得的享乐。背着孩子的母亲、守护在摇篮旁的母亲、在椰子树下哺乳着自己生命的母亲，那些善良的黄牛和白马也同样令人感动地体现着"母爱"：人与自然是那样融洽、和谐，在槟榔树下做着甜蜜的梦，在江边、小河边，人们自由自在地和那些牛群、鹅、鸭一道，赤裸地浸泡在水中，浮在水面上。阳光充足，丛树静谧，童话般的现实。[1]

这时，毛旭辉的感受几乎不呼应"乡土绘画"或者说陈丹青的绘画风格。也许，在这个时期出现的艺术"形式美"倾向的确对应了毛的内心。

正如在吴冠中、袁运生以及生活在云南的蒋铁峰和丁绍光的作品中体

---

[1] 未发表艺术家私人文件。

现出来的那样，毛旭辉在西双版纳的写生与之前任何地方的绘画手法都不同，表现出平面、色彩单纯和具有装饰性的倾向。在一幅水粉的构图中，甚至能够让人联想到袁运生的《泼水节》，毛旭辉甚至在写生的基础上还画了一幅笔法相对严谨的《美丽的橄榄坝》，总之，在西双版纳的习作完全抛去了沉重的"乡土绘画"的特征，凝重的主题更是消失得没有踪影。对形式与色彩的关注使得他有时接近掉进抽象构图的境况，例如《勐海黄昏》，而在《爱伲山寨水管》中，形式的组织显得非常刻意，与在中甸的写生（《中甸·黄昏》）形成了明显对比。就在不久前的中甸写生中，他还使用了阴郁的色彩和有纵深感的形体，而在西双版纳，他完全不能够继续这样作画。

不断地参观、阅读以及看到的风情积累着毛的视觉经验，刺激着毛旭辉在艺术语言问题上的思考，以致不同的艺术语言和风格倾向在毛旭辉的内心发生着冲突，他几乎难以判断究竟该如何去继续画画。事实上，在11月给张晓刚的信里，毛旭辉一开始就抱怨在学校习得的绘画技术在西双版纳的表现上是无效的："梦一般的世界，光和绿色魅力吞没了一切，我措手不及，简直不会画画，三年多的基本训练在这里显得贫乏而苍白。在这种超脱和意想不到的境界里，除了陶醉而无力（地）去表现。没有到版纳之前，我们不知蒙受了多少欺骗，只有高更，法国的高更，把亚热带原始民族的风味画了出来，当然，他的画不只到此，还有他那神秘莫测的想象和内心的渴望。"[1] 这个时候，在毛旭辉的个人的艺术实践谱系里已经有好几个方向的路径："外光派"、学院绘画、"乡土绘画"、"形式美"以及欧洲的后期印象主义。[2]

毛旭辉继续在西方大师的思想和作品中寻找自己创作的可能性，他不断在自己购买到的艺术杂志例如《世界美术》《文艺研究》《美苑》《文

1　未发表艺术家私人文件。

2　受后期印象主义的影响，以致毛旭辉在对形式主义有所实践的同时，能够本能地感觉到自己的不满意。正如他在1981年11月17日给张晓刚的信中表述的那样："蒋（铁峰——引者注）一派的东西，我自认为不是什么大艺术，而且这样风格的盛行，并不是什么不得了的事，我对此毫无兴趣。"

艺论丛》《美术译丛》中探索着，在不同的杂志和图书中搜寻对自己有用的文字与图像。在阅读的同时，毛旭辉继续保持着摘抄和做笔记的习惯，用艺术家自己的话来说，这样的学习方式无疑也提升了他的语文能力。这时，值得提及的是，1981年上半年摘抄完成的伊利亚·爱伦堡的《人·岁月·生活》（四部）[1]对毛旭辉产生了深刻的影响。这本书是他于1980年6月在系图书馆借到的，他一边阅读一边摘抄。书中对生活在巴黎的现代艺术家，如莫迪里阿尼（Amedeo Modigliani，1884—1920）、毕加索（Pablo Picasso，1881—1973）、马雅可夫斯基（Vladimir Mayakovsky，1893—1930）、阿·托尔斯泰（Alexei Nikolayevich Tolstoy，1882—1945）、帕斯捷尔纳克（Boris Pasternak，1890—1960）、兹维塔耶娃（Marina Tsvetaeva，1892—1941）等的作品所做的评价和思索，让这位即将毕业的学生感受至深。毛旭辉发现此书将"20世纪初在巴黎过着冒险生活的那些欧洲艺术家几乎都涉及了"，"那些艺术家的名字排列起来已是现代艺术史中最辉煌的部分了"。他甚至觉得这本书应改名为《人·岁月·生活艺术》更恰当，他说这本书使他"打开眼界，看到光怪陆离的现代艺术，是如何呈现在那个时代发生的各种事物和艺术家个人生存的境况之中，问题容易理解得多了"。书中有对苏联十月革命成功后文学艺术界的详细叙述和分析，毛旭辉读后对艺术与政权的关系、艺术的社会功能、艺术的价值等问题进行了思考：

革命的成功只是建立了工人政权，但并没有解决好意识形态的问题。艺术被改变成宣传品，真正有才华的艺术家受到排斥，甚至迫害，这些与我们的现实发生过的情况是多么酷似。我们不是每天都在目睹一批粗制滥造的宣传在吞噬人们的精神世界吗？虚假平庸的货色一再受到官方的抬举，真正的生活被搁置一边，无人问津。所谓的艺术家们很少关心眼前的真实存在。生存中的焦点和困惑堆积着，而艺术却撑着一只破船不断重复地唱着高昂的调子。这种虚假长期凌驾于真实存在的状况，实在让人作呕。艺术的价值到底在哪里？！艺术真正的社会功能是什么？！人们之所以需要

---

[1] 冯南江、秦顺新译，人民文学出版社1979年4月北京新1版。

艺术，就因为艺术与政治有所区别。但可悲的是，艺术作为政治工具已形成了一种天经地义的事，这种恶习严重毒害和愚弄了人们的审美能力，也许画家自觉不自觉地将自己推进那个精神屠手的行列，他们当中有老的、中年的，也有我的同辈人。[1]

总之，他从四卷本的《人·岁月·生活》中发现了另外的艺术世界。尽管爱伦堡在描述不同诗人、作家尤其是画家时，使用了不同的事实素材，可是，作者所真正关注并给予高度揭示的是那些存在于他们内心里的生活与世界。他读到了从另外的角度去认识和理解艺术家以及他们的艺术的文字，例如记录了爱伦堡关于莫迪里阿尼的描述：

……他的油画不是偶然的幻想——这是为画家所洞悉的一个由天真和智慧的特殊结合所构成的世界。当我说"天真"这个词儿的时候，当然我并没有想到幼稚、天生的平庸或故作粗俗；我把天真理解为一种新颖的感受能力，一种直感，一种内在的美。……莫迪里阿尼的形形色色的模特儿都有一个共同特点：把他们统一起来的不是老一套的手法，不是外在的表现方法，而是画家的处世态度。

毛旭辉从这样的文字中看到了与那些"外光派"画家对绘画的完全不同的理解，他读到了像莫迪里阿尼这样的画家的特殊性：既不同于印象派，也被立体派油画的爱好者视为"一个旧时代的残余"——爱伦堡这样分析道。这样的阅读显然脱离了列宾、苏里科夫这些俄国画家的表现逻辑，当然也完全不同于苏联绘画的那些说明性的方法。关注内心诉求从这样的阅读中开始被强烈地提示出来。这种认识变化自然会影响到毛旭辉在毕业创作上的犹豫不决。

不过，按照笔记本被摘抄的艺术家和艺术作者的文字顺序来看，似乎没有什么系统性：《马蒂斯论艺术》《柯罗论画》《艺术哲学》《毕加索的谈话》《塞尚言论》《现代艺术的哲学基础》《梵·高书简》《康定斯

---

1 毛旭辉：《心灵之路——一份简要的心灵自传（1956—1985）》，1989年2月28日写于和平村2号。未发表，但文中内容被多次引用在关于毛旭辉的评论文章中。

基语录》《回忆莫迪里阿尼》《论客观现实中的两种审美形式》。1982 年，从张晓刚手上借到台湾作家赖传鉴著《天才之悲剧》，书中对伦勃朗、杜米埃（Honere Daumier,1808—1879）、德加（Edgar Degas，1834—1917）、雷东（Odilon Redon，1840—1916）、高更、梵·高、劳特累克（Henri de Toulouse-Lautrec，1864—1901）、蒙克（Edvard Munch，1863—1944）、尤特里罗（Maurice Utrillo，1883—1920）、莫迪里阿尼、苏丁（Chaim Soutine，1894—1943）等艺术家给予的介绍，毛旭辉也做了详尽的摘抄。可以想象，西方哲学的著作已经开始出现在书店，毛旭辉也将一些他感兴趣的思想记录下来，例如存在主义文学、后期象征主义文学、未来主义文学的介绍，阿波里奈（Guillaume Apollinaire，1880—1918）、马雅可夫斯基的诗歌也出现在笔记本里。他对那些激烈的表达非常在意，例如他抄录了梵·高给提奥的信："我除了能用我的绘画表达以外，什么也不会……但是无论如何我都可以说，对于我的画，我是拼了命的，我的理性也因此而毁了一半，但是只有你了解我……"[1]

阅读、经历与绘画的不同尝试表明，当西方艺术通过不同渠道不断出现在眼前的时候，毛旭辉感到兴奋之至，他在思考的同时似乎也有点应接不暇，他似乎还没有将已经获得的思想融入进自己并不复杂的经验中，他还没有将出现在杂志或其他书籍中的那些表达艺术家、文学家和思想家的思想的文字转换为个人的感受，他知道了，他还在理解中，这样的心绪和矛盾状况都统统表现在毕业创作中。

毛旭辉没有保留毕业创作的完整图片，他保持着主题性的构思，例如他将毕业创作题为《澜沧江边》，作品的表现手法与风格颇为含糊：乡土风格的手法，装饰性的构图以及不明快的色彩，他在"乡土绘画"的厚重和从西双版纳获得的形式感之间来来回回，犹豫不决——他已经了解到不同的现代主义风格，却不知道该如何面对自己的创作，所以，他一开始就认为自己的毕业创作非常失败。12 月，毛旭辉应该完成了他的毕业创作，

---

[1] 以后我们在毛旭辉给朋友的书信中经常会发现类似激烈的句子。

1981年,毛旭辉在毕业创作前留影

1981年7月,毛旭辉(中)与中学同学张尔臣(左)、刘铁君(右)在刚恢复建制的云南艺术学院麻园校区用油毛毡搭建的油画教室内

在 23 日的一封给张晓刚的信中，毛旭辉表达了他这时的苦恼和思索：

> 你又开始了新的冲刺和爆发，经过一番彷徨和思考之后你是那样坚定地踏上艺术的道路，使我感到一阵慌乱。我是不甘落伍的，这样的刺激真是太妙了，我又在构思和狂想明天将画些什么。是的，我将画些什么呢？有时我觉得，我的前面是一片沙漠，无路可行，也许不是沙漠，而是走在我们前头的"夸父"和大师已经不少了。在我面前充满了那样丰富、五光十色、光怪陆离的东西，单从 19 世纪以来，多少现代大师留下的脚印，常常使我望洋兴叹，我们的语言在哪里呢？
>
> ……从接到你的上一封信后到现在，仅仅画了五张油画，还有两张未完成，而且其他除了两三张风景外，没有任何收获。学校留给我的时间不多了，还有一个星期就要布置展览，不过，好在现在我似乎什么也不管了，画到离校那天为止，画得了多少算多少，画成什么算什么。总之，尽量对得起上帝和自己的内心。这几张画都是画的西双版纳的印象，画面是惭愧的，好在非常明确地暴露了我不少的弱点和我自己是什么。
>
> ……四年的学生生活瞬息而过，四年了，多少无知和轻信，彷徨和徘徊，多少盲从和迷惘，从列宾到毕加索[1]，多么艰难的认识过程，然而，前面还有那么多无法理解的东西。绝不是一下可以完全理解的，但是要做一个工人的信念却鼓舞着我展望未来。个人有个人的生活和经历，绝不会雷同，那就让每一个人讲出自己的话，最好是用自己的语言，让每一个人按照自己的信念去完成自己的工作。塞尚在苹果和陶罐、台布之中表现了自己的热望，梵·高在阿尔疯狂地表现自己的热情，高更在塔西提倾吐他的苦恼，你在草原炽热的风中，感受到那博大和深沉的爱，我呢，仅仅回味西双版纳那绿色的梦并没有慰藉我扰乱不安的心灵，我怎么办呢？我的爱和热情和智慧在哪里呢？我苦苦地思考！

这是对四川美术学院同样在完成毕业创作的朋友张晓刚 12 月 16 日给毛的信件的回复。张在信中表达了与毛旭辉相似的信念，并陈述了自己的

---

1 毕加索（Pablo Picasso, 1881—1973），西班牙画家、雕塑家、立体主义画派的主要代表。

艺术看法。不过，他因为创作出"组画"而得到《美术》杂志编辑的肯定，心情与毛旭辉完全不同，他似乎已经从焦虑的状态转换到了欣慰：

  谈创作。现在我正开始画第九幅油画《羊群远去》[1]，进展还较顺利。在这之前，我曾经远离了自我的真切感受，而趋于失败，差点丢了画笔。为此专门到南充去玩了几天。面对长江那执拗地、不息地奔流，看着那大船埋着坚强的头颅不断地破浪而上，船夫们发自内心的阵阵号子声，使自己重新意识到只有自己的力量才是最可信赖的。

  艺术就是我的上帝，而它本身就是一门宗教，面对常常在心灵里"显圣"的模糊之光，我的确没有什么可保留的，更不能怀着丝毫的杂念来加以利用或者以此炫耀。我想，自己心里只要装有一个夸父的背影，那神圣的太阳就足够我追之不竭了。梵·高、高更、塞尚[2]，是我所崇拜备至的三个夸父……

  把画好的油画摆在一起，看看满墙的版画，有时自己都感到惊讶，哪来的这股力量？回想在没有与草原相会之前，自己常常因为一些莫名其妙的堵塞而常常心灰意懒，甚至有时会产生一系列的怀疑。感谢草原！感谢那干燥的风！使自己在深厚、博大的暖流之中，产生了不能抑制的爱，像简·爱说的："发现了上帝！"我想，只要地层里有岩浆在翻滚，总会找到一个适当的火山口，而艺术的力量不正是在这"流泻"之中而获得永生了吗？

  ……

  这里我想告诉你一件事：《美术》杂志社的编辑10月初来我校，看了我的作品，据说很感兴趣。最近我突然收到电报，要我寄照片去。后来才知道，他们1月份要发表我的作品，并附带专文介绍。这件事在这之前就我一个人不知道。我对这飞来的横福半天回不过神来。……当然，从实际出发，

---

1 《羊群远去》是1981年张晓刚毕业作品《草原组画》之一。

2 塞尚（Paul Cézanne，1839—1906），后印象派代表画家。

我更希望这对毕业分配能起到一些积极的作用。[1]

从80年代初开始，这两个艺术的狂热者就是这样通过书信的方式，相互砥砺，寻求孤独中的安慰，并实践他们各自的艺术，他们在对艺术的理解和其后的价值倾向保持着高度的一致。[2] 不过，张晓刚的毕业创作在多年后也保留得完好无损，而毛旭辉的毕业创作却因为自己的不满意只保留下不完整的黑白照片。很快，在12月27日的一封短信里，毛旭辉告诉张晓刚：

学校生活已接近尾声了，下个月10日宣布最后之审判，15号就将赶出校门，命运究竟如何，我没有时间去细想这一切。唯一渴望有一间画室，真是梦想！艺术，唯有艺术是拯救灵魂的！

1982年1月，毛旭辉从云南艺术学院美术系油画专业毕业，被分配回到昆明市百货公司金碧百货商店工作，负责橱窗设计和宣传工作。

---

[1] 张晓刚：《失忆与记忆：张晓刚书信集（1981—1996）》，北京大学出版社2012年版，第16至18页。
[2] 张晓刚在他写于2005年的《我认识的大毛》里这样回忆："真正认识毛旭辉是在上大学之后。当时我考取了四川美院油画系，他考取了云南艺术学院油画系。我们在拿到录取通知书后，'小毛'召集我、叶帅（当时他不幸落选，情绪很低落）等几位学画青年，在一家小饭馆吃了一顿饭，并到照相馆去留了一张合影。照片上题上'友谊长存，前途无限'几个字。从那时起我们开始了长达二十年的通信关系（中间有四年我们因同在一个城市而暂停）。"

《挂着列宁帽和衣服的凳子》
纸本铅笔　27×20cm
1973年

《大观河一角》
纸本铅笔　20×28cm
1973年

《圆通寺写生》
纸本铅笔　19.5×26cm
1973 年 8 月 18 日晨

《百货公司的职工》
纸本铅笔
26×19.5cm
1976 年

第一章 启 蒙　71

1976年，大学之前，毛旭辉摄于昆明百货公司宿舍内

《阿波罗》
87×58cm　纸上铅笔素描
1978年9月

1980年7月6日—8月25日，暑假考察采风期间，
毛旭辉于重庆朝天门码头所画速写

1980年7月6日—8月25日，暑假考察采风期间，
毛旭辉于8月25日，站在无锡人民桥上画运河风景

第一章 启 蒙

暑假考察采风期间,毛旭辉记录 1980 年 8 月 5 日—8 月 7 日北京参观日记,在北京拜访了袁运生、孙景波前辈

到了北井中央美院，一世志伟下午找到衣冠里，听他介绍主他茶。
祝他找人。地世去不在家，找到了孩子冯。之后才知道他也
生, 很好，去发长，自言的秘他后天，七号到美院寻他么上海。
经他传寻了他到陈周吾去一定东西，方便退去。下午他先出
陈的创伤。《白毛女》从中央美院去看到了安了夕的 也了
家上了书纪硬 这时可在纪处的你俩 早纪了 能上11号
王。 念

王怀庆 《脚手》《夫》《张方任、一张风至、《冬至》

同《砖、父》《纸妈》秦龙《苦者花开》《牧歌》心肠虹
《河南》
   《女青像》《主》……到东土》好孩波《卓娟》
《他》

第一章 启蒙

1980年9月18日—9月29日,毛旭辉于云南中甸德钦地区写生速写

1980年9月18日—9月29日,毛旭辉于云南中甸德钦地区写生速写

1980年9月18日—9月29日，毛旭辉于云南中甸德钦地区写生速写

1980年9月18日—9月29日，毛旭辉于云南中甸德钦地区写生速写

《喝茶》(草图) 纸本素描 56×96cm 1980年

《喝茶》(草图) 纸本水彩 39×63cm 1981年

《耕种》 纸本油画 24×48cm 1980年

《高原》《早茶》 纸本油彩 78.5×108.5cm 1980年

第一章 启蒙

《山寨秋色》（草图） 纸本油画 44×54.5cm 1981年

1981年8月22日，毛旭辉采风考察期间于山西大同云冈石窟速写

1981年8月23日，毛旭辉采风考察期间于山西大同司马金龙墓速写

《从得胜桥看盘龙江》 纸本油画 23×30cm
1975 年

《夏日的海埂》 纸本油画 30×36cm
1975 年

《昆明海口写生》 纸本油画 22×30.5cm
1975 年（张晓刚藏）

《金碧路得胜桥桥头堡》 纸本水粉 13.5×18.5cm
1975 年

《同仁街近宝善街口》
纸本水粉画 15×11cm
1975 年

《我的办公室》 纸本水粉
1976 年 8 月

第一章 启 蒙

《领袖去世》 纸本油彩　27×39cm　1976年9月

《领袖去世之二》 纸本油画　21×27cm
1976年9月

《领袖去世之三》
纸本水粉　30×39.5cm
1976年9月

《晋宁写生》 纸本油画 18×24cm
1977 年

《地矿局大院》 纱布纸上油画 27×39cm
1977 年

《静物写生》
纸本油画　52×39cm
1977年
这是考大学期间在地质局家里所画

《呈贡梁王山》
纸本水粉　27×39cm
1978年2月画于呈贡马金铺公社古城大队

第一章 启　蒙

《呈贡农村》 纸本水粉 27×39.5cm 1977年
毛旭辉题记：这是农业学大寨工作队，从晋宁宝丰公社转移到呈贡时所画，我也是在呈贡工作时接到了大学的录取通知书。2015年10月

《呈贡乡村的打谷场》 纸本水粉 40×54cm 1977年
毛旭辉题记：我1977年还在这个村子，是农业学大寨的工作队员，之前1976年则在晋宁县宝丰公社工作，并在那个期间认识了夏维和张晓刚，他们当时在晋宁县当知青。夏维就在宝丰公社，晓刚在二街公社。1977年年初，我随从工作组转到了呈贡，并从这里去昆明参加了高考，也是在这里收到了昆明师范学院的录取通知

《走进丽江》
纸本水粉　53×42cm
1978年

《兰屏林区风景》　纸本水粉　41×55cm　1978年
毛旭辉题记：这是一张记忆画，去林区的路很长，一路上大致都是这样的景色。1978年大学第一个暑假，毛旭辉约了张晓刚一起去丽江写生，在丽江与同学张崇明和陈晓燕汇合，吃住在陈晓燕母亲的单位里。这时受到姚钟华先生云南风景的影响，画大山大水

《丽江老街》
纸本水彩　59.5×39.5cm
1978年

《云南山村》（寻甸苗族村寨）
纸本水粉　25.5×43cm
1978年

《江川海门大队的打谷场》
纸本水粉　24.5×51cm
1978年

《云南梯田》（张晓刚藏）
纸本油画　44.3×37cm
1978年

《云南中甸德钦藏民赶街图》（2幅）
纸本油画棒　26×51cm ／ 24×50cm
1980年

《中甸的雪山》
纸本油彩 38.5×77cm
1980 年

《云南中甸德钦藏族民居》
纸本油画　39.5×36cm
1980年

《云南中甸德钦写生》　纸本油画　37.5×44.5cm
1980年

《高原》 布面油画　88×117cm
1981 年

《喝茶》 纸本油画　62×109.5cm
1981 年

《中甸·黄昏》 纸本水彩 15×22cm
1981年

《西双版纳写生·爱伲山寨水管》 纸本水粉 30×54cm
1981年

《美丽的橄榄坝》 纸本水粉 43×112cm
1981年

《西双版纳》 纸本水粉 31×70cm
1981年

1984年，毛旭辉于和平村2号昆明市电影公司宿舍

第二章　青春的紊乱

毛旭辉,1980年

还是那个酒杯
还是那种红色的（葡萄）酒
还是那样漆黑的夜
还是那些柔情的歌
都来了吗，朋友
啊,"塞纳河"边的小屋

还是那张脸
还是那个角度
还是那种苦涩
还是那些梦
走了的,不会再来
留下的,照样同在
啊,"塞纳河"边的小屋

还是那盏灯
还是那么固执
还是那个时辰
还是那支柔情的歌
走来的,我们保留
没有的,我们等待
啊,"塞纳河"……小屋

——毛旭辉（1982 年）

从圭山到"塞纳河"

《啊,"塞纳河"边的小屋》这首诗写于1982年11月,这距离毛旭辉从云南艺术学院毕业已近一年。就在毕业的第二个月,毛旭辉与大学同班同学贺立德结婚;3月初,毛旭辉与刚从四川美术学院毕业还没有找到工作的张晓刚去了圭山。这一次圭山之行对于毛旭辉来说,似乎有了明显的转折:与之前不同,他已经不再用"外光派"的眼睛去观看这个少数民族的村落了,他开始用自己的眼睛去观看淳朴的圭山,他画出了第一批自己的圭山。我们完全能够将他这两个时间完成的圭山画作进行对比,看到在表现方法上的不同。1979年的毛旭辉还沉浸在对苏联画家的视觉经验的学习中,他甚至详细抄写马克西莫夫关于如何画油画的讲话。无论这位苏联画家如何陈述他自己的体验与实践结果,那都是他建议中国学生去认真领会所谓的真实世界进而如何去表现的一个角度,尽管老师告诫学生不可能"照抄对象",例如:

如一幅画,背景与衣服,而形都能协调,说明已经具备了油画某些特点了,但是自然中存在的物体不仅仅是协调存在的,它们还存在着斗争与对比的因素,要把物体上的颜色冷暖斗争看出来(大的冷暖关系的区别,在同一物体上的冷暖不同的复杂因素)并能表现出这些。每件东西都有它自己的颜色,没有不带颜色的东西,只有在有些时候,这些存在的色彩,有的是很鲜艳的,有的是中间色。不是每个人都能看出区别,但每个颜色是与其形,相互关系存在的。……

然而,经过了现代主义图片和文字的洗礼,毛旭辉已经对这些表面的视觉效果没有兴趣了,他开始放弃之前的绘画方法了,这是他在1980年之后不断抄录大量现代主义画家的介绍与他们的思想的文字的原因和结果。尽管他的毕业创作没有成功——几乎没有找到一个特别的表现路径,但是,在毕业作品里所体现出来的犹豫不决已经表明了他正在脱离之前的"外光派""乡土绘画"的影响,如果形式主义也不符合自己的要求,那么,这位毕业生就一定会从新的生活体验中找到自己的语言依据。当然,摆脱之前的绘画方法的依据仍然来自观念,我们虽然在毛旭辉的毕业作品中找不到明显的表现路径——他在不同风格之间犹犹豫豫,但可以在他的毕业论文《谈保罗·塞尚》里发现这位年轻人最后的决绝。

按照毛旭辉的说法,他是在《印象派画史》中发现塞尚的。"当时对于莫奈、毕沙罗、西斯莱、雷诺阿和德加压倒一切的倾心,被他们那富丽堂皇、斑斓的色彩和强烈的光感吸引了。看到塞尚这样笨拙、粗犷的一张自画像,很不是滋味。不明白为何他也划入在伟大画家的行列中。"[1]然而,到了1981年,毛旭辉很明确地说:"现在在我心目中压倒一切的不再是画《印象·日出》的莫奈,画舞女的德加,画农妇的毕沙罗,画水港的西斯莱,画包厢的雷诺阿,而是塞尚的静物,他画的苹果、台布和陶罐。"毛旭辉在论文中写道:

> 塞尚逝于1906年10月20日,距今天半个多世纪了,而我们今天才来认识他和他的艺术,显现出我们的可悲。我们的许多观念还停留在过去的年代里。因此我们在塞尚的绘画里总是不习惯地、奇怪地发现其中怎么没有类似古典主义、浪漫主义、写实主义和印象派绘画中的面貌。初看之下,他的画显得呆板、笨拙,画得吃力,似乎缺乏生气。难怪当年巴黎的观众和评论家那样叫骂不休。但是我们透过这一切并不顺眼的、刺激了陈旧眼光的"稚拙",感受到了他艺术中的生命和奥妙所在,那种形与色的高度统一,结构处理的严密、紧凑,形体的坚固明确,造成的永恒和宏伟之感,这一切画得那样的静穆和庄严,他的绘画就是用色彩和形体作为砖瓦建立

---

[1] 毛旭辉:《谈保罗·塞尚》(毕业论文,未发表)。

起来的金字塔。不管是他画的苹果、台布、肖像、风景和浴女,都使你明确地感受到这一切画得已不是自然的庸俗的模仿,而是一个艺术家精心安排的一个世界;不是描绘了自然的躯壳,而是自然内部构造的表现。这是多么纯粹的绘画语言,包含着真诚和力量,希望和自信,有着一种不屈不挠的创造艺术的意志力。

现在,我们能够理解毛旭辉在1982年的圭山与1979年画的这个撒尼人的村落为什么不同了:明快而闪光的色彩消失了,圭山的气质从漂亮的风景转换成了一种阴郁而原始的梦幻之景,房屋、树木、栅栏以及石头垒起的围墙,笨拙而粗粝,短粗的笔触将整个构图压成没有透视深度但可以导致心理紊乱的平面;可是,这样的平面显然不是装饰性的花纹或色块,而是能够带动内心不安或者震动的形象世界,房屋与树木的轮廓有时候是用粗粗的深色笔触概括而成,却是那样富有感染和直指内心的力量。看得出来,梵·高、高更以及塞尚的影响几乎同时存在。在这些写生的风景画中,毛旭辉借用了梵·高的心绪骚乱、高更的原始性以及塞尚笨拙的笔触,构成了一个新的圭山,一个产生于他内心的圭山。事实上,这次同去圭山的张晓刚所完成的写生也接近这个表现,只是相对更为纤弱而神经质。在完成的速写稿子中,我们也能够看到毛旭辉对视觉对象的改变——既不是准确的形体,也不是装饰性的安排,与之前在藏族地区的速写勾勒和丽江的色彩安排完全不同。

毛旭辉1982年2月底回到他厌倦的百货公司上班,这并不是他的内心所愿。他希望成为艺术学院的一名教师,可是他知道自己的毕业创作非常失败,没有给他提供留在学校任教的资本。既然他认为自己的命运没有因为专业艺术的学习而发生根本改变,内心的自由躁动难以获得满足,这样,他会很自然地接受那些颓废的生活方式——他开始不断抽烟与喝酒,心情在那些现代主义著作的语词或者西方艺术家的生活故事的刺激下转向一种心理模仿的状态:沉郁、焦虑与被概括的"痛苦"。他的女朋友贺立德分配到了距离昆明有相当距离的小城市曲靖。这种不满意的生活处境让他更加容易接受视人生为悲剧的现代西方思想,他对社会与个人生活的看法进一步游离于正统的观念。2月,毛的朋友张晓刚也因为毕业回到昆明,这个朋友这时同样因为没有找到自己满意的工作而感到苦闷之至。尽管张因为他的毕业创作《暴雨将至》发表在1982年1月的《美术》杂志上,让他们的同学和朋友们羡慕不已,也仍然没能促使他留在四川美术学院教书。他在昆明等待着,等待着任何可能的机会。2月22日是张晓刚的生日,在阴郁的心情下,毛旭辉与张晓刚用清酒和蚕豆在张的家里度过了一个夜晚,他们自认同病相怜。出于让自己的女朋友可能回到昆明工作与生活的愿望,毛旭辉与贺立德办理了结婚登记,指望这样能够改变这对恋人的生活状况。然而,对于一位希望成为名副其实的艺术家的毛旭辉来说,画画才是最重要的,这是他婚后立即与张晓刚再次去圭山写生的重要原因。这次圭山之行所留下的大量速写和素材,构成了毛旭辉"圭山"系列创作的重要来源。

对于有做艺术家抱负的毛旭辉来说,毕业也许是一种心理上的悬置,他对艺术似乎有了一些新的理解,不过,离开学校不久,日常生活与工作让他仍然感到有些无所适从。圭山写生之后,3月8日,毛旭辉独自一人上了去重庆的列车。他说他也不清楚自己为何如此草率但果断地来到重庆。当然,重庆是这位年轻人的出生地,这里有一种故乡之风在召唤。不过,已经在全国赢得广泛名声的四川美术学院仍然是毛旭辉来到重庆散心和游历的重要原因,何况这里还有他的好朋友张晓刚等人。与之前的游历不同,毛旭辉已经感受到了,这次出门已经没有之前那些游历所具有的"兴奋和幸福的情绪"了。9日夜晚里的重庆,江面模模糊糊的灯光,透过污秽的车窗玻璃,人的内心显得劳累,能够调节他心情的是四川的口音和路过的"粉子"[1],这些都能唤起亲切与愉快的感觉。10日,他去了在黄桷坪的四川美术学院。

重庆真是一片灰色,淡淡的蓝色薄雾,一种忧郁而深远的然而含糊不清的情绪涌上来。昆明那种气候的干燥,狂风卷着尘土,灿烂的天空和蓝色,

---

[1] "粉子"是四川、云南的年轻艺术家们对年轻姑娘的一种称呼。如果是少女,通常叫"小粉子"。

春天来得那样急躁而猛烈，而在这里恰恰与之相反，这种春冬之间的转换是在默默地温情般地进行。

毛旭辉详细地记录了这次到重庆旅行的心情与没有停息的思绪。在川美，他参观了"全国高等艺术院校学生作品展览"和"四川美院赴京油画展"。尽管这个时期"乡土绘画"受到普遍关注，但参观展览并没有给这位来自昆明的年轻人带来激动或新鲜的感受，不过，他记录下了对四川美术学院那些已经获得响亮名声的同学的作品的看法：

> 罗中立一口气画了近30张油画，四川农民的一系列生活的罗列，有许多生动、巧妙的细节，甚至有点残酷的真实，有土味但又有点旧，对这样的东西还来不及思考。高小华的也是如此，一堆罗列，作品能力很强，但总觉差了许多什么，一时说不清。程丛林四张同学肖像，画了几个现在的艺术家，画"刚儿"那张暖调子是不错的，但总的感觉不理想。杨谦[1]的四张小画，画了一个小角落和一颗小小的心灵，《盼》和喂羊的那张还比较喜欢，技巧也不错，但味还感觉"洋"了一些，"朴实"不（还）欠缺一点。不过画这样简单和平凡的一个角落，能搞得有一些分量，还是不简单。刚儿的《羊群远去》令我激动，色调、构图、造型整个情调，有一种抓住心灵的魅力。如果我有钱的话，就先买下这张画。

毛旭辉表达了对展览里国画作品的忽视，对晚上学术会上介绍的苏联现代绘画和大型综合艺术及壁画似乎颇有兴趣，不过，他是把自己的注意力放在了爱伦堡的"开放的现实主义"的态度——"对战争的回忆和对形式的追求，反对个人崇拜"，放在了那些对现状不满而在探索新路的画家身上，例如莫依森柯（Evsey Moiseenko，1916—1988）、萨维茨基、雅·布鲁斯卡娅（Tetyana Yablonska，1917—2005）。

生活是琐碎的，只是因为盲目而潜在的艺术欲望将毛旭辉引向他的出生地，所以他并没有详细的目的和计划。11日，他去了川美附中资料室，观看了录像，关于"日本之美""美院装潢、工艺"，以及有关米开朗基

---

[1] 杨谦，张晓刚的同学，以后毛旭辉与之也保持着联系。

罗、罗丹、贝尔尼尼（Gianlorenzo Bernini，1598—1680）的艺术。这位来自昆明的艺术渴望者对 40 分钟的《卡门》所呈现的精神特征颇感兴趣，"《卡门》充满情欲，下层生活的表现，这种西班牙味粗野、狂放，然而带着一种奇特动人的美，像一个吉卜赛姑娘，当'爱情是一只空中自由飞翔的鸟'一段飘扬起，令我泪下"。

毛旭辉的日记让人想起他之前阅读过的黑塞的自传体小说《彼得·卡门青德》的叙事风格，虽则只是记录自己的日常生活琐事，但字里行间却洋溢着内心的悸动：

下午到江边，李家沱，刘涌、叶帅、肖志强一起，江边的色调，大色块、气氛、线条和灰亮朦胧的太阳。厂房和烟囱吐出的黑烟，岸边摆渡的船坞，在这种繁忙而又笼罩着一层迷雾的江边，我一时说不清，是高兴还是愉快，我觉得眼前的一切很美，很特别，它比昆明更具有一种浑然一体、然而很能够牵动故人心弦的忧郁。我并不激动，但又显得平稳，踏在沙土上，灰绿色的色调，大块地连接江水，站在开阔的江岸边，就如同站在一个绝妙的舞台，有如米勒笔下的大地一般开阔而深远，还伴随着阵阵汽笛在江中涌进摇摆的船支（只）。我漫步在这开阔的地带，人生的道路若有如此地坦然，想往那（哪）里去都行，如此平坦，那是多么自由。但我站在这里，就像一只被缚住了手脚的鸟儿。内心隐隐地感到一种惆怅，甚至一种被压的痛苦。我好像对这个社会看得太清楚，也就有太多的绝望，代替了一切美好的念头和对人生的憧憬。我觉得我是那样沉重，有谁能知道我为何又来到此地，有谁能够知道我内心所承受的一切，但对这一切，无法对人倾吐，也没有必要，因为在别人眼里，我又算什么东西呢？我望着脚下的鹅卵石，我想变得天真一些，把心转移在这些天然的工艺品上，但我发觉在一个人身上失去的东西，是太难寻找回来，因为人生并不像这些鹅卵石一样信手可捡，根据自己的兴趣和奢望去选择，仿佛我也成了没有选择的机会，只有机会在选择我。我（不）管怎么，我还是精心选了一堆，这些充满了多种意味的石块，能给我留下怎样的回忆呢？

乘车回到美院，一人到街上的小吃店填了肚儿，在这张（家）小馆，光（花）很少的钱就可以打发一顿，两碗抄手和一碗小面，或者一块发糕，一根油条。

烟可是不知不觉地多抽了起来。

街上那些小巧的当地姑娘，很有一番魅力，可能是对于我，多白而丰腴的脸色。

今天晚上还有一个报告，仍旧在那个破旧充满寒气的大礼堂内，中央美院的邵大箴[1]作《西方现代派》的讲话。

现代派作品是包括抽象和具象的。

刚放幻灯就来了一个停电，被迫散会。

这晚上的月亮异常的美，不是橘黄就是橘红，夜不是很黑，是紫色和灰蓝的，这样的夜是为情人们降临的，是为爱情而来到人间，是为爱而撒下这柔和而奇异的光辉，然而我是孤独的，内心充满了情欲，但只能理智地来克制。那一切甜蜜和美梦不在（再）属于我，而我的爱是在远方，多么的遥远，眼望这良辰美景从眼前消逝，你只能为人生叹息，只会感到迷惘而生疏。这宁静隐约地触动起过去的时光，我不敢去追随这记忆的火花，过去几次外游，我没有过宁静，时常是带着一颗破碎和四分五裂的心到处奔波，在这里越来越感到命运的寂寞，人生的悲凉，有什么值得回忆的呢？忘却过去才是幸福，然而眼前除了一片冷冷清清，还是寂寞。

在我想象中的"洛东达"[2]确有一番吸引力，充满笑容美妙的女招待，和气而并不尖刻，酒是低劣的，然而可以解闷，起码这里还有灯光，在学生宿舍里，连根蜡烛都找不到，或（何）况这儿还有一朵诱人的花，那样年轻而动人。

喝得迷迷糊糊地走回来，身子也轻了不少，街道和长江都沉睡了，只有

---

[1] 邵大箴（1934— ）中央美术学院艺术史教授。早年留学苏联。在1978年十一届三中全会之后，邵是最早介绍西方现代艺术的作者（连载发表在《世界美术》，1979年）。曾任美术家协会官方杂志《美术》的主编。

[2] 巴黎早期现代艺术家们例如毕加索爱去的一个酒吧。

极少的行人和伴侣在夜雾中飘移,一切都变得单纯,连同我这颗心。我记得是翻进美院大门的。已经睡下去了,晓刚才摸黑过来,谈他的工作,谈他的思念,说他的不安,及对今后的还有点希望的未来。我没有思维,拖着疲倦的脑子应付着他,黑暗里见不到他的面孔,只有一个烟头的亮光,一闪一隐和听到不停地自言自语[1]。

11号就这样过去了,在黑暗中过去,在疲倦中过去。

12日这是最后一天,我觉得已经没有再待下去的必要,都有一股想回去的念头,一有这种感觉是阻止不了内心的激动的。回去,也只有回去,事情才可能开头,最大的收获就是一种压力,这种压力就是如果不拿出东西来,人就显得无足轻重,这必然被抛弃。

最后一次又参观了展览。只有鲁艺还尚有印象,造型能力强,但作品并没有什么味道。四川的是有点鹤立鸡群的感觉。罗中立的画简直不能多看,像一个有病的人,就像那张画上有一种疾病令人不能接近。不知怎的杨谦道(倒)还显得轻(亲)切,还有一种天真。刚儿的也显得简单了一些,程丛林也显得草率,雷虹那张"看太阳"还吸引人,其他都显得莫名其妙,甚至可笑了。有些画无论怎么看都不顺眼,而且总觉得没有必要花些气力画那么一些东西。那些老师的画就更显得可悲。这样的展览只会把人的自信心提起来。

中午就到资料室看画册,本来每人要收一元的观看费,经过一番诉苦和对艺术的虔诚,看门人就算免费放我进去了[2]。

---

1 1982年3月,毛旭辉已经在金碧路百货公司上班,张晓刚正在昆明为寻找工作单位四处奔波。估计正在3月初的这几天,张晓刚回到四川美术学院,希望争取重新分配工作。未果,他去了渡口。在渡口待了一天回到昆明。

2 川美学生、重要伤痕美术油画作品《为什么》的作者高小华以后对学生们在川美图书馆里看外国画册有这样的回忆:"说起看资料,看画册,就想起了川美油画77级进校之初,为此而闹的一场'风波',由于'文革'的扫荡,美院在重启校门之际,像样的国内外画册已所剩无几,因此,看画册成了一种'特权',学生自然是没有资格的。就因为此,自命不凡的77级学生哪里能受得了这等'歧视'?于是由本人策划了一回'请愿'活动:我们首先贴出大字报,然后罢课、罢饭,其实我们的诉求目的很简单,我们要学习,要提高,我们要看画册和资料!……就这样,学校开放了图书馆。记得我们怀着无比喜悦的、胜利的心情排队等候,轮流看画册的那一刻,感觉是多么的幸福!按校方新规定:看画册必须戴上专发的手套,并且不忘再三告诫:不准撕、损画册!"(高小华:《中国现代美术史中的"伤痕绘画"》,

大本的美术全集能够自由翻阅，日本的"三彩"、美国的"鉴赏家"及摄影，日本美术月刊。凡高（梵·高）、塞尚的东西仍然保持了那种震撼力，很多大师的东西，简直不想多看一眼，什么康定斯基、克利和达里，毫无吸引力。毕加索的蓝色时期简直太喜欢了。看见包纳尔、马提斯冷淡得很，日本画感觉尽是大堆的色情，太刺激人，那么多美女和人体给人只是官能的享受和激发。

　　头看得发痛，重感冒的偏头痛。到后面，每翻一页眼睛都会痛一下，就像被强光猛刺了一下。想到这种时候不很多，拼命地翻看，后来定会要昏过去了，不得不出来。身体真是太虚弱了，其实才看了三个钟心（头）。

　　回到城市，再感受一下山城奇特的造型和起伏，那是我的祖辈成长的土地，我是把这里当做（作）我的家乡来怀念的。我回到这里，就如同回到母亲身旁，我会感到一种无忧无虑的心情，这在任何地方都是得不到的。我知道，爷爷在等待我回去，还有表姐、表哥、表妹及表嫂们在等待我，我在那里生活将是一种安定的世俗生活，我可以坐吃闲饭，然后想到那（哪）里就到那（哪）里去，因为是在家里。

　　山城的街道，构图和灰色调，真是看不够，我在电车上看，我漫步在江岸，在两路口望长江大桥，伏（扶）着杆杆数着台阶，看着迷蒙的江水和船影，破旧的房屋和新建的楼房，在这里观看街景，可以往下看，也可以往上看，到处都是有趣的组合、穿插和安排，色彩即（既）灰又沉着，很漂亮的灰色调，薄薄的影子和微弱的阳光，湿润的空气，没有一块刺眼的色块，不少漂亮的姑娘点缀在街头，我对她们有一种想往，其实我觉察我已衰老得很了，青春在我脸上几乎淡（荡）然无存了，即使残留一点痕迹，也激发不起一点自信。在我的身上更多的是自卑，一事无成，暗（黯）然和孤独。一个没有港口和彼岸的游子，只是随着命运在漂泊着，是向前还是向后，是顺水还是逆舟，我不可而知。我不知道为何这样草率而果断地就来到了重庆，是某种召唤吗？也许给了我一个自省的机会，不是（时）激发和触动了我

载吕澎、孔令伟编：《回忆与陈述》，湖南美术出版社2007年版，第160页。）

去冷静地思考过去的大学生活,那种入学后的幸福感受,那种身居学府的安稳时光,都被一种淡淡的哀愁而替代了。

3月14日晨

又熬过了一夜,今天可到家了,想在曲靖下,一大堆东西,打消了我的这一念头,我发现我越来越理智。社会就是这样在磨练(炼)每一个人,把热情和感觉的头角完全打平,就像江边的石块,几乎都一样圆滑和大小。我不明白人为何还要这个人和那个人不一样,你要用这个姓,而他要用那个姓,而且模样都不一样,我不知道这还有什么意义,为什么大家都能忍受这样的不幸,而我却不能,不愿变为一颗鹅卵石,图个什么,自我的价值吗?有谁能承认你吗?

水城过了,现在是早晨8:00,到达梅花山站,也许快进云南了。上来一堆,脏而疲倦的男人,为基本的生存在脸上留下来无数深陷的皱纹,这是人勤劳、勇敢的象征吗?我觉得恶心,这是人的不幸和低劣。没有什么值得同情。为维持本能,折磨成这个样子,只能叫恶心。

在车上快读完《拜伦传》,真正的诗人都是自我表现的大师,真诚和直率,憎恨虚伪,这是创造艺术不可缺少的要素。如果要否认自我的存在,我不相信今天我们的生活中会有米开朗基罗的雕塑和罗丹的"地狱之门",不会有凡高(梵·高),也不会有塞尚,也就不会产生现代派。那让人们总会生长在古老宗教和传说之中,永远处于蒙昧的状态,没有艺术家独立的思考和劳累,艺术家本人独特的感觉和敏锐,我们的生活将会是枯燥无味的。

清晨,总有一种无法抗拒的清新和愉快,阳光明亮而单纯。

这个粉红色少女,使人想起一波湖水,如此新鲜而清澈。青春活跃在她的每一个举指(止)中。而我只能默默地思考人生,时常是倦怠地看待日常生活。谁不想挽留那种单纯和明净呢?然而岁月并不饶恕我们,就是眼前这位少女再过十年,她还有现在一样动人吗?[1]

---

[1] 毛旭辉私人笔记本,红色塑料壳,扉页有文字"云南省文艺创作节目调演大会纪念册,1974·昆明"。

在重庆几天的游历不过是毛旭辉持续思考自己的艺术究竟应该如何去做的一部分。这位年轻人的思绪与内心矛盾表明：他必须在自己的艺术中寻找新的可能性，就像黑塞在他的《彼得·卡门青德》的叙述中的"我"不断地思考自己存在的理由，越来越要去思考该如何去积极地面对自己未来的人生。正如他在自己的笔记本里抄写的《彼得·卡门青德》中的话：

我开始懂得，痛苦也罢，失望也罢，忧愁也罢，都不是为了使我们灰心丧气。使我们变得既无价值又无尊严，而是为了使我们成熟起来，改变形象，焕发神性。

实际上，3月初的圭山写生已经显现出一个可能一开始毛旭辉还没有清楚地意识到的转折：他正在朝着表现性的风格不可逆转地改变，他性格里的表现性特征明显地暴露出来。

4月上旬的一天，毛旭辉与妻子贺立德、朋友王建滇乘火车去了北京。毛旭辉在他的笔记中记录到："4月13日，在北京中国美术馆观看'日本版画展览'，并购买了展览画册；观看'韩默藏画五百年名作原件展览'，第一次看到包括米开朗基罗、拉斐尔、伦勃朗、鲁本斯、安格尔、柯罗、米勒、莫奈、德朗、德加、西斯莱、雷诺阿、毕沙罗、莫罗、布丹、高更、梵·高、夏加尔、毕加索、莫迪里阿尼、安德鲁·怀斯、恩索尔等西方大师的绘画原作。"对于那些出生于50年代的艺术青年来说，观看西方大师的原作属于难以想象的奢侈，毛旭辉在观看这次展览之前，写下了即将看到西方大师原作时难以言状的激动心情：

11日上午到美术馆，先购买了画册《日本版画展览》，怀着一种急切，一种巨大的幕将拉开，即将出现那些早已熟悉的大师的真正面目，我力图使自己安静一些，不要因为激动而丧失最初的新鲜感受，那对于我是多么重要，我像一个虔诚的宗教徒，在遇到什么关键和重要的时刻，在默默地祈祷着上帝，让他赐予我敏锐的感觉，赐予我智慧，不要被强烈的振动而丧失自制。它是多么神秘，像夜、像海、像太阳喷薄而出的那一刹那，我觉得我是多么谦卑，又是多么幸运，在我还年轻，还没有絮絮叨叨的时候，能同大师的作品见面，在这样的国度，在这样一颗热切、渴望已久，面临着枯萎和末日的心境，像一个游荡浪儿，一个被命运颠簸着的沙子，一个被抛弃在大海的孤舟，一颗干枯的心。

毛旭辉在他的笔记本里画下了他所感兴趣的展览中的作品的小构图，然后记录了他对作品表现的理解，例如：

65. 拉斐尔（1483—1520）（意大利）Raphael

《壁画"先知贺西亚和约纳"的习作》

（局部）鹅毛管笔，赭色渲染，以白色加高光，以黑垩笔和尖笔和红垩笔画方格。

83. 让－弗朗索瓦·米勒（1814—1875）（法）Jean-Francois Millet

《休息的农民》粉笔画

土黄纸底（像牛皮纸色）。两个农民夫妇坐在树下，男的正从放在膝盖的上衣口袋里拿烟，嘴里叼着烟斗，坐在木车上（独轮车）；农妇用左手支着头，坐在草地上，在树影里。远处村庄，淡绿的田野。极其普通，自然，恬静，毫无做作，意想不到的质朴。

12.《远眺曼特教堂》（约 1855—1860）油画、画布

柯罗的画启发了印象派大师们，这是毫无疑问的，因为他更早地走进了大自然，更早地和它们和睦相处，更早地用自己的眼睛观察了它们，更早地走出了画室来到了自然的怀抱之中。

毛旭辉像这样记录了伦勃朗、提埃波罗（Tiepolo，1696—1770）、格吕兹（Jean-Baptiste Greuze，1725—1805）、席里柯、摩罗（Gustave Moreau，1826—1898）、鲁本斯（Peter Paul Rubens，1577—1640）、萨金特（John Singer Sargent，1856—1925）、莫奈等大师的作品，那些记录表露出这位虔诚的艺术教徒内心滋润并充满享受。不过，展览中莫迪里阿尼的《女仆》给毛旭辉留下了将很快产生直接影响的印象。

尽管在杂志和画册的浏览和大量的阅读下，毛旭辉早就将西方美术的历史饶有兴趣地学习了无数遍，可是，当原作最终出现在眼前的时候，仍

然加强了他对西方艺术的更进一步的判断——滋润不等于未来的方向。当毛旭辉于4月14日在北京民族文化宫参观"德国表现主义油画展览",看了"桥社""蓝骑士"和"大都市表现主义"的作品之后,他受到深深的刺激:

如果说在美术馆韩默藏画给人的感受是一种宁静、古雅,但当你进入了这个大厅的时候,你是休想得到片刻的安宁。在这里是不可能冷静的,是一阵阵强烈的颤抖,激越的情感不能自制;在这里是无法理智的,这些作者是把情感暴(爆)发在画布上,是直率的,坦白的,不受传统的约束。感情代替了技巧,感情战胜了技巧,真正的艺术不管是古典的、印象派的、还是表现主义的,在这一点上是共同的,总的效果是在向观众传达一种美,一种激情,一种气氛,一种感受。绝不是笔触、空间、色彩、构图那种形式上的东西来攫取观众的眼睛!尽管各个作者在具体的表现手法是各不相同的。当然,感情的色彩,不可能不改变一个人的观察方法,不可能不影响到,甚至是无意识地支配作者找到一种表达这种个人感情的方法。

与古典主义艺术甚至印象主义不同,表现主义的语言引起了毛旭辉特别的兴趣。之前他显然熟悉了后期印象派以及法国野兽派绘画的印刷品,已经开始在自己的绘画中实验着那些既不同于印象主义更不同于现实主义的表现方式。由于"伤痕美术"和"乡土绘画"的诱导,也由于对藏区的游历,写实绘画凝重与厚重的诉求在鲁奥(Rouault,1871—1958)这类艺术家那里也找到了一种变通的方式:既摆脱了现实主义,又保持着现实主义提示的厚重。后期印象主义的三位画家代替了"乡土绘画"成为毛旭辉的楷模,梵·高、高更、塞尚分别提醒了这位中国年轻人对激情、原始以及自然深度的关注,他甚至在圭山写生中非常刻意地使用了小块面去实践塞尚对自然结构的理解。可是,毛旭辉内心深处对形式与自然结构没有兴趣,这样,鲁奥的粗粝、晦涩和阴郁转而成了毛旭辉的实验方向。就在去北京之前,毛旭辉在纸上画了一些水粉,那些轮廓粗大色彩概括的构图表明了这个时候鲁奥是他的老师。然而,当毛旭辉目睹了表现主义绘画之后,他

1982年,毛旭辉在北京民族宫"德国表现主义油画展览"招贴前留影

开始清楚了自己的语言的可能性究竟是什么？回到昆明后，他在一张画了自己新婚妻子肖像——正好是受到鲁奥风格影响的作品——的背面画了一幅两个青年夜晚在护城河边的草图。尽管构图是夜色，可是，毛旭辉所使用的笔触已经很放松了，在之前的水粉画里，他使用的是厚厚的颜料和粗大有力的轮廓。有点泛红的月亮印在护城河面上，两个年轻人相互搀扶着，似乎已经酒过三巡，他们各自准备回家——那也许是他与张晓刚一块喝酒以解内心苦闷的一次记录。

事实上，毛旭辉上班的地方与张晓刚在歌舞团工作的宿舍非常近，1982年上半年，张晓刚在昆明市歌舞团谋得一个舞台美工的职业，渴望自由的他终于离开了父母的家，独自住在歌舞团的宿舍，结果，这个没有家长控制的空间立即成为那些"沾染资产阶级思想和生活方式"的年轻人聚会喝酒、讨论艺术和人生的场所。他们阅读法国诗人的诗歌，倾听西方音乐，讨论人生与哲学问题，男男女女，经常喧闹歌唱，直至醉入梦乡。的确，正是因为现代主义艺术家们的故事与传说，正是因为了解和迷恋的欧洲艺术史，发生在巴黎的历史与传说在这些昆明的年轻人的心中才显得那样神圣而充满魅力。他们阅读波德莱尔（Charles Pierre Baudelaire，1821—1867），讨论尼采（Friedrich Wilhelm Nietzsche，1844—1900），倾诉对德彪西（Achille-Claude Debussy，1862—1918）或者斯特拉文斯基（Igor Fedorovitch Stravinsky，1882—1971）的感受，他们向往欧洲，向往法国，向往巴黎，向往蒙马尔特高地；他们对19世纪末到20世纪初弥漫在巴黎的波西米亚生活方式非常着迷，以至于他们非常愿意将自己所在的这个城市看成巴黎，至少将护城河看成是昆明的"塞纳河"，想象自己的日常生活是巴黎生活的再现，是那些具有神话色彩的欧洲艺术家们生活环境的重复。1982年9月，毛旭辉写出的《啊，"塞纳河"边的小屋》就是这个时期毛旭辉与他的朋友们的生活状态的真实写照，"小屋"就是张晓刚于盘龙江边昆明市歌舞团的宿舍。在这首诗歌的最后，毛旭辉做了这样一个说明：

这不是巴黎的塞纳河，这也不是巴黎的忧郁，它只是一条微不足道的河流和一些微不足道的悲哀,而这小屋,的确很小,值得一提的是这里沸腾着一股类似本世纪初巴黎蒙马尔特那样炽热和浪漫的空气,对命运的痛苦思考,对艺术的虔诚探索,以及深深的同情和理解,那许许多多蓝色的梦和柏拉图式的幻想,所有的一切都弥漫在这所小屋的灯光下了。

这个月,毛旭辉还画了"塞纳河"(盘龙江)边的房子,这些变形的街道、桥梁和屋子,就是他与张晓刚等人经常来回出入的地方。毛旭辉们开始转换了,他们从温情的乡土——一种理想主义的真实,转向了枯燥的都市——一种肉体开始感受到的真实。当他们从学校毕业进入到一个个具体的机构、单位或者流浪于大街小巷的时候,发现了从严酷的政治环境脱离之后的另一种尖锐:黑夜、冷漠、不理解、空虚以及对未来的迷茫。这样,毛旭辉对城市和环境的理解就与上一辈画家的感受有了巨大的不同,城市并不再通过印象派的手法愉悦眼睛,而越来越成为对心理有压迫感的空间[1]。最初,毛旭辉笔记中的文字是达·芬奇、安格尔、列宾这样一些经典的大师,可是,在阅读了大量介绍西方现代主义的文字,尤其是爱伦堡的《人·岁月·生活》之后,在翻阅了西方哲学家、文学家、现代艺术家的介绍文字和著作之后,毛旭辉心里的世界模样被完全改变,他尤其感受到有关个人处境和存在方式被彻底改变。他开始接受"世界就是荒诞,人生就是毁灭"[2]这些句子的表述,他去理解"在这个骤然被剥夺了幻想和希望的宇宙里,人感到自己是一个局外人"[3]究竟是什么意思?他开始思考那些国外知识分子思考的问题:"我们究竟是在做什么呢——在这栋褐石公寓,在这个街区,写这篇

---

[1] 之前的"外光派"画家对这个城市的理解可以参见如下回忆:"老昆明优美的风景是昆明永恒的骄傲,所以,那时一些土生土长的青年画家想用'小油画'来解读昆明的美丽风景。穿城而过的盘龙江,画友们戏称为'昆明的塞纳河'。沿途可入画的地方更美不胜收。河道入城,长满青苔藤蔓的护河石岸,取水的圆顶石门洞,通往水面湿漉漉的台阶,临江造型各异的土木老屋一直错落有致地延伸到得胜桥北边,桥南边是几栋法式风格的建筑。横跨江石的珠玑桥、敷润桥和得胜桥及桥头那两栋米黄色的碉楼,这些美景都是'外光派'画家们痴迷的对象,是永远画不完的主题。"(李翔荣:《彩云下的"外光派"》,载《昆明日报》2004年6月28日"赏艺·读书"版)

[2] 出自阿尔贝·加缪(Albert Camus,1913—1960),法国作家、哲学家,存在主义文学、"荒诞哲学"的代表人物。主要作品有《局外人》《鼠疫》等。

[3] 同上。

文章？事实很可能是——我们是在为生存而挣扎。"[1] 这类思想无须长篇大论，在毛旭辉看来，一句有洞察力的提醒足以让自己意识到新的真实和问题。

早在80年代初期，翻译的西方著作逐渐增多，有关西方艺术和艺术家的图书渐渐出现在书店。一开始，毛旭辉只能在不同的杂志中了解西方艺术家以及他们的作品，一旦出现了著作，他就会深陷其中，以致在1982年初，毛旭辉甚至还建立了一个阅读笔记本，记录他从一本本著作中获得的知识和感受。他在笔记本上写道："不能仅仅作为一种娱乐，作为一种消磨时光的高雅方式，而是通过大师所写下的这许多字眼中，去思考人生。"他记录了关于戈雅（Goya，1746—1828）的故事并对戈雅的艺术进行了分析，他甚至将书中戈雅所处的时代和问题与那个时候正在播出的电视连续剧《安娜·卡列尼娜》中的语境联系起来，仿佛那些故事与人物中所体现出来的情景和问题有某种共通之处，豪华奢侈，或者空虚与卑陋；他在不断出现的文字和图像中想象和思考获得的一切，整篇文字就像一篇书评。他在阅读国外艺术家的过程中试图发现其特殊性与某种不同于一般人的特质。毛旭辉没有保留下来他大约在1982年阅读的毛姆（W.Somerset Maugham，1874—1965）的《月亮与六便士》[2]，不过，他在自己的读书笔记中却写下了对艺术家这个身份的接近宗教信徒那样的理解。他是这样记录阅读《月亮与六便士》之后的看法的：

怀着极大的兴趣买了此书，因为他是写的高更。现在多么需要这方面的书，艺术家并不是一般人所想象的那样，但他又不得不经受一般人所经历过的那一切生活、家庭、工作、爱情、老婆孩子，因为要生存，要活下来，哪还少得了痛苦和挣扎，但艺术家还得经受一般人所没有过的那种精神上的欲望和打击，那种狂热的追求所引起的种种冲动，被世人不理解和看作荒唐和可笑的一切动机和行为……[3]

---

[1] 出自沃尔特·惠特曼（Walt Whitman，1819—1892），出生于纽约州长岛，美国著名诗人、人文主义者，创造了诗歌的自由体（Free Verse），其代表作品是诗集《草叶集》（Leaves of Grass）。

[2] 该书最早的中文版由外国文学出版社于1981年11月1日出版。

[3] 标注"1981—1983"并有装饰图案的笔记本。

之前他已经非常熟悉高更的名字,就像熟悉塞尚、梵·高以及其他一些性格特别并具有奇异艺术倾向的现代画家,在他的心目中渐渐树立了一个艺术家应该具备的圣徒身份:艺术家的时间和精力是宝贵的,与世俗的要求相去甚远,他们天生等待着崇高而神圣的召唤,将自己的一生献给艺术,因为艺术是一种超乎于自然之上神圣的精神物质,"它需要感受到这种魅力和自愿踏上这条道路的人,放弃其他一切有碍于这项事业的任何东西"。这类看法不是阅读该书才得以产生,而是阅读这类有关艺术家的著作总是给毛旭辉巩固着有关艺术献身的狂热信念。作为一个出生在50年代的年轻人,他看到过大街小巷里曾经发生过的政治狂热,之后,当社会环境和政治空气发生明显变化,并读到了一种发自内在冲动的狂热信念的范例时,他很快就会接受文章或者书中传教士们的布道,就像那些生活在穷乡僻壤渴望拯救的基督信徒非常清楚现世中的受难是必需的一样:

艺术家有着痛苦的身世,然而他是最幸福的人。

能获得那种幸福的人,所受到的打击和折磨并不是一般人所能承受的,并不是每一个人都能从那沉沦中自拔出来,能从那世间的炎凉,那种冷酷无情中挣扎出来;并不是每个人都能从黑暗走向光明,从挫折而走向成功;能在这种苦难中产生那强烈的欲望,也不是每一个人对于自己所幻想的那个目标都能够始终不渝,纵然没有一个人相信他的存在,没有一个人承认他的价值,尽管种种的不幸都会不约而同地落在他的身上,他仍然能从那绝望之中爬起来,继续在自己的自由王国中驰骋,他能够逆水行舟,他们像真正的工人和农民一样整天劳作,但他们是怎样的一个工人和农民啊![1]

毛旭辉无休止地阅读,不仅阅读艺术家的生平与思想,也阅读文学家的故事,他从字里行间里去猜测和领会别人的人生并心向往之:例如在炮火纷飞的战场上完成《义务与不安》(1917)的艾吕雅(Paul Eluard,1895—1952),在巴塞尔经营书店时就出版了诗集《浪漫主义之歌》(1899)的黑塞,27岁就因《二十首情诗和一只绝望的歌》(1931)的发表而引起

---

[1] 标注"1981—1983"并有浅色装饰图案的笔记本。

文学界注意的聂鲁达(Poblo Neruda,1904—1973),出生时家道中落、生活凄惨、因讽刺小说《红房间》(1879)成名的斯特林堡(Johan August Strindlberg,1849—1912),身为意大利军官和波兰女贵族私生子的诗人阿波利奈,《普洛弗诺克的情歌》(1910—1911)的作者艾略特(Thomas Stearns Eliot,1888—1965),远游北非大病一场之后开始了同性恋生活的纪德(Andre Gide,1869—1951),等等,这些文学家或诗人的思想与生活方式像毒药一样干扰并侵害着毛旭辉的心灵世界。阅读所获得的思想与感受将毛旭辉不断推向精神惯习的边缘,以致当他看到了表现主义的原作时,他不再犹豫自己应该跳进灵魂蠕动的深渊,使用完全自由的表现性语言去进行他心灵颤动的涂抹实验。他开始使用油画去实验表现主义,在《夜晚的护城河边》,水的波浪像大海一样起伏,远处的灯光印在水面,冷暖的对比煽动着观众的情绪。毛旭辉还以鲁奥的风格作为范例进行内心感受与形式关系上的尝试,他已经使用不规则的笔触去打破形与轮廓的稳定性。当然,构图前面两位青年人的轮廓还保留着鲜明的结构,尤其是中间的人头还反映出受光部分与背光的两个面的截然切分,整幅画的色彩使用保持着充分的厚度,以便延续着深重的内心感受。《走在夜晚的东风东路》似乎明显放弃了色彩的堆砌,东风路面是用极为薄的色彩笔触皴擦上去的。四个年轻的艺术学子似乎并没有目的地走在东风路上,他们也许是去找一个可以喝酒的地方,也许就是走向张晓刚在"塞纳河"边的宿舍。灯光是冷色的,这个符合这些西方生活态度的模仿者的情绪,深色的夜空是圆圆的月亮,一切是那样富于忧郁的诗歌的调性。在油画《酒后漫步在护城河岸》里,艺术家使用极为薄的颜料,几乎带有一种透明性,笔触轻轻皴擦,把底板也透露出来。这幅画是之前用水粉完成的《月光下的护城河》草稿的变体,构图强调了两个喝醉的年轻人——毛旭辉和他的朋友张晓刚——相互依偎漫步的情形,只是在这幅油画里,两个醉酒的人成为构图的主体。从北京看展回到昆明这批画里,有一幅只表现了一个人的油画《夜晚的护城河》,还是在光滑的纤维板上完成的,颜料非常薄,与之前的那件《夜

———
《半个月亮》双面画（艺术家自藏）
纸本水粉
29×19cm
1982

———
《月光下的护城河》双面画（艺术家自藏）
纸本水粉
29×19cm
1982

晚的护城河边》厚厚的颜料形成了强烈的对比。这似乎是冬天——尽管这是四季如春的昆明,河水非常平静,仿佛一切都被冷冻了下来。构图前方的年轻人望着河的对岸,环境似乎很安静,这使得无论他是谁,总是一种内心孤独的象征,这种情绪与毛旭辉在这个时期的精神状态很吻合:携带着理想主义期待的苦涩,这种苦涩来自那些西方文学家、艺术家的提示和感染。

毛旭辉开始感受到艺术的问题了,他发现那些悬挂在民族文化宫展览馆展厅墙上的德国艺术家的作品,与他印象中的法国艺术家例如野兽派画家们的作品有着明显的不同,他发现了一种让自己感到激动而慌乱的矛盾,一种对自由的渴望和陷入深渊的冲动,一种似乎脱离社会但更加接近那个现实后面的真实的感受,一种充分的乌托邦但又不能确信是否能够实现的精神世界。回到政治家和哲学家判断,当然是一种对新的价值观的观看和对旧有思想与规则的怀疑,这与之前从官方媒体和声音中得知并要求的训诫完全不同。总之,毛旭辉强烈地感受到自己应该去追寻另一个世界,一个不同于大街小巷看到的、不同于在光与色彩中闪耀的、不同于在平面世界里精心布置的世界,这个世界存在于看不见的地方,只有对内心的探寻,才能够接近她,那就是表现主义艺术家们共同告诉他的:内心世界的表达。毛旭辉从德国艺术家的作品发现:重要的不是描写或安排现实,而是去解释现实,去揭示即便看上去很光滑的表面之下的紊乱与不安,客观事物并不是艺术家的目的,他必须"把客观事物提高和转变成为人类感情和表现的象征形式,去形成一个对物体的抽象概念"——这是毛旭辉在《德国表现主义绘画》展览图录里打了下划线的一段文字,也正是在这样的文字的提示下,毛旭辉能够对早已熟悉的欧洲大师有了新的理解,例如丢勒、弗里德利希这样的德国艺术家,无论那些古代大师的题材与手法是什么,真正能够震撼人们心灵的正是那些在表现主义艺术家的艺术中继续忍受的"自我与世界之间极为紧张的矛盾与痛苦"。于是,当初理解的梵·高的内在性就与蒙克、恩索尔、贝克曼这样一些表现主义的作品,而不是法国艺术家笔下阳光灿烂的风景或欢乐的舞蹈联系起来了。无论如何，毛旭辉非常赞同贝克曼的一句话："如果人们想理解那不可见的，就应该尽可能地深入到可见的里面去。我的目的永远是通过现实，使不可见的能够看得见。这好像是怪诞，但是事实上却是现实，它构成我们的存在的秘密。"这种不放弃对现实的理解而又试图探究现实后面的真实的态度使得之后毛旭辉没有深入走向纯粹的抽象绘画的方向。[1]

也许是因为与共同探讨艺术的女同学贺立德结婚，1982年这一年，毛旭辉画了好些她的肖像。在年初，《着红衣的女子肖像》中的色彩还非常厚重，年轻的艺术家还有意识地注意到人物肖像的结构，手的处理接近体现了写实能力的处理。而几乎是同一个时段，毛旭辉在完成的《在董家湾的自画像》里也厚厚地涂上了颜料，尽管他试图用概括的块面去表现肖像的自然结构，色彩也显得有较多的灰色倾向。《穿黑色毛衣的女子肖像》有明显的莫迪里阿尼的风格倾向，不过，他还是将空间感与结构保留了下来，这也许是一度受塞尚影响的结果，就像年初的自画像里脸部的处理那样。在7月完成的《穿白衣的女子肖像》里，毛旭辉减弱了厚重的表现，背景也几乎是薄薄地皴擦，而在10月完成的《穿高领毛衣的女子肖像》则完全是一幅表现风格非常明显的作品。人物的轮廓被降低到接近符号的程度，灰色的调子与处理方式接近同时完成的《夜晚的护城河》——毛旭辉完全从之前的不同影响中脱离出来了。8月的昆明并不炎热，可是，在当月完成的一幅尺寸很小的《自画像》看来是毛旭辉内心中的岩浆即将爆发的时候，颤动不稳定的笔触快要消解掉这位已经接受表现主义洗礼的年轻人原有的躯壳，色彩阴郁，情绪焦灼，看来他已经按捺不住内心的骚动与不安，进入了思

1　直至今天，毛旭辉还保留着他早年阅读的上海译文出版社出版的《外国文艺》1982年第5期。在这一期双月刊的小开本杂志里，有一篇特别介绍贝克曼的文章《备受纳粹迫害的德国画家贝克曼》（杜定宇），封面、封二、封三以及封底还发表了贝克曼的绘画作品（黑白印刷）。对于80年代绝大多数中国年轻艺术家来说，通过印刷质量很差的杂志了解西方艺术几乎是主要路径之一，这份杂志应该是毛旭辉早期了解贝克曼的来源之一。在有风景照片的笔记本里（1982年11月开始使用），毛旭辉还从《欧洲现代画派画论选》（瓦尔特·赫斯编著，宗白华译，人民美术出版社出版）抄下了贝克曼的这些艺术观点。

想持续紊乱的时期。但是，10月，当毛旭辉参加云南省群众艺术馆、美协云南分会联合举办的"云南省群众美术作品展览"，一幅题目为《暮归》的油画在风格上仍让人联想到"乡土绘画"，原因很简单，这个时候的官方展览的标准仅限于此。

诗与笔记：思想的悸动

在80年代上半叶的很多时间里，毛旭辉都是在阅读和写作的时光中度过的，那些写在不同本子上的诗歌、笔记和日记构成了这个时期毛旭辉思想形成的链条，那些诉诸笔端的笔触、色彩或者图像，都可以被看成是他的经历与思想的转译。

诗歌的写作经常与人的情感有关，至于语言与文字，不妨是使用者的思想工具，如果不是关于诗歌"本体"的研究，所谓"诗"就是"思"的一种利用文字来组合的符号形式。毛旭辉的内心时常有"诗"的激情涌动，他很早就开始写一些也许他认为只有短句子才可能更生动地表达自己思绪的诗歌。事实上，使用文字来表达自己对西方思想的学习与思考，是毛旭辉以及他的朋友张晓刚、叶永青等人的习惯，在50年代出生的艺术家里，这几位艺术家可以被视为艺术问题的思考者、艺术思想的表达者以及个人艺术史的记录者。人们可以通过他们的文字，很好地理解这代艺术家个人精神的演变与思想的成形，理解他们在那个年月内心的悸动以及灵魂的搏斗。

诗歌当然很容易与爱情发生联系，在一首于1980年在中甸丽江写生途中抄录的藏族民歌里，艺术家述说的是此时爱的思念：

玉龙的雄姿，黑龙潭的清泉，
喇嘛寺庙的秋菊，蓝天白云下的和风，
这一切都挽留不住我的心。

想到重逢的喜悦，相见的蜜语，
还有什么比那更甜蜜。

中甸的草原，蓝色的碧塔海，
黑色的森林，金色的白桦，
这一切不管怎样迷人，也掐不断我的思情。
想起她那深沉的双目，真挚的爱，
还有什么比这更动心。
……[1]

这类文字非常简朴，但这是一种自由心绪的表达，是这个时期年轻人获得的一种之前没有的权利。至少，这样的文字在1978年之前，显得不是那么健康和安全——因为这样的表达脱离了阶级的立场而进入到了对抽象的爱的认可，这种表达的权利的获得自然是在大的政治形势发生变化之后才获得的。对于毛旭辉来说，文字更多的是思绪，是问题的暴露，就像他在1981年的几排字里写到的那样：

每当要写什么

就发觉没有语言倾诉

可是我还是要写

去寻求精神的寄托

……[2]

所以，西方诗句与思想的影响，会微妙地改变人的心情与用词，就像他在1982年2月写的爱情诗中的变化那样：

她爱我

爱得面容憔悴

我爱她

1　中甸、丽江、大理笔记散页（1980年10月）。
2　硬壳"美术日记"（1978—1981年），与父亲合用。

爱得十分烦闷

她低下眼睛转过身去

我又忍不住心头的懊悔

当她走来的时候

我又木然地把她拥抱

我想死在这亲吻里

我不愿想起过去

也不愿思索未来[1]

显然，这时的毛旭辉对情感和人性的理解已经脱离朴素的自然主义抒情风格，精神世界已经变得不那么简单与直白。1982 年毕业之后的时光单调但充满欲望：爱情、酒精以及对未来人生的追问，消磨了毛旭辉不少时光和无数个夜晚：有时候，他觉得自己特别无聊，规律地上班，在星期天睡睡懒觉，即便散步在大街小巷，无非是红灯绿灯匆匆的行人，街边的梧桐绿了黄、黄了绿，反反复复，喇叭声声，人群往复，办公室内的事务早已经被领导安排好了。所以，诗可以使用标题，比如"苍白的日子""回忆"，也可以从自言自语的情绪开始起行：

如果我相信那梦

那梦里的魔鬼

向我伸出可怕的手指

把我捏出冷汗

我要是把梦

原原本本地告诉她

一定把她吓坏

……

我每天很晚才睡

我不能平静地进入梦乡

---

[1] "速写本"（1982—1983 年）。

我已没有平静的梦 [1]

经常，毛旭辉的诗歌根本没有标题，那就是他随性而写下的心情：

夜是孤独的见证人
一个沉默的诗人
当紫色和蓝色搅拌天空时
月亮露面了
世界把我们推上这个台阶
随它去吧
这天太熟悉了
这风也同样的熟悉
春日的晴空
记忆和现实混在了一起
铁轨上延伸出一个幻觉
在山坡上
最可怕的是丢了缰绳
我变了
眼前这个世界也变了
天上的星星
地上的眼睛
彼此相望
在田野相会
她离我这样近
像一件紧身衣
…… [2]

在之后整理自己的诗歌时，毛旭辉还贴上了一张也许是 1985 年左右拍

---

1 "速写本"（1982—1983 年）。
2 "速写本"（1982—1983 年）。

摄的照片，他与张晓刚、潘德海以及其他朋友似乎在进行简单的餐会，看上去朴实甚至简陋。将照片贴在这里，不过是一种图示：他与自己的朋友们的生活与诗歌里的描述是接近的，他们在物质仍然匮乏的时期，因为阅读而使灵魂打开，感受到了另一种生活的可能性：他们从欧洲的艺术家和文学家包括思想家的传记故事里看到了新的——曾经被认为是资产阶级的并不被允许效仿的——生活方式，在想象的带动下，将自己简陋的夜生活视为一种浪漫和现代，并带着饱满的向往与让内心充实的激情去复制想象中的西方生活，乐此不疲，直至大家在酒精的毒害下醉倒。毛旭辉当然用诗歌记录过朋友们醉酒的日子：

让我们再喝一杯酒

再唱一支歌

酒杯空了

歌唱完了

我们就将分手

我是多么不愿意那样

这夜多么好

和杯里的酒一样

再唱一支歌

朋友

欢乐就将崩溃

……

再喝一杯

再唱一曲

酒杯空了

歌唱完了

我们就将分手[1]

1　"速写本"（1982—1983年）。

同样，毛旭辉在《喝酒歌》的结尾贴上了他与朋友们聚会喝酒的照片。总之，在相当长的一段时间里，毛旭辉也用诗歌来描述和记录他的生活与内心情绪，他描述对女孩的渴望，对没有头尾的爱情的质疑，描写内心的烦恼、孤独、迷茫与心理上的紊乱。阅读搅乱了他的思绪，并将这位年轻人的世界观从单纯的自然主义态度引向了精神的堕落和焦虑，就像《正午》中的文字描述的那样：

不知道在这苍白的强光下
大地是否还存有思维
那些小巷，那些窒息了的墙根
……
我没有
风，沙子伴着强光威逼着视线
埋没了死去的梦
仿佛在进入死亡
失去存在
垂危的信念在白纸式麻木中丧失[1]

究竟诗歌有什么样的特殊魅力会让毛旭辉使用大量的诗歌句子去表现内心的悸动？抑或是青春的紊乱？与那些从70年代后期就开始使用现代形式的文字与句子创作诗歌的诗人不同，毛旭辉也许仅仅是对自己内心的情绪有过多的敏感，这样，诗歌的形式不是要表现诗歌本身，而是要陈述自己想要陈述的一切。所以，有时，毛旭辉不过是用诗歌的文字形式去记录他的日常生活以及其中的内心滋味。他会描述说他在办公室里坐不住了，他走上街，去逛逛书店，看看街上的女人，看看衰老的面孔、畸形的病态，看看路过的刷着石灰的僻陋的小巷；饭馆飘来的香味、有二道贩子售卖的牛仔和香肠，也能听到街头巷尾传来的港澳歌星的声响；随着季节的变化，绿色的梧桐树叶透出金色的阳光，发黄的树叶却会散落在地上被人踩在脚

---

[1] "速写本"（1982—1983年）。

下;在电影院门口买一份晚报,目睹着儿时就熟悉的成人的擦肩而过;最后,又回到自己的办公桌边,拿起"铃铃"作响的电话,大脑继续闪现着不同的念头,而自己却仍然不清楚"究竟渴望什么知道什么厌倦了什么",以致受到现代诗歌感染的大脑也会将这个昆明青年引向一种神经质的紊乱呓语:

有一缕火在身体里点燃了

有一滴毒液在周身循环扩散

有一种无法回避的事实

有无数的痛苦不能用嘴唇表达

在这个时候梦纷纷从额头上跌落下去了

它不再流动也不在(再)漂游

它凝固

在抽屉里桌面上被某本书夹着

在某段日记里熟睡了

它可以睡去了可以走了

抛弃在凝固之外的是大量事实的维生素

干巴巴的无血色的需求像泥土一般苦涩[1]

毛旭辉写作这类诗歌显然受到他阅读国外诗歌的影响。事实上,他很早就有抄录国外作家诗文的习惯,普希金、里尔克、爱明奈斯库、威·卡·威廉斯、庞德、多丽特尔(1886—1961)、P. 斯坦塞尔、罗伯特·邓肯、西·西索科(1940—)、莱蒙托夫、马克西莫维奇(Desanka Maksimovic, 1898—1993)、等等,完全没有文学或诗歌史的逻辑,只要喜欢,他就将读到的那些外国人的诗歌抄录下来[2]。不过,随着阅读,他所理解的问题当然会变

---

[1] "速写本"(1982—1983 年)。

[2] 在一个硬壳红脊方格图案的本子里,毛旭辉抄写了不少外国诗歌,这个本子记载的时间是1982—1984 年,大多数诗歌是在 1982 年年底之后抄写的。所以,对诗歌与诗人的选择倾向于现代主义。例如威尔哈伦(1855—1916)的《原野》、瓦雷里(1871—1945)的《海滨墓园》、叶芝(1865—1939)的《驶向拜占庭》、里尔克(1875—1926)的《奥尔弗斯》、艾略特的《阿尔弗瑞德·普鲁弗洛克的情歌》、庞德的《一个女人的肖像》,等等。

得不那么叙事和简单,就像艺术的表现一样会去寻找更能表现内心悸动的词汇,他甚至通过抄写去思考那些文字后面的精神要素。

他曾经对单纯的爱表达出本能的渴望。可是,当新的阅读启发出不同于之前的思考时,他会将这种矛盾和引发的问题表达出来,就像他于1983年8月20日晚在一个红色的速写本里写到的那些文字:"爱是虚无的,唯有土地是本质的。"他说土地是拯救灵魂和生命的根子,而爱却要毁灭一切尊严与宁静。爱消耗生命、光阴与眼泪。根本地讲,爱是不存在的,唯有脚下的土地才是永恒的。

米勒就找到了土地

梵·高找到了太阳

没有比米勒对土地

梵·高对太阳这样炽热

追求和崇拜了

他们把生命溶化在土地和太阳之中

这样的句子让我们很容易理解为什么在出现了城市生活的异念时,毛旭辉仍然会愿意把属于"乡土绘画"风格的作品《木桥》《暮归》分别送交"昆明市美协首届画展"[1]和"云南民族生活美术摄影展览"[2],尽管《木桥》(1982年)中的笔触已经透露出某种神经质或不安。

但是,观看世界的方式与角度已经发生了变化,从对外部世界的描绘到内部世界的感知不是一个简单口号,而是从无数杂志和著作的文字里所发出的刺激,引导着毛旭辉将文字的选择和组合朝更为隐秘的方向进行。

是我在动,还是这个天空

是我 还是这个世界

庞大 骚乱 超出一切幻想

1　1983年2月,昆明市文联、昆明市群众艺术馆举办。
2　1983年4月,云南省文化局、云南省群众艺术馆、美协云南分会、影协云南分会、民族文化宫联合举办。

空间 浑浊 是谁在飘溢

天上的云

白日的梦 还是上帝

它说过 一切都围绕着我们

太阳因此而发光

树叶在摆动 那是风

皮肤和血液 感到

一阵寒意 这又是谁

气温 来自天上

还是地灵 大地没有转动

天空没有转动

我在动 一切都没有动

房子 层层叠叠的楼房

在原地 和大地一样

在动 并不喧闹

在思 用了神秘的语言

色彩在动 空气在流

交错 混乱 复杂

污染着灵魂

灵魂在动 看不见

在飞 飞不到边

无边无际 无尽头的绵延[1]

实际上,这类文字——那些开始缺乏习惯表述的逻辑和呈现的跳跃式句子——是80年代初期年轻人群中的一种觉醒:对人自身理解的开始和对茫然心情出现的美学赋予。通过大量阅读和思考,毛旭辉开启了对现实、社会以及自身的认识与理解。基于这样的开启,毛旭辉才知道存在的相对性、

---

1 蓝色无字笔记本(1983年11月—1984年2月)。

复杂性以及难以以一言以蔽之的问题；知道如何将对物理世界的固定成见转换为"我思"的感觉；知道将曾经僵硬的词组拆开，重新组合，让不曾想过、见过和思考过的世界呈现出来，而那就是一种自由的思想所引发出来的精神活动，一种有可能绵延至无边无际的灵魂世界的存在。这种思考与感受世界的方式，意味着字词的使用者仅仅是通过文字符号去打开自己的心扉，而不再像过去那样去追寻一个外在于内心的结论。

在一个有中国风景照片的"软皮本"[1]里，毛旭辉抄录了太多国外艺术家关于艺术的看法，可是，他也非常充分地去抄录在国外文学作品获得如何去生活和看待世界的看法的内容。的确，我们发现，在1983年3月，毛旭辉将《彼得·卡门青德》中的一些段落抄录了下来，那些段落涉及卡门青德——不如就视为黑塞——对"真正的动物的生活"、使自己成为野兽的偏爱以及对世俗欢乐和骄傲的反感[2]；涉及面对"一棵树在风中飒飒作响，一座山被阳光映得通红"于内心唤起的诗意以及对自然中一个普通物的生命的同情，如此等等。那些抄录文字中的句子本身，就足以唤起毛旭辉的联想与对问题的沉思，结果，他又去翻阅更多的文字，而任何一个西方作者的文字，只要进入他的眼睑，就会挑起他内心的激动或者不安，会激起对个人独立存在并富有创造特权的天然认定。当然，毛旭辉不像黑塞对父亲的反抗那样，有着对宗教虔信的强烈抵触，以致奋力去寻找自我，在席勒、海涅、荷尔德林的影响下从事创作，而是由于曾经无处不在的意识形态和政治话语的迅速退场，在思想与知识的领域出现了越来越大的真空，给予了毛旭辉——当然包括他的热爱文学艺术的朋友们——接受任何西方思想的机会。因此，阅读是一回事，而抄写又是另一回事，即抄写本身就变得是一种深入思考的表现。的确，在毛旭辉的无意识中，抄录就是思想，甚至就是自己要去选择和践行的决定。在这个"软皮本"里，他抄录了人

---

1 这个本子开始使用于1982年11月，抄录最后一段文字的时间是1983年6月18日。

2 在一首大约写于1982年至1983年初的诗里["速写本"（1982—1983年）]，毛旭辉有这样的句子："要说有罪／第一个罪人是上帝／承认动物性，反对神性／在树叶上看见眼睛／在水波上看见忧郁／在暴雨中看见情欲。"这里很容易让人联想到黑塞与父亲之间的冲突甚至对抗。

民美术出版社出版的《欧洲现代画派画论选》[1]中不少艺术家的语录：塞尚、西涅克、修拉、梵·高、高更、马蒂斯、弗拉芒克、鲁奥、诺尔德、克尔希奈、德劳奈、马克、克莱、康定斯基、霍采尔（1853—1934）、马列维奇、蒙德里安、莱热、贝克曼、契里柯（1888—1978）、鲁东（1840—1916）、库宾（1877—1957）、恩斯特，当然，他也抄录了书的导言和对各个流派的介绍，包括布莱顿的《超现实主义宣言》。这种不同风格与流派的抄写显然没有顾及自己的个人趣味，这表明了这个时候的毛旭辉仍然希望全面而深入地了解西方现代主义，他想获得一切他不知道的知识。

阅读所引发的自我追问具有一种永不停歇的特征，肉体生活并不能够替代思绪的独立性的轨道，思绪本身有时会借用一种有限的行为来延续其自身的存在与变化，实现其自我运动。在一个主要完成于1982—1983年的《速写本》里，毛旭辉写下了不断涌现大脑里的思考，就像一种思维的作业：该独立地思考并用自己的文字来表述面临的问题了。"我应该学会什么都不想，留点时间，想想我自己。"这位昆明青年艺术家用钢笔画出一些变形的形象，来配合他的思想日记：我究竟是怎么回事？一个粗壮的男人仿佛面对着一个无垠的黑夜……

究竟是什么导致一个年轻人几乎是本能地想做一个艺术家？要做一个艺术家的念头持续地困扰着毛旭辉。按照生活的经验，一个人应该不要将自己的人生道路限制在一个单一的方向，毛旭辉也问自己：如果"不是去做一个艺术家，道路不就自由了吗？问题不就解决了吗？"这是离开学校有一段时间的思绪，至少之前想着要做一个艺术家的梦一直纠缠着这个年轻人，可是，他知道：已经有不少年轻人在艺术上有了产生影响的呈现：北京的"星星美展"、重庆的"伤痕美术"以及出现在不同城市里的"乡土绘画"——即便在北方，也有不少人通过内蒙古少数民族的题材在呼应这样的潮流；而这个生活在云南昆明的人，仍然在为自己的艺术焦虑，他

---

[1] 这本书的第一次印刷是1980年12月，而毛旭辉自己保存的这个版本是1983年第二次印刷，扉页的记录表明他是在1983年9月才购买到这本书的。显然，之前他一定是从朋友或图书馆借到这本书，为能够很好并持久地理解在书中阅读到的外国艺术家的艺术思想，迫使他进行了大量的抄录。

1982年至1983年,毛旭辉速写、日记本上手稿,题为《我究竟怎么回事?》

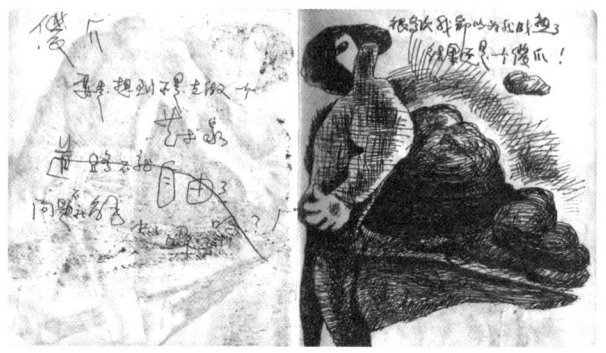

1982年至1983年,毛旭辉速写、日记本上手稿,题为《我还是一个傻瓜》

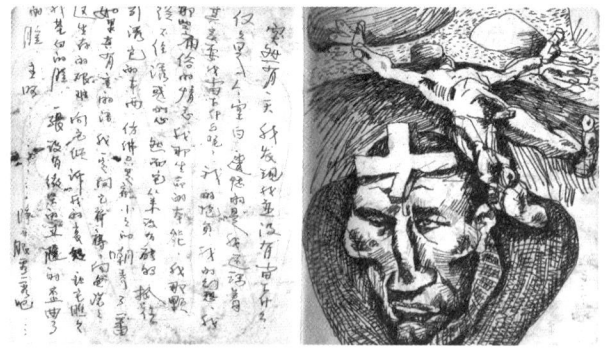

1982年至1983年,毛旭辉速写、日记本上手稿,题为《我要留下什么?》

清楚自己现在的状况："很多次我都以为我成熟了,结果还是一个傻瓜!"这句话被记录在1982—1983年间的黑红色皮面日记本上,是一幅速写的标题,画的是一个也许来自电影广告似乎还有点自负的青年形象,他的背后却是浓云滚滚,重重地压在大地上。

"孤独"是80年代年轻人的一个普遍命题。他们之前接受的教育中,集体主义精神被认为是这个社会需要的精神,那些关注个人命运,而又不将个人命运同社会和"人类"命运结合起来的思想,都被认为属于"腐朽的"资产阶级个人主义思想,应该受到严厉的批判,直至消灭。然而,随着简单的"阶级斗争"的政治标准被搁置,西方启蒙主义思想文章、著作进入中国,尤其是现代主义哲学观念的散布,使得年青的一代开始接受关注自身、个体存在的思想,并作为思考问题、解决人生难题的工具。因此,这个时候思考"孤独"便具有一种时代空气的合法性,自我开始被关注,个人的内心世界——无论那是怎样隐秘和潜藏于无意识深处——成为被认真思考的对象。所以,毛旭辉理解:"孤独,这便是一个新生命的命运。"毛旭辉这样去理解"孤独"的严重性:

谁能理解一个婴儿的哭泣,冷吗?是的,我很冷,我还畏惧死亡的来临!尽管我大手大脚,我那颗心还是怕冷,宇宙中还有比孤独更寒冷的冬季吗?我想……没有了。

你小时候不是还很爱哭吗?!

这时,毛旭辉保持这样的神经质般的思考:生,要求获得一种价值,一种被认可的存在,而死,将与任何问题无关。可是,什么是自己应该有的生,应该有的自己?真正的问题是,人如何在这个社会上能够获得成功,如果能够在这个社会中留下一个印记?或者实现自己成为真正艺术家的梦想和价值?他发现自己面对生活与未来仍然战战兢兢,缺乏更为坚定的勇气。总之,他认为,即便自己学习艺术已有不少时日,也没有给社会留下什么,自己仍然是一个空白。这个时候,他把自己看成是在人世间有不少经历的人了——"遗憾的是我还活着",那么,究竟有谁要求自己为自己的人生留下点什么?他问自己?毛旭辉已经有了对于一个二十六七岁的大学毕业生来说应该有的有关人生的重要概念,"我的抱负,我的幻想,我的那些庸俗的情感,我那生命的本能,我那颗经不住诱惑的心,然而它从来没有能够抓住引诱它的东西。仿佛只是被小小地嘲弄了一番。如果真有主的话,我一定向它祈祷,向它说说这生存的艰难,向他倾诉我的哀愁,让它瞧瞧我苍白的脸,一张没有微笑的丑陋的歪曲了的脸。主啊……睁开眼看一看吧……"

这里的语句统统来自阅读,来自阅读之后的思考。在这些句子的旁边,毛旭辉画了一个自己仿佛受煎熬的头像,一个十字架顶在额头上,上方是一个躺着的男人体,一副无可奈何,却又不甘寂寞的姿态。这些图文并置呈现的就是一个当发现自己失去了禁锢又陷入深深迷茫的记录,一个潘多拉的盒子被打开之后失控的焦虑情景。不过,这样的情绪也会被另一种本能所改变:那就是思考与服从生命意志的沉默。生命通常会以一种本能的力量唤起一个人的挣扎,以便让生命自身能够说服自己,最终是用爱去反抗死亡:

思考,沉默,这便是一个男子汉的武器,这是任何人夺走不了的武器。它使我们崇高,我们一无所有,真正的无产者只有沉默和思考。这两个石块垒在我们心里,我们带着它们走完生命的旅途,还将带着它们走入地狱……我们的爱是永恒的,唱着同一支歌抵抗死亡的威胁,抵抗寂寞,我们在一起寻找上帝!

尽管思绪是跳跃的,对生命的理解是充满矛盾的,但是,毛旭辉更倾向于一种认定的态度,他知道人有创造的自由,那些大师和平凡者之间的区别仅仅在于是否运用创造的权利;他已经知道人生就是失望,快乐的时光仅仅是一瞬间,痛苦才是永恒的,不过,"等待戈多"仍然是不能够回避的选择;剩下的工作就是认真地面对自己,面对自己的生活,寻找真挚而准确的表达:

我们的欲望,我们的爱好,谈吐,我们的境遇,处境,种种不同的命运,高升和沉沦，我们曾认真严肃地观察过自己吗？研究过自己吗？认识自己吗？我自己就很难说，那我怎样去了解别人呢？

这是一个离开学校不久、还不为人所知的青年人，一个渴望做艺术家的思考者，一个不断在阅读中寻找自我并试图找到人生答案的探索者，尽管言辞简单，但我们可以在他阅读过的那些书本里找到直接影响他的影子。1981年10月，有一本由柳鸣九编辑的《萨特研究》由中国社会科学出版社出版。毛旭辉无疑认真读了这本书。这本书里收有萨特的《七十岁自画像》。萨特以一种自我提问的方法来回顾他的人生，毛旭辉的文字多多少少让人联想到这样的风格，显然，自我提问是一个思想者的基本习惯。

而且在与随便哪一个人都是平等的地位上与其他人发生关系……为什么个人必须是无名无闻的呢？

在一个并不一开始就给它的成员们以合理地位的社会里——如在神权社会或封建社会里——对个人光荣的渴望是人人共有的？

毛旭辉在萨特的这些句子下画了着重线。

对于毛旭辉来说，文学当然是另一种发现世界与了解思想的路径。他在1982年年底就阅读到了卡夫卡的《城堡》[1]，他被K的遭遇所困惑，这种困惑似乎强烈地感染到了他，以致他也将K的困惑看成是自己的困惑。关于人生，毛旭辉与他的同龄人一样，被指定为有明确政治目标的未来——共产主义事业的接班人，可是，这样的教条在1978年12月之后明显弱化，重新认识人并且对人的理解已经成为普遍的教育认知。问题自然会回到每个人，回到每个人的大脑世界，以致当有了中小学的语文基础，而又经过了大学人文学科的训练之后，使用书本上的词汇开始解释世界、解释人生、解释自我就有了可能。对于那些已经开始了解西方思想，尤其是一本一本地阅读西方著作的年轻人来说，顺着他们的理解，就可以深入到即便是生活在异国他乡甚至已经离开人世的那些思想家、文学家和艺术家的心灵，体会和理解他们的

1　这个中文版由上海译文出版社根据威拉·缪尔和埃德温·缪尔（Willa and Edwin Muir）译，Penguin Books 1957年英文版翻译出版，1982年6月第2次印刷。

文字后面的微妙而真实的含义。因此，毛旭辉显然能够随着 K 先生去理解或共同体验所遭遇的一切，去认识人生的荒诞和不可知。这个村子——它事实上是这个世界的任何地方——"并不需要这么一个土地测量员"，村长对 K 先生没完没了的讲述虽然包含着大量的隐喻，可是，啰唆的陈述中当然呈现了一种有可能是普遍的麻烦与荒诞。小说总是以细节来提示问题的，毛旭辉就是在村长与 K 的对话中，得到思想的暗示的：他在 K 回答村长时说的"荒唐可笑的纰漏可能决定一个人的命运"句子下画下了着重线，这类句子不过是小说中极为细节的地方，但却不断提示着毛旭辉对人生问题的理解。

事实上，思想的倾向与精神状态并不是一种抽象的逻辑，也不是仅仅来自阅读的链条，即便是对苏格拉底、柏拉图或者笛卡尔的理解，也是基于理解者的生活条件与特殊语境，基于他或者她的社会地位和所处的日常状况。就在头一天还在思考如何坚定地做一个艺术家，如何理解孤独、情欲，如何理解"生存还是毁灭"，如何去确立艺术家自己的准则（1983 年 2 月 1 日）后，毛旭辉在第二天就面临着具体的创作和无法摆脱的日常性的焦虑——在 1983 年 2 月 2 日的日记里，他记录自己如何能够提交自己满意的作品，参加市美协的展览，他对自己还没有取名的作品似乎缺乏足够的自信，他在设想是否可以将作品在自己的屋子里放一段时间，直至一天突然再打开，看看是否会有新的发现。总之，他对自己的作品还不能确定，可是，交付展览的时间到了，他意识到自己的作品只能通过亮相之后去听到意见，发现问题。在 1983 年 3 月 12 日的日记里，毛旭辉似乎带着沮丧的情绪记录了他此刻的状况：

我回来了，又在这陈旧的办公室里（不是画室），在我这把熟悉的靠背椅坐下，听到窗外那久已习惯的当初是那样令我烦躁的街道上的嘈杂，又听到隔壁算盘珠子的声音，我又站在窗前看见那些光裸的梧桐，和人行道上漂亮的女郎，和对面屋顶上的天空：这一切全都和以前一样，才坐下就感觉你从来没有离开过这里，它们是太习惯了，连隔壁同事的咳嗽声也依然如故，那口痰落在痰盂缸里的声音的强弱从来没有改变，还有这里灰尘的气息，门房照例给我送来了一壶开水……

这是毛旭辉对他在百货公司的环境与工作状况的描写，是对似乎压抑自己心情的日常生活的埋怨，他知道这些就是真实的生活。但是，这样的环境是消磨人的，需要耐心的，之前十几天的那些自由而能够呼吸到外面空气的探亲日子似乎是一个梦，仿佛从来就没有发生过，一旦回到自己的办公室，一切都是那样循规蹈矩，"你还是静静地坐在你的椅子上，抄起一张报纸，学着喝一杯浓茶，听那些电话铃兴奋而急切地叫唤，等待着上司来安排差事，等待着各种想象不到的枯燥和麻木来充溢你的时间，等待着那些冷漠的面孔"。毛旭辉把他工作的单位和办公室看成是一个监狱，自己不过是一个逃出去又被抓回来的囚徒，在作为监狱的办公室窗户里观看监狱之外街道上的一切。这样的心情当然容易将自己的遭遇与那些已经被神话了的伟大艺术家的生活——例如梵·高、卡夫卡——联系起来，他认为艺术家的内心都是压抑和痛苦的，他们都渴望一种自由无羁的生活。果然，毛旭辉在抱怨自己的工作环境后这样归纳他对艺术的理解：

梵·高绘画激动我们的不是他所选择的题材和他描绘的对象，而是在那炽热的色彩爆发性地放射着的苦难、孤独、痛苦和渴望的光辉……

这类经历以及感受，都与他对那些国外大师的日常性的理解非常接近：没有地位、不被理解与认可、不关心世俗，如此等等。例如他在谈到肖斯塔科维奇的传记时说得很清楚——他几乎把肖看成是生活在类似的共同命运之下的人。他把之前中国人背诵毛泽东语录与西方人背诵《圣经》看成了一回事，他相信他与他们的共同特点就是追求个人的自由与摆脱说教。所以，他同意那些从阅读中获得的道理，认定任何重复都是人生的无聊，而无聊无异于自杀。所以在气质和性格上，他的艺术态度都是与表现而不是理性的情绪关联着，每一次阅读和浮想联翩，都将毛旭辉引向对内心压抑和焦虑的发掘，而不是对形而上问题的安静冥思。整个1983年，毛旭辉都在阅读、思考与记录：他阅读不同的传记和著作、思考孤独与命运的含义、记录自己对痛苦的理解，并去重新阐释那些曾经被官方扭曲的对名作的理解，例如将米勒对农民的描绘看成是一种虔诚的伟大的态度，是一种淳朴的宗教态度，是在牧歌声中对死亡的深刻思考，而不是所谓"描绘农民的苦难"，如此等等。总之，那些国外的艺术家、文学家和思想家将毛旭辉的大脑进行了彻底的清洗，使得这位中国年轻人完全放弃了曾经对艺术的简单看法，而将艺术视为"世人的基督"，他说正是艺术"使人类逃避了苦难"（1983年7月14日）。[1]

在斯特林堡的《女仆的儿子》里有这样一段描述："书里面有各种人的思想和经验，他现在可以通过看书和死去的大多数人密切交谈而不被人发现。"[2] 无论如何，毛旭辉并不是文学的专业读者，他不过是希望从那些陌生的文学作品中找到关于人生的路径与如何处理人生问题的办法与答案。

的确，可以轻而易举地想象，对于一位从青春期转向成熟的艺术家来说，性与爱显然是他关注的主题。现代艺术涉及人的无意识、性以及人们很容易论及的爱。关于这样的主题，毛旭辉很容易地在他发现和买到的书里找到自由地理解的依据。例如他在1983年3月买到的斯特林堡的小说《女仆的儿子》——斯特林堡就将约翰设定为自己的镜像，视约翰的经历为自己的经历，也即是通过一个人物成长过程中的种种遭遇和问题的叙述，发现自己的模样和未来可能的命运。在那些人生遭遇的困惑中，爱情、性、肉体这些词汇显然是重要的。这使得我们不难理解为什么毛旭辉会在作者讨论爱情这类问题的文字下用红色的笔画出一道道着重线来，例如：

> 精神恋爱是一种极不真实和复杂的感情，实际上是不健康的。如果在"纯洁"这个概念中也把"精神的"意思加进去，那么纯洁的爱情就是一种自我矛盾。要想使产生后代动力的爱情健康，爱情就必须是肉体的爱。既然是肉体的爱，那么就一定要喜欢对方的肉体。[3]

这类讨论虽然很简单，但是，对于之前禁欲主义时期的生活非常熟悉

---

1 以上未注明出处的见有注明时间"1981—1983"标签的笔记本。
2 引自《女仆的儿子》第二部《酝酿时期——一个灵魂的发展史》之四《登台之前》。艺术家也在这句话下面画出了着重线。
3 《女仆的儿子》第一部《一个灵魂的》之七《初恋》。

的人来说,将爱情不是与革命而是与肉体联系起来,这样的表述就是一次洞开,一次让人欣喜的逃离。的确,对于一位出生于50年代的年轻人来说,能够不带羞涩和不道德感思考并谈论性与爱,大致也仅仅开始于80年代初期。性的隐秘特征是普遍的,毛旭辉很早就在自己的意识和绘画中开始描述性的存在,他当然间接或直接地接受过有关"爱情"的教育,不过,对于一个阅读西方著作的人来说,关于性与爱的问题才刚刚开始。他在那些印刷品里看到了印得模模糊糊的人体和描绘性的艺术,尤其是在北京的"德国表现主义绘画展览"中看到了关于性的另一种表达。1983年12月,"挪威蒙克绘画展览"得以在昆明云南省博物馆巡回展出,这让他获得了关于潜意识深处的艺术表达的进一步体会。他本来就欣喜于在北京看到的"德国表现主义绘画展览",他发现关于性和爱的表达可以使用一种更为直接而不是情节性的描述,那样的表现很容易让自己能够深入到艺术家的内心,甚至产生灵魂的共鸣。1983年5月,毛旭辉买到了毛姆的小说《刀锋》[1]。他在阅读中对"我"与伊莎贝尔之间关于爱与情欲这类问题的讨论是如此在意,以致他甚至参与到了这些问题的讨论中。小说里的"我"与那个曾经爱拉里却与格雷结婚的伊莎贝尔讨论爱情、婚姻与情欲,对于毛旭辉来说,问题的焦点不在于书中的那个"我"也许就是毛姆,而"拉里"很可能是以维特根斯坦为原型,毛旭辉关注的是如何去理解女人与男人,金钱与爱情,肉体欲望与社会地位这一系列问题。他在毛姆的文字里发现了对这类问题的充分讨论,他对人物对话中的句子印象深刻,例如他在伊莎贝尔的"克服肉体欲望的最好办法往往就是让它得到满足"这类句子下画了着重线,当然,他也对"我"与伊莎贝尔关于性爱、道德以及情欲之类的讨论中的大段说教画下了着重线——毛姆似乎代表着一个正处在思想解放中的年轻中国男人的心声:

爱没有情欲,就不是爱,而是别的东西;而且情欲并不是由于满足而

---

[1] 这本小说《刀锋》(THE RAZOR'S EDGE)由周熙良根据Doubleday, Doran & Co., Inc., 1944年版翻译,并于1982年3月由上海译文出版社出版,第一次印刷为66500册。

是由于阻挠变得强烈的。

……

情欲是不计代价的。巴斯葛说感情有其为理智所不理解的理由。如果他的意思是我设想的那样，那就是指情欲控制着感情的时候，感情就会发明一些不但言之成理的理由，而且可以充分证明世界在爱的面前可以为了爱完全毁掉。它使你相信牺牲荣誉是值得的而蒙耻受辱是便宜事情。情欲是毁灭性的……

毛旭辉从这类文字中似乎获得了一种无意识的支持，一种自己身体里似乎存在却有可能被他所知道的惯习给压抑住的欲望的释放。他迫不及待地就在小说中这些语句上面的空白地方写下自己的感想与认识：

自由意志是可以超越爱的，只有超越爱，人才能够获得真正的幸福。因为一个人不可能用爱来代替一切，爱只是庞大生活中的一部分，生命中热情的一种，一切企图用爱来取代一切的想法和行为结果都是悲惨的，因为它不能使人得到满足，不但爱毁灭了，生命也被毁灭了。[1]

可是，在前面一页里，毛旭辉也写了这样一句话："爱，是由人情、欲望、占有欲，甚至金钱、地位等糅合在一起的。"[2] 他在小说的情节发展中发现那些人物之间讨论到的问题远远不单纯，他不得不用文字记录下他的理解：欲望不是爱，但是爱没有欲望也是不可思议的。尤其是当"我"谈到性生活作为习惯时，毛旭辉开始将这样的问题与自己日常生活中的认识联系了起来：

由于习惯发生的性关系，也是绝大多数中国人的性生活的全部内容，对许多人来说，他们只好保留在这个水平上，他的环境、他的麻木、对世界和对自己的无知，不会比一个猪猡更聪明、更优秀。[3]

实际上，这类小说对毛旭辉的影响不在故事，而在作者通过故事和人物

1　毛旭辉自藏毛姆小说中文版《刀锋》194页书眉。
2　毛旭辉自藏毛姆小说中文版《刀锋》192页书眉。
3　毛旭辉自藏毛姆小说中文版《刀锋》第193页书地。

的言行所呈现出来的思想,正是那些在对话中隐含的思想,开启着他的大脑,以新的观念渐渐充盈自己,或者让自己无意识深处的岩浆释放出来。这样的阅读是80年代毛旭辉们普遍的现象。他们开始重新理解什么是"道德";什么是社会等级;什么是本能与动物性;什么是"罪恶""公平"以及"神圣性";如此等等。一系列过去不熟悉,或者很少使用,或者已经有了固定理解的词汇开始在新的上下文里出现,并且往往是在生动入微的人物命运的起伏跌宕中浮现出来,这对于一个如饥似渴的阅读者来说,当然是一道道急需吞噬的美味佳肴。在这样的饕餮盛宴中,年轻人当然会迷醉在关于爱的想象与情的梦幻中,就像1982年艺术家用诗歌和图画来陈述内心的爱情一样,他把女性的身体画得是那样的自由并点缀着欲望的花瓣:

自然的女神

如果有幸还能见到你

能枕在你的卷发里

做一个梦

我愿长眠在你

绿色的吻里

哦 女神

永恒的光耀

这些涉及人生的问题究竟是如何提出或者如何去理解的?每个人都会因为自己的经历和阅读而有不同选择。毛旭辉想做一位艺术家,而不仅仅是普通意义上的画家,他很自然地会以所知道的艺术家为范例。从任何地方读到和了解到的艺术家——主要是西方艺术家,都会刺激他潜在的欲望:成为一个不平凡的艺术家,一个特殊的人。对理想的追求影响了他对家庭的态度。在毛旭辉看来,家庭就是一道墙,将自己同周围的人隔离开来,"它抵御了许多风雨,又无形地杜绝了轻风"。因此,自己应该按照一个艺术家的方式去生活,艺术家也不应该被社会的一般道德准则所约束,艺术家应该有自己的一套法则。这类涉及情爱、性、家庭、欲望的看法,就在一

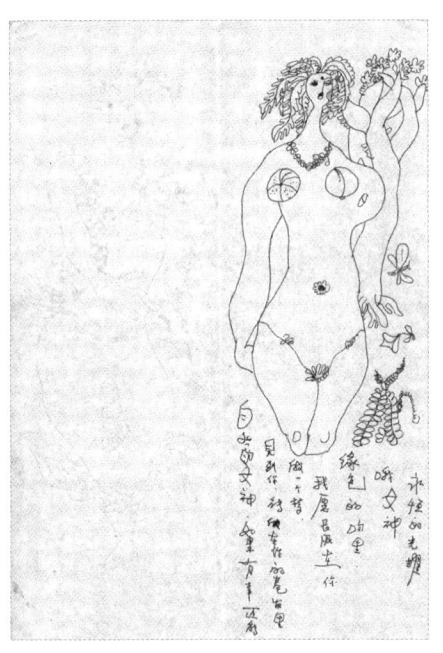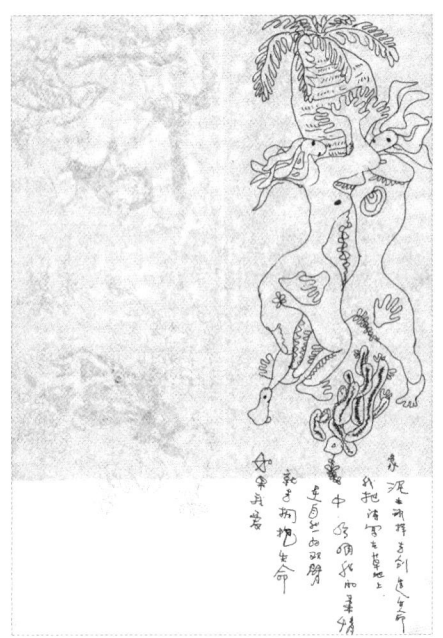

1982年作诗配图作品"女神"系列

天天的阅读和思考中逐渐成形，导致了他之后生活中情感的冒险、家庭的冲突，不断影响着自己的日常生活与艺术创作。

  的确，之前的西方艺术展览只是一种挑逗，而像"挪威蒙克绘画展"这样的艺术展览却是一种有关个人经历的提示：对于毛旭辉来说，从1982年到1984年，与妻子分离的生活方式以及在事业上的困惑，加剧了内心的压力与心理冲突。蒙克的主题就是家庭、性、疾病与爱情，蒙克的语言刺激了毛旭辉的神经，他几乎是本能地接受这样的表现方法，何况性的解放正是流行的主题。毛旭辉在书本和思考中寻求要超越的边界，这样，表现主义语言为自由甚至就是潜意识的行为提供了通道，当酒精与观念让毛旭辉跑出日常理性的藩篱时——例如婚外情与男女之间的自由交往可以超越社会的一般道德观念等，他就会以相应的涂抹来呼应。这被毛旭辉视为一种最真实的生命状态。因此我们也不难理解，1984年5月，在家庭的精神空气处于紧张、焦灼状态的时候，爱情的诗歌同时也在谱写着：

  我知道
  这是你
  尽管这样朦胧难于分辨
  这样不可思议
  也同样地不可企及
  我知道了
  这所有的一切
  已不能用文字来表达
  这是一颗浮动的
  种子
  带着天性
  结束了发呆的日子
  这是一片浮云
  的影子

在五月的大地上
产生了奇异的幻觉
这就是你所有的一切
风信子
……
这一切并不只意味着
渴望
或者说这仅仅是幻想
当所有的日子加起来
组合成一套记忆的沙发
你发现
还有更多的日子在后头
风信子
我默默地念叨着
就像一个黑色的修士
在玛利亚的微光中
合上了心扉
在世界暗淡和光明的交错中
我怀着一种喜悦
在你的胸前
渴望什么
在你的眼帘下
我想休息
就这样
再做一个梦
……[1]

---

1 画家孙国娟提供。

风信子是毛旭辉刚刚认识的画家孙国娟。在家庭弥漫精神危机的氛围里，毛旭辉为有一个能让自己获得情感弥补的女孩感到极大的安慰。这个世界上没有人能够讲完关于爱情的故事与问题，毛旭辉显然陷入了感情的复杂旋涡。然而，那些对爱的向往、倾诉、表达以及生发出的一片片涟漪，还有交织着情欲与说不清楚的杂念的思绪，都是一个特殊的灵魂的演绎。在这对情侣刚刚陷入感情的深渊不久，毛旭辉就出差成都和重庆，他一路在列车和旅馆中通过给女友的书信来抒发自己的思绪和内心的欲望，关于人生的思考涟漪同时也弥散开来：

这是在五月的黄昏，田野已经绿了，我们说它很浓烈，我们分离，这是第一次，也许第一次就显得更沉，更神秘⋯⋯

⋯⋯

我们已有了许多故事，关于玫瑰，关于小雨，关于黄昏，关于沉默⋯⋯回想起来，我们是幸福的，在这个世界上我们找到了欢乐。（26日夜于车上）

清晨起来，已经到四川的西昌了，窗外的景色和云南也相差不大，红土、绿色的秧田，紫色的田垄，青色的山，阳光从靠东面西的窗子照进来，车厢内尽是发呆的人，我在听巴尔托克的钢琴曲，同时继续与你交谈，窗外的景色在巴尔托克明朗、欢快的乐曲伴奏下有了生气⋯⋯

列车没完没了地在向前奔驰，我们离得远了吗？我找不到这种感觉。怎么会远呢？什么是远？在上帝的蓝眼下，几百米、几千米、几万米，几万万米在它的眼睛里这算什么呢？我想只有灵魂是除外的，那的确是要么很远，要么很近，在一瞬间它们可以拉得很近，是（似）乎就在上帝的鼻尖下，在某一瞬间它们会掉进一个深渊，在那里绝望、呻吟，很多时候，它根本不存在。而现在我们的灵魂存在，离上帝很近，我那绝大部分已被你占有了，有时我觉得它很牢固，像一座中世纪的城堡；路易十四的花园充满了方向和天国的情趣。而当我们初初相遇的时候，这灵魂就如同一座闹鬼的房子，在那里充满了神秘和恐惧，而周围是一片黑色浓重的森林，而我们毅然闯进了这所房子，把门窗通通打开，在森林里点燃了一堆红色的篝火，在上帝面前我们坦（袒）露了自己的天性，就像它初初创造我们之时，在伊甸园歌唱，在橄榄树下沐浴着神圣的阳光。当我们从上帝的庇护下醒来，置身在旋涡般的人生中，我们对一切都抱有一种敌意，不管这个世界处在何种浪潮中，最终这些浪潮是要把人类推到上帝的面前，而我们的灵魂已走在了所有浪潮的前面，而肉体还处在一个莫名其妙的潮流中，这就是我们今日的悲哀，我们的遗憾，我们的不幸，然而这更显示我们的价值所在。我们是叛逆者，是同伙，我们背叛了整个世界，让灵魂升华了，得救了，如果让我们处在第三浪潮大地上，我们的灵魂会更加不可思议，也许那是一个神圣的时刻，更加接近了宇宙之谜。

我们是这样的人——革命者，破坏者，就如同运动派的诗人所说：寻找自己的广度，然后把它砸碎。人类正是像这样前进的。广度是无限的，浪潮正是砸碎，一个浪潮吞没一个浪潮，在砸碎和吞没中人类成熟了，我们在无数次背叛中长大，变得有力。（24日早11点）

我有时不免会问自己，我们之间究竟是什么关系？是恶魔式的，是梦幻，是无中生有，它的诞生完全是意外的，在我们身上没有法律感，没有道德感，只有我们自己的法律和道德！我们靠什么来束缚自己，靠我们最本质的东西，最真实的东西，这些靠习惯是得不到的，习惯的东西只能用法律去拉在一起，而我们凭天性，这时我才发现我们是最纯粹的人，我们的生活方式是真正人应该过的生活方式，它不在任何概念支配下，它只靠本能直觉，靠上帝，难道像我们这样的人不可靠吗？我觉得这种疑问是难于确立的，我们独立于社会之外，我们共同反抗着社会，社会的存在只激起我们的反抗，激起我们努力找到自己个性的热情，没有个人的存在还谈什么人类，那是虚伪的，正是这个社会的虚伪性使我们不得不背叛它，否则我们也是虚伪的……（27日下午）

我是什么，也许你也想过这个问题，也许每个人都曾想过这个问题，我对我并不完全了解，我对我并不十分满意，我有时很讨厌自己，我是我自己的负担。认识你我知道了我是双子座下出生的人，我是诞生在夏天的孩子（说得多甜蜜），我有过很多梦，有的实现了，有的破灭了，更多的只是梦本身。二十八年，人生已经过去了最有生气的一半，二十八年，在今天感觉着就如同异常梦，二十八，不幸的人呵，就像一张一笔勾销的发票，二十八年永远地过去了，消逝在茫茫的宇宙之中。二十八已被社会判定为负有债务的人，而我至今不愿负任何责任，我还是要去做梦；二十八已经被认为成熟又成熟的年龄了，可我对未来一无所知，我知道什么，我们永远是被动的，幸福是屈指可数的几颗瞬息而逝的彗星，接着是大段大段的空白，虚无，无数痛苦组成的寂寞，我们更多的是沉默，我们背叛是别人逼出来的。二十八年回首一下往事吧，作为一个人你生活过几天，作为狗已经有无数的岁月了，二十八年我们死过，自杀过，窒息过，我们出卖过自己，包括自己的灵魂，二十八年，我痛恨这一切，二十八年，我们的心灵遭受过多么巨大的重压，我真想大喊，呐喊，然而一切又化为了沉默。让上帝做出判决吧！在审判之日，我坚信自己的灵魂之所求。在二十八年来到之即，让我再次地渴望生存吧，梵·高在这个岁月开始爆发出他燃烧的灵魂，经过十年的喷放，他死在田野里，生命是多么顽强，又是多么脆弱，十年他登上了世界大师的前列，为人类留下了一千多幅杰作，而十年也把他推进了死亡的深谷。他把灵魂和热情留给了世界，这个令人绝望的世界，带着痛苦和绝望离开了人间。二十八，让我再次去热爱生活吧！

我能做什么，除了扮演一个小丑的角色，除了做一个灯下的囚徒；我能做什么，一个魔鬼式的自我，除了在幻想的迷宫里东奔西窜；我能做什么，在平庸的生活中，在令人生厌的烦忧中，在那些不得不维护的虚假中；我能做什么，我应该行动，我时常敦促自己，然而行动是困难的，如果我们在美国西部在芝加哥，在法国的牧场上，行动又有什么不便呢？然而我们这里没有塞纳河，没有莱茵河，却有令人神精（经）发红的白夜，我们一无所有，只有自己的灵魂，我们有孤独的河流，有沉默的河流，有眼泪的河流。

……（5月30日夜）

在艺术家的那些情书里，除了没完没了的情话与呓语，就是像前面这样一些自己关于人生、艺术的陈述与讨论，散乱、突兀，夹杂着时而高兴、激动，时而沮丧、悲观的情绪。以后的人的确可能会问：在这个时期，像毛旭辉这样的艺术家究竟遭遇着什么样的困境，以致我们真的应该去同情或者理解吗？那些完全个人化甚至私密的内心世界究竟能够告诉我们什么秘密？艺术家的阅读和写作透露了原因：当各种各样的西方思想通过中文的符号印入中国读者的大脑时，关于世界，关于社会，关于人以及关于心灵的认识就由此而开始改变。查阅那些被艺术家翻阅过的著作，看看那些当时用红色的或者蓝色的笔画下的一道道线条，以及甚至用铅笔在书本狭小的空白处留下的文字，就自然会了解到，艺术家对社会的反抗的内心出发点就是渴望曾经没有去思考过的人应该拥有的自由与权利。对孤独的感受来自对人的创造性的渴求，尼采是让人怀疑上帝与权威的导师。在"文革"结束之后，人生的探险不再属于群众性政治运动与官方之前不断强调的"阶级斗争"——人在苏醒，人开始发现自己是一个真正的人，有血有肉，有欢乐，有痛苦，有寂寞，发现自己可以有按照自己的理想与渴望去从事艺术这个神圣事业的可能性与天赋权利，而不受制于任何别的力量。梵·高自然是一个直接的楷模，当毛旭辉和他的朋友们阅读了《渴望生活》这类著作后，自然会被这位荷兰人的疯狂与传说深深地感染、刺激，他们交流梵·高给提奥书信中的文字，并视其为不断诵读的圣经。尼采、叔本华、弗洛伊德、加缪、卡夫卡、黑塞以及那些在西方思想、艺术与文学史上的无数作者，都成为之前官方要求阅读的规定著作的替代品；那些艺术家和年轻人对这些西方著作是如此入迷和感到受用，以致他们之间经常交换自己阅读的著作和外来读物，并且在80年代，相互帮助购买所需要的西方书籍或音乐磁带这类外来文化的东西几乎成了这些热爱文学艺术的年轻人的习惯[1]。但是，如果将这样的阅读仅仅看成是感

---

[1] 在毛旭辉1984年6月7日写给张晓刚的一封信里曾提到："等你收到信，我也快回来了，我给你买了一本梵·高书信集《亲爱的提奥》，其他还补买了几本书和画册，由于钱的关系，我都没有多买。在成都谦儿（艺术家杨谦——引者注）给我录了几盒磁带，清一色的现代作曲家作品，这些你都没有，我总算也有点资本了。"

这样的习惯一直持续到90年代初，例如在张晓刚1990年12月4日写给毛旭辉的一封信里说："很

染与受到影响是远远不够的，事实上，毛旭辉这类人之所以如饥似渴地阅读西方著作，是因为那些著作从根本上给他们提示了对人的命运与状况的关注，对人与世界的关注，对个体价值的关注，因此，从内心深处唤起了这些年轻人的生命感知与人性意识，人、个人、孤立的生命所面临的问题受到了高度的关注，这样的影响在这一代年轻的艺术家内心留下了深深的烙印并成为个人从事生活冒险的依据。就像毛旭辉在给女友的一封信里写到的：

丹麦哲学家克尔凯戈尔在1835年给自己提出了下列问题："我真正缺少的东西就是要在我内心弄清楚我要做什么事情，而不是我要知道什么事情。问题在于了解自己，认清上帝希望我做什么；问题在于找到一个对我来说是确实的真理，找到一个我能够为它而生为它而死的观念。"这位存在主义的老祖宗在上个世纪就意识到了作为一个个人的价值，他反复在提我、我、我，他认为个人是至关重要的。因为他和我们一样生活在一个忽视个人的特殊性而重视群众意见的时代，一个真正的人被视为尘埃而微不足道，现代人"迷失"在人群之中，离开了人群就不知所措，这一点我们早已意识到了，也为摆脱这种超自我的共性进行了自身的努力，这也是我们为何碰在一起，创造了一种与众不同的生活方式，而且这条路还在继续下去。我们不但选择了自己的生活道路，而且选择了艺术这门宗教，人生观和艺术融合在一起，使我们无法再忍受那种不假思索、不假选择的生活。[1]

总之，书本里的思想与故事影响着毛旭辉，而内心与潜意识的欲望在书本中似乎找到了满足欲望的依据，究竟是什么、是谁、在什么时候、因为什么原因挑动着这位年轻人的神经，做出这样那样的事来，当然是一个很难缕清的问题，但是毫无疑问，那些西方著作、图像以及声音所产生的怂恿与刺激作用是显而易见的。1985年的5月8日，毛旭辉在毛姆的《刀锋》最后一章结束的空白页写下了很长的一段自白，他坦率地说出了为什么自

高兴终于收到了你的来信。昨天去邮局取回了你送我的《德意志安魂曲》，已经连续听了两遍，现在给你写这封信时，我正在放第三遍。这正是我梦寐以求的一盒经典音乐。怎么说呢，当我一开始放这盒磁带的时候，我心里就说：'知我者，大毛也。'"

[1] 毛旭辉致孙国娟信，1985年5月23日。（孙国娟提供）

已如此地沉迷于阅读那些小说,他几乎是下意识地就感知到那些来自巴黎、伦敦、纽约以及其他欧美城市的故事以及人物,将深深地影响到他的艺术和人生:

> 正派是以诚实为基础的。我想一个优秀小说家都是有这种良好的基础,使他们的作品为我们提供了一个很好的思考人生的助手或者叫作朋友。文学的道德也再(在)于此。尽管一切都是虚构,但在复杂浩瀚的叙述中,流露了作家本人对人生、世界、社会的严肃思考和检讨,这里才是真正打动人的地方。有时他没有直说出来,否则就成了教科书。他通过各种人物的命运来揭示在命运之后的那些起作用的原因,那些原子和粒子,那些基本的东西,它和读者讨论一些即(既)普通又尖锐的问题,如果我们在现实生活中不好对付或者不好表达,那你也尽可以与作品达到交感,这是心灵与心灵的交感,是诚实的,我们看到了那些"人物"的灵魂和行动,也同时看到和开始看到自己灵魂和行为的价值和荒唐。总之,它为人们的精神生活提供了一个俱乐部,一块草地,一片沙滩,甚至一个殿堂,只不过这个殿堂只建立在你和书本的关系中,空间中,并不存在有真正的牧师和偶像。

"体积"

1982年的一天,毛旭辉在他金碧路的百货公司办公室用水彩完成了一幅纸上写生《办公室的窗口》,阳光透过窗口对屋里的照耀所给予的环境光,使得破败的墙壁也显得明亮而充满色彩的变化。窗外的光点并没有用暖色,例如黄色或者金黄色或者橘红色,而是用能够联想到蓝天白云的色点,窗帘的亮部也是这样,虽然那些表现光的色点其实有点偏冷。笔触放松随性,表现非常自由,调子的变化的确也非常好看,连地板与墙面的反光笔触也是那样的准确和具有美感。这种趣味当然是毛旭辉在学习"外光派"时获得的理解和技艺的结果。"办公室"是毛旭辉经常提及的地方,也是他笔下经常表现的内容。他画了不少办公室的速写,但往往将一个人——有时是他自己——放入其中,例如在纸上用水墨画的《窗前的男人》,用炭精笔画的《读书》,用钢笔画的朋友(《夏维肖像》),这些日记性的东西是毛旭辉对这个环境以及在这个环境中复杂的青春期骚动的记录。阅读在一天天改变着这位年轻人,但是,正如艺术家自己的抱怨,生存的环境和条件却单调而乏味。翻开毛旭辉生活其中的昆明市地图,你可以发现,从他厌倦的百货公司办公室到夜晚入睡的董家湾宿舍,只有很短的一段路程,靠近百货公司的巡津路附近是他的朋友张晓刚的歌舞团宿舍,与金碧路差不多平行的东风路,加上他1984年3月调动到电影公司上班的和平村,几乎锁定了毛旭辉这个时期大致的生活与工作范围,他与他的朋友们就在这样的空间里来往、喝酒、讨论艺术以及在夜晚的街道上迷失,这就是毛旭辉总是反反复复涉及"窗前的""东风路""得胜桥""董家湾"题材的原因。

1983年8月,毛旭辉作为美工参与了云南省电视台的一个电视剧剧组,到石林拍摄并写生。在这次旅途中,他画出了与"体积"系列作品有关的部分草图。在一本标注有"人体、体积"的速写本里,几幅抽象、并有空间结构的体型构成了油画"体积"系列的草图。

"体积"是学院学习艺术的一般概念,是课堂中涉及的课题。早在1981年上半年,他已经画出了非常富有体积感的油画人体习作。这些人体习作是学院里学习绘画不可缺少的课程,与大多数同学一样,毛旭辉按照老师布置的作业,从事人体练习。然而,人体的体积是毛旭辉潜意识中的表现对象:性、生命、能量以及欲望,而不简单是一个需要绘制的物理对象。与他的同学们的情况不同,在此之前,毛旭辉已经历了从印象主义到表现主义艺术的刺激与影响,不少草图、素描或者色彩习作,都已经侵染着表现主义的欲望和语言干扰;在1981年开始的一些习作里,表现主义的书写性已经非常明显——有些即兴的钢笔或铅笔构图甚至表现出神经质的特点。然而，对写实方法的逐渐回避以及对现代主义艺术的理解也很容易将毛旭辉拉向形式分析，去关注那些变形甚至抽象的图式。

1981年2月，不少年轻的艺术家注意到一份由联合国教科文组织出版的以毕加索艺术为专题的杂志《信使》。这个时候，没有比"毕加索"更为让年轻的艺术家感到兴奋和刺激的了，这位西班牙—法国艺术家的艺术早就因为他的立体主义及其特殊的经历而在年轻艺术家中形成了一个新鲜的神话，毕加索与梵·高是这个时期中国年轻艺术家最为关注的对象。然而，毕加索的语言似乎更具有革命性，因为他将不同的表现对象——无论那是物还是人——彻底分解，按照自己的意图进行重新组合。除了在"蓝色"与"玫瑰红"时期以及晚年，毕加索总是更为强调"形"的重要性。在这期《信使》的封面，是印刷精良的毕加索的彩色作品《坐着的女人》（1937年，油画，100×81cm）。画中的人物是毕加索的情人之一玛丽-泰雷丽·瓦尔特，尽管毕加索将他的女人画得"文雅温柔"（《信使》），但是，人物脸部的造型已经远离写实，在这类人物画里，毕加索总是将侧面人像的两只眼睛画在一个平面上，身体、物品与环境被他完全重组，使得画面经常是一类变形甚至抽象的图案。这当然是毕加索立体主义实验之后的结果，是他在非洲木雕的启发下，将那些原本自然的女性裸体画成抽象图案（《亚威农的少女》，1907）之后的不断演变。这样的形式概念当然会影响毛旭辉——一种被认为解放艺术形式的感觉。仍然是《格尔尼卡》（1937）刺激了毛旭辉，他甚至在这幅印刷图像上打上了方格，这是一个复制绘画的基本方法。毛旭辉似乎相信：像《格尔尼卡》这样的作品一定是力量和热情的产物，是一种人类的普遍的爱的结果，正如《信使》里的作者写到的："这幅画的创作过程，还启示人们要牢牢记住，需要有像毕加索那样在这幅首尾连贯的艺术品中表现出来的力量和热情，人类才可能取得共存。这种热情便是爱，是对那些遭受不幸和受到残酷损坏的人们的爱，正是这种爱，驱使他创作了这幅不朽的作品。"毛旭辉在这段话的文字下面画上了红色的线条，以表明对这个道理的认可。

对于毛旭辉来说，这种文字无疑是有影响力的，这个时候，他正在现代主义的艺术中寻找他从西方文学家、思想家和艺术家的文字中描述的道理在具体的艺术作品中的显现，他似乎相信那些变形的生命图像正是文字中"爱"含义的具体而形象的证明——即便是那些在战争中呈现哀号模样的图像。这样的图与文有力地改变着毛旭辉的艺术观念。由于人道主义的理论基础，这当然促使他相信：现代主义的艺术一定是有道理的。如果说《格尔尼卡》是以暴力或战争的残酷为主题基调，那么，发表在《信使》同期中的《生活的快乐》（《田园曲》，1905—1906）就是呈现和平与爱意。毛旭辉同样在关于这幅画的分析介绍文字中关注到了他希望找到的含义：快乐、自由、和谐以及对生活的赞美。艺术家的敏感性很容易来自视觉，这会导致一种潜意识的移情：例如从地中海的风光移向毛旭辉熟悉的西双版纳，阳光下色彩鲜明而单纯的风景，使他的画面完全显现出平面与装饰的效果。至少，毛旭辉已经清楚了画面上自由表现的权利，而西方现代主义的绘画不过是进一步强化了他对形式分解的意识。的确，毛旭辉在1982年画的一幅铅笔构图《狂想曲之一》，很容易使我们联想到毕加索的风格，几乎可以被看成是对毕加索的《生活的快乐》的致敬。在一幅1982年画的《坐着的女子肖像》铅笔画里，我们能够看到毕加索侧面图形的影响以及马提斯的装饰性安排；而艺术家在1983年用铅笔画的一幅《毕加索的情妇》里，表现出对毕加索的侧面分析图形以及形式的穿插与分解有浓厚的兴趣。事实上，在1983年，毛旭辉画了两幅毕加索风格油画作品，他先是作好铅笔草图，然后在布上完成他对这种形式的理解。无论如何，毕加索对自然主义形体的分解让毛旭辉一度迷恋，他在1982年反复琢磨着寻找一种完全摆脱自然图形的方法，在一个人或者两个人的脸部轮廓关系上反复琢磨，他甚至将那些在纸本上的实验直接用"立体主义"来注明：《立体主义的人物》或《立体主义的肖像》。不过，毛旭辉很快就将自己的形式兴趣转向"体积"。正如我们在他大量的诗歌、读书心得中了解到的，"爱"或"爱欲"一直是毛旭辉内心的主题，我们也已经注意到，艺术家对容易唤起欲望的"体积"有天生的敏感性。从他在学校的人体素描以及油画写生习作中可以感受到这位艺术家对"体积"的理解：结实、富于肉感的弹性。在一些做形式分析的草图中我们看得出来，在做形式分解的思考时，毛旭辉对"体积"更感兴趣，1982年的纸上钢笔画《人》表明：同样在对人的脸部的表现中，就完全是体积化的理解。当然，关于体积的迷恋，其潜在的动因或者出发点当然来自爱与性的意识，甚至是对经验的记忆——例如在为油画《爱之二》准备的草图里毛旭辉保留了对拥抱中乳房的强调，他在笔记本上去表现"亚当"与"夏娃"的关系，去分析"维纳斯"的体积，他甚至惦记着印象派绘画中丰满的人体。由于逐渐产生的对形式的自由理解，这种对人体和体积的形式迷恋，很快将他引向抽象的构图，他在这些抽象的构图空白处不是写上"一个软弱的孤独者为了爱把自身毁灭"这类文字，就是干脆将构图命名为《消逝的爱·记忆》或《被凝固的爱》。同时经验也告诉他：运动中相拥的两个人体，可以唤起对形体的结构重复与变化的无限想象，于是，他修改那些因为肢体位置与大小的不同而发生的形体关系，这样，人体结构不同部分的衍生使构图变得彻底抽象化（《无尽的爱》）。对形体的这种理解和分析的结果，就是《爱的体积》（1982）这类草图的产生，我们在这幅构图中虽然依稀能够看到人体的各个肢体——那就是拥抱的男女在运动中的不同变化所形成的分解图形，但结果是，不同大小的体块在艺术家的安排下构成了一个完全抽象的结构群。眼睛当然可以分析出人体在运动中的原型，不过，艺术家的兴趣焦点显然是将那些在不同时间变化的不同肢体经营成一种抽象的结构关系，而不是回到视错觉的形体理解上，这样的逻辑结果是进一步摆脱了之前的形体要求，以致可以将任何形式与效果朝着构图本身的视觉逻辑去组合，而不囿于已有的视觉经验。

1981年是毛旭辉为毕业创作焦虑的一年，他对此时学院的美学标准非常了解：在一个摆脱了政治与意识形态禁锢并产生了有利于不同艺术思想萌发的宽松时期，他的创作主题与风格也只能够限于乡土风情（来自四川的艺术家的趣味）与装饰性（来自云南画派的提示）的写实手法。因此，在焦虑着完成作业和毕业创作的同时，只要有时间，他就在他的笔记本、纸片、画布上实验着他从杂志、图书以及不多的国外艺术出版物上获得的视觉图像的启发。当形体摆脱了原有的自然逻辑之后，当任何形式与符号都能够获得新的解释的时候，艺术家就将朝着更加肆无忌惮的方向发展，以致在《夜》这幅用钢笔完成的构图中，人体的运动已经完全被抽象的体块给替代了，不同大小的圆形体块之间的穿插与缠绕无疑与对拥抱或性的交织的记忆和想象有关，这表明了毛旭辉希望能够找到一个既符合主题上来自欲望深处的意识，又在视觉形式上能够摆脱说明性图像的绘画方法，他开始接近于形式的彻底解放。当形式被"体积"的运动彻底打乱之后，欲望与潜意识的冲动就再一次将用线条勾勒的"体积"填充活力。在1982年的《大海》和《大地》两幅毛笔草图里，我们可以看到艺术家内心难以安宁的冲动与潜意识欲望，《大海》几乎就是欲望的难以抑制的图解，而《大地》却将有重量的"体积"作为主体，这些体积富于生命的本能，如果不是天空滚动的惊雷，就是从地下迸发出来的魂灵，也就是说，在形式上，这些"体积"是不安宁的，以致我们在一张完成于1983年的纸本钢笔与铅笔混合的草图上看到了"体积"的"升腾"和"瓦解"的最初的意象。在这张草图里，"体积"不再演变自人体，而是一种独立而骚动不安的、准备全面的爆发力量。当这年8月去了石林写生时，毛旭辉被自然的历史的神秘感所震撼，以致他在摄制组工作期间，还抄写了爱因斯坦的一句话："最美的最奥妙的情绪是神秘感，所有的真知灼见都是这种感觉赋予的。体验不到，人便不能探奇钩玄，虽生犹死。"毛旭辉完成了一些石林的写生草图，沉默与安静的石林让他感到神秘而充满永恒的力量：

永恒的沉默。

它们才是强者，站在无边的孤寂之中沉默着，从未喋喋不休站在晴天之下。

它们是从哪里来，是流放，被驱逐，它们绝不是为了作为一个装饰品而来到地球,绝不是为了成为一个赚钱的奴仆,人类能够理解吗?人类只认为一切都可以拿来赚大钱,只要可能的话,什么都可以出卖,以为是上帝给了人类一次赚钱的机会,这就是人。

它们是不可以被毁灭的……

毛旭辉在他用钢笔绘制的石林的空白处写下了这样一些文字,他认为石林本身就是神秘的生命和力量。这种将自己的感受投射到自然对象的移情心理,当然容易将饱含精神性的对象转化为自我,并唤起一种内在的动力,这样的精神履历导致毛旭辉在速写本里完成了很快将转换为油画的草图。不过,与之前的"体积"不同的是,"体积"不是一种形式上的逻辑分析,而是作为一个怪异的生命体在空间里肆意跑动,"体积"充满能量,改变着自己的模样,甚至可以搭建一个神秘的、不断膨胀的自我空间。主要的"体积"油画作品完成于1984年,尽管部分油画的"体积"是根据草图去完成的,可是其他一些油画"体积"无法拘泥于草图,是在艺术家自由发挥中完成的。事实上,"体积"系列中那些表现主义风格的作品更接近毛旭辉的自我表现:不可抑制、本能的书写性以及强烈的变形,艺术家没有精确地翻制草图的安排,而是在内心不可抑制的冲动下完成作品的。

"体积"系列重要的作品是《运动中的体积》《还在膨胀的体积》以及极具表现特征的《红色体积》。

"体积"系列是在百货公司工作期间在董家湾的宿舍完成的。从1982年年初到1984年3月改变工作单位——调入昆明市电影公司做美术师,从事绘制电影海报的工作——毛旭辉都是在办公室和在董家湾的宿舍阅读、画画和思考艺术问题的。生活本身没有任何戏剧性,只是他与他的朋友们在夜晚一块喝酒,讨论艺术和人生的时候,才显得有某种超越日常空间的感觉。就像他们将护城河作为"塞纳河"一样,他们愿意将阅读中的欧洲故事带入自己的生活与艺术中,愿意通过想象并尽可能在酒精的牵引下,制造艺术与未来的梦想。实际上,日常生活的单调与物质条件的贫瘠,加上现代主义艺术空气在社会环境中的稀薄,都限制了毛旭辉们的艺术活动范围,他们只能在有限的空间里寻求无限的可能性。毛旭辉画了很多一个人匍匐在办公室窗口观看外面世界的小草图,那都是他内心渴望更宽广的世界的一种象征性表达;眺望窗外的人、得胜桥、巡津街口的风景,东风路、董家湾夜晚的路灯,办公室或宿舍里的朋友,如此等等;另一方面,聚会、酒精、音乐、关于哲学、宗教、艺术和女人的讨论、感情生活的深渊,这些几乎是毛旭辉的全部,这除了逼迫他在书本里寻找更大的精神空间与思想扩展的可能性之外,就是用自己的艺术行为来宣泄内心的状态。事实上,《红色体积》就是在这样的精神境况下完成的,毛旭辉的朋友聂荣庆这样描述:

> 毛旭辉创作的《爱》系列和《红色体积》系列,像是记录了毛旭辉生命的两个状态,尤其是《红色体积》系列,毛旭辉在一个星期内完成了这幅画,那一个星期他几乎没有睡觉,也没有见任何一个朋友,在一种极度亢奋的状态中画出来的,他深知自己也感觉到了生命的危险,他看到自己的眼睛是红的,甚至听到了不存在的人声,他的精神已经在崩溃的边缘。直到有一天,张晓刚和潘德海觉得很奇怪,怎么这么多天没有见到毛旭辉。于是两人骑自行车到电影公司,他们看了整个《红色体积》系列,感觉却是那种内心要喷薄而出的情绪。张晓刚很敏感地觉得这样下去毛旭辉会有精神上的问题了,于是提议大家应该出来喝点酒。于是这个系列的画就此中断了,以后毛旭辉再也没有画过这个系列,脱离了那个状态,创作也就中断了。如果任由他这样画下去,那毛旭辉有可能现在就是在另一个精神世界里的画家了。[1]

1983年的夏天,毛旭辉画了一幅夏日的巡津街:两个女人相对而立,似乎存在着难以对话的空气。不过毛旭辉在这一年的确忍受着夫妻两地分居同时不断结识新的女性的煎熬,他或许是处在一种需要做出选择的焦虑状态中。紊乱与精神失序是青春期的普遍现象,但对于毛旭辉来说,这应该是精神越界的必然而让人刺激的结果,他似乎愿意陷于这样的内心沦陷。

---

[1] 聂荣庆:《护城河的颜色》,第181至183页。

但尽管他在年底和年初已经完全陷于这样的精神失序，生活与工作环境的改变，仍会调整他的精神生活。他在一封写于1984年2月24日的信中，似乎比较平静地告诉妻子，自己调入电影公司的事情就快有结果了，之后，就是如何将妻子从安宁调回昆明。[1] 他甚至在信中用了很多文字与贺立德讨论艺术和学术问题，例如讨论对索尔·贝娄（Saul Bellow，1915—2005）的《洪堡的礼物》中有关诗人之死和文人的处境的体会。他在信中还冷静地讨论家里的事务，甚至还描述了自己的心情：

今天中午下班的时候，在五路汽车站见到一个年轻母亲抱着婴儿在等车，在阳光下，婴儿裹在纱巾里，感觉很美。如果我总是凭直觉去感觉外界，有很多动人的东西。

这个月我存了四十元钱，收到两笔稿费。橱柜的确很方便。屋子开始闷热了，可怕的夏天。八三年第六期（最后一期）《世界文学》是否搞得到，《外国文学》今年第一期已收到。

录音机我用清洗剂清洗了磁头，声音好多了，过去，连这个起码知识都没有。

又打倒一只老鼠。在橱柜下，很残酷的是它大概挣扎了两天，在胶板上，因为我都忘了此事。但我发觉好像还有老鼠，大家都在顽强地生存。

总之，1984年春节后，尤其是离开百货公司转而到电影公司上班以及女儿的出生，使这位让朋友们感到在精神状态上有些不妙的艺术家暂时恢复了平和，毕竟，毛旭辉一定认为电影公司美工这个职位多少提升了他作为艺术家的职业身份，并且使得他有了更多的画画的机会与可能性。

---

[1] 他在信中写道："今天我又到电影公司去问了，权力之争还没有结束，不过快了，我想我们是能走调上来这条路，我不愿意离开昆明。"毛旭辉想说的是他不愿意从昆明去安宁工作，因此，无论如何要尽量将妻子贺立德从安宁调回昆明，这样两个人就可以摆脱分居的生活。尽管此时贺立德已经从毕业分配的工作地曲靖调到了安宁，距离昆明近了很多，但是问题没有得到根本改变。

最后的纯朴

直至 1984 年，中国的展览体制仍然牢牢地掌握在官方美术家协会的手中。这是一个像政府机构那样的严密组织，从中国美术家协会到各省和地区美术家协会，直至市、县级组织，构成了一个极为官僚化的系统，经费显然来自国家财政拨款。任何一位艺术家的作品要参加各级美术家协会组织的展览，需要满足该组织在政治和艺术上的标准或者需求[1]。尽管这个官方美术组织在 1966 年到 1976 年期间完全停止了工作，可是，在"四人帮"集团被打倒后，又得以恢复。曾经的"右派分子"江丰出任了美术家协会主席[2]，他与其他美术家协会官员例如华君武根据自己对变化后的政治形势的理解，利用美术家协会的权力，让四川的"伤痕美术"和"乡土美术"的作品参加了由文化部和全国美术家协会举办的"第五届全国美展"（1980 年 2 月），进而推动了"青年油画创作座谈会"（1981 年 8 月）和"四川美术学院油画作品展览"（1982 年 1 月 19 日至 3 月 7 日）的举行，这些展览与活动无疑让那些几乎还没有毕业的年轻艺术家获得了鼓舞，基于这些展览与活动是官方美术家协会举办的这一事实，一段时间里，年轻人保持着希望继续在美协系统里争取展览的机会。这就是当 1984 年云南省美术家协会发出征集新一届全国美术展览（即第六届全国美展）的时候，毛旭辉与他的朋友们仍然充满希望地进行参展作品创作的基本原因，毕竟，这个时候的年轻艺术家没有独立举办展览的任何机会。因此，当得知关于云南

1　中国美术家协会成立于 1953 年，章程规定这个组织的任务是组织艺术家"创造具有高度思想性和艺术性的作品，以鼓舞人民的劳动和战斗热情"。其中，章程规定了协会将"组织美术家学习马克思列宁主义和社会主义现实主义的艺术理论，学习党和政府的政策，研究社会生活，并采取批评和自我批评的方法，不断改造和提高美术家的思想。" 1966 年"文革"爆发，美术家协会停止工作。1978 年 8 月，中国美术家协会筹备组成立。1979 年 3 月，中国美协第二十三次常务理事扩大会议和第三次会员代表大会召开，正式恢复美协工作，11 月 9 日通过了新的章程，其宗旨与之前的章程没有根本区别。

2　江丰（1910—1982）早年从事木刻创作，参加过上海左翼美术运动和鲁迅举办的木刻讲习所。1938 年到延安，后任鲁迅艺术学院美术部主任。1949 年当选中华全国美术工作者协会副主席，1951 年任中央美术学院副院长，1953 年为中国美术家协会副主席，1957 年被划为"右派分子"。1979 年出任中央美术学院院长，是年被选举为全国美术家协会主席。在恢复工作之后，江丰对"伤痕美术"和"星星"美展给予了具体而实际的支持。

省文化厅、美协云南分会主办的"庆祝中华人民共和国成立三十五周年云南省美术作品展览",以及同时也为"中华人民共和国第六届全国美术作品展览"挑选参展作品的消息之后,无论是否有不同程度的质疑,毛旭辉与他的那些怀有希望的朋友们都开始了参展的准备。

毛旭辉当然了解美术家协会的要求,他根本没有打算将"体积"系列申请送交展览,但是正如毕业展览一样,究竟什么样的作品可以获得官方通过仍然是一个问题。毛旭辉很容易再次回到他熟悉的题材和方法上:那就是他从内心里认可的纯朴的田园与自然的人性的表现,这样的艺术表现他从巴比松画家的风景,从米勒的农民形象,从梵·高笔下《吃土豆的人》以及高更的《塔希提女人》那里早就感受到并且有了充分的理解。与这个时期大多数敏感的年轻艺术家一样,毛旭辉意识到这样的艺术表现可以帮助他们摆脱官方的政治标准和传统的苏派方法的桎梏,是一种获得精神自由的艺术路径。事实上,早在1980年就逐渐产生影响的"乡土美术",例如尚扬和陈丹青的油画艺术,已经深深地影响到年青一代,而之前两次前往圭山的写生经历与成果,已经为这位年轻艺术家提供了直接的源泉,这个时候,毛旭辉已经感受到,从"伤痕美术"开始、继而出现的"乡土绘画"已经在官方美术家协会里基本获得了接受,如果沿着这样的方法和路径,也许可以获得参加展览的机会。当然,他们的最终目标就是像四川美术学院的那些学生参加了"第五届全国美术展览"一样,能够进入"第六届全国美术展览";他们相互鼓励,希望实现目标。年初,毛旭辉搬进昆明市盘龙区(现官渡区)和平村2号昆明市电影公司宿舍居住兼工作室,他认为自己的绘画条件有了改变。5月,女儿毛羽(后改名贺晶)出生,这是一个必然的喜悦,这样的情绪不论保持的时间长短,总是能够支撑着毛旭辉在之前圭山的速写和写生的基础上准备创作。

几乎有半年的时间,毛旭辉都在准备他的创作,与他1982年春天和张晓刚去圭山用油画写生的情况不同,毛旭辉采取了一种传统的创作流程,即在完成创作作品之前事先进行小稿子的准备。事实上,参加昆明市美术家协会和省美术家协会举办的展览的作品都有小稿子。参加 7 月省美协的展品《圭山组画·红土路之一》（1984 年）与参加 10 月市美协的展品《圭山组画·山村黄昏》（1984 年）都有草图，只是最终，艺术家使用色彩的时候作了最后的定型并完成了色彩的特殊效果。不过，艺术家并不是为创作油画作品而准备草图，毛旭辉总是想在之前的一些速写与构图中寻找可能转化为正式作品的依据。《圭山组画·山村黄昏》就是基于在一个速写本里于 1983 年画的小稿子完成的。在这个速写本里，毛旭辉画了不少女人体，她们差不多都被置于原始的自然之中，他甚至将圭山的羊也放置在女人体的旁边，以呈现他理解的纯真与原始的自然。在这个速写本里，圭山的图形与西方画册中的女人图形穿插着，表明艺术家在女人、生命、自然与纯朴这些概念中来来回回。在《山村黄昏》草图的旁边，毛旭辉画上了一个裸体的女人，她似乎在向天发问，毛旭辉写道：

你如果不明白，就最好什么也不要去明白，对于这个世界知道得越多，痛苦就越多，让灵魂沉睡吧，沉浸在悠远宁静的遐想之中，为幻想而歌唱，而不是为这个世界。去爱吧，爱那些平凡的事物，而不是人，把手伸给天空、大地、田野，把心奉献给它们，在那里你得到的要比付出的多，这是真理。

这个时候，毛旭辉似乎能够平静地思考问题，并将他熟悉的关于亚当与夏娃的知识，关于原始自然中的女人和神话，关于能够亲身看到并体验到的山村与羊群，以及田野或者牧羊人的样子，归纳为一种对纯朴的向往，一种接近艺术理想的梦幻。《圭山·山村黄昏》是《红色体积》之后不久完成的作品，它的基调显然接近米勒，人物、山羊、树林甚至草木，都具有一种庄严与神圣感，它们是艺术家带着对自然的深情厚爱画出来的；但是，毛旭辉笔下的自然和人物与柯罗（Jean Baptiste Camille Corot，1796—1875）的抒情表现相距甚远，因为艺术家自己在自然之中投射了内心的苦涩和对大自然神秘性所具有的宗教之情。万物显出了坚实与静止，但这与塞尚的情形不同——虽然不管可能的影响，动态笨拙的撒尼牧羊女以其雕塑般的形式而表现出一种沉思的力量，她身后的树木是那样富于生命力地生长着，它粗壮的树干与树枝，它繁茂的叶丛与艺术家身后笔下枯瘦如柴的都市人形成了鲜明的对比。艺术崇拜自然，这是因为他在自然中看到了他所希望看到的生命、健康与活力。自然为什么如此富于生命力，这在一个艺术家的心中比在一个普通人的大脑中更是一个谜，因为后者根本就没思索这样的问题。无论如何，圭山、黄昏，在一个不可能不思索的艺术家那里，它们本身就是问题，正是对这样的问题的困惑与解决中，艺术家以我们在都市里难以见到的形式给我们提供了纯朴与生命力。

也许那些丰满的人体有太多的西方古典绘画的影子，并且，在淳朴的圭山村子里也不可能见到裸体的女人，希望尽可能真实地表现原始与纯朴的艺术家还是参考了他在圭山作的大量速写，让画面尽可能地接近他感受到和理解到的真实与纯朴。《圭山组画·红土路》不仅有小的色彩稿子，还有一幅接近正式完成的"草图"。在最后的完成作品中，我们看到的风格多少能够联想到高更或者卢梭（Jean Jacques Rousseau，1712—1778），与之前的写生相比，具有一种风格化的样式，尤其是《山村黄昏》。不过，画的风格有一种中世纪绘画那样的刻板倾向，艺术家似乎想在"创作"中融入太多的主题和表现趣味。落选展览的作品《圭山妇女》（1984年）同样有这样的倾向，不过风格带有更多的原始趣味。

无论如何，对于毛旭辉来说，"圭山"是对"真实"的重新审视的另一条途径，"回到自然"使我们想起法国人卢梭，想起自然的形象抒情诗人柯罗——艺术家自己也说柯罗使他联想到圭山，只是就其精神倾向上讲，毛旭辉更接近米勒。的确，圭山题材的作品在不同时期均有出现，圭山与都市在艺术家内心所唤起的不同感受几乎是同时并行的。我们将会看到，虽然作为大自然的圭山本身在艺术家看来具有一种宗教意义上的神圣性，但是，那里的羊，那里的树、石头、房子以及那里的牧羊女事实上构成了饱受红砖墙、石棉瓦、广告牌，以及机械的喧嚣声折磨的都市人的一个疗养所。自然本身就是一张床，它给人抚慰，让人得到休息，它销蚀人的生存痛苦。

的确，圭山是一张田园般的床，它令艺术家陶醉："这红土有多红，它上面的草木就有多绿。我们坐在凸起在红土上的灰色岩石座椅上，就像亨利·摩尔（Henry Spencer Moore，1898—1986）立在约克郡山岗上的青铜雕塑《国王和皇后》那样坐着望着飘来的云，望着那片开阔的镶在两架锥形山间的腹地，脑子里没有任何思想，听着风将林涛声推向腹地，惊动着牧羊狗敏感的神经，一群群的黑山羊和灰白色绵羊若无其事地垂着头，寻觅嫩草和绿叶，牧羊人不时吆喝着，还有农人在耕地，赶着黄牛，扶着铁犁在腹地间的起伏不平的山地中来来往往……所有这一切构成了一幅远古生存的图像，是一幅伊甸园的耕耘图和牧放图，尽管那时亚当、夏娃并不耕耘，只是吃着树上的果实，悠闲自得。不过眼前的这一幅图像更接近我对伊甸园的想象，在那里是通过劳作来生存，而这样劳作同机械文明和电子文明的那种紧张过度操作有着本质的不同，这种劳作发自于一种自然天性和一些简朴的希望。"——现在我们理解了为什么艺术家要将那些丰硕的裸体放置在自然中。

工业文明产生之后，人们可以从众多的文学家、艺术家那里谈到和看到毛旭辉这样的心境，的确，这种对乌托邦情结无法超越的心境在这个时期具有极其尖锐的批判性。需要说明的是，这种批判针对的除了粗糙廉价的文明产品外，最为重要的方面是传统文化与社会问题在人与人之间造成的令人痛苦、愤慨、伤感的敌意，理解到这一点就能使我们理解艺术家为什么要把牧羊妇女的目光与山羊的目光进行类比——在自然中生活的人无论如何是纯朴的人，纯朴的程度接近动物，那么还有什么能比这样的真实更真实呢？早在20世纪初期，德国画家弗朗兹·马尔克（Franz Marc，1880—1916）就提出了这样的问题："一匹马如何看世界？一只鹰如何看世界？一只鹿呢？这一只狗呢？"然而，毛旭辉对山羊目光的迷惑并不是一个文化信息传递的结果，而是艺术家对都市现实反感的一种本能的反应。

《圭山·女人和马》是艺术家对自然进行的梦幻般简化的结果，拿着象征生命的树枝的圭山少女向我们走来,她身后不远处有一匹白马,背景仅仅是蓝天与红土,并且红土与蓝天几乎构成了一种接近抽象的关系,因此在这幅画中,自然以最为简练的形式呈现在我们的面前。这是一幅具有象征意义的抒情作品,构图给我们呈现出梦幻般的情景,大地与树枝,动物与女人,艺术家以最为通俗的方式表达了对生命的看法。与黑塞《彼得·卡门青德》中的主人公更喜欢天上的云不同,毛旭辉更喜欢脚下的红土:"红土保留了所有的梦。红土本身也就是梦——大地的梦;充满爱的激情的梦。"正是红土赋予艺术家灵魂的不安全感以支撑:"我有一种感觉,无论是我们的肉体还是灵魂都不能随意地离开大地。"蓝天没有一丝白云这一点也不奇怪,既然那只纯洁的动物与蓝色的苍穹形成了鲜明的对比,飘浮不定的白云也就是多余的了。天空像红土那样纯净地描绘,更有利于展示一个抒情般的梦境。

由移居瑞典的上海诗人张真收藏的《圭山·红土上的相遇》是艺术家对纯朴的圭山牧羊女的一次具有偶像意义的描绘,艺术家把两位妇女几乎是顶天立地立在构图的中心并占据构图的大部分面积,此外,人物的表现富于雕塑般的特征,这就应合了艺术家的初衷——表现自然与自然中的人的永恒感。在选择少数民族以表现真实与永恒上,我们曾见过陈丹青的"西藏组画",在这位艺术家的画中,藏族牧民的形象以一种的确使人闻到酥油茶与羊皮的气味存在着,但在毛旭辉看来,陈丹青的油画仍然没有抓住本质的东西——这就是自然与人后面的一种永恒特征,因此毛旭辉终于可以说出他的意见,他认为陈丹青是"不够格的重子重孙的米勒"。这样的看法反映出毛旭辉的个性倾向是通过质朴的形式而不是真实的细节去寻求对"真实"与"永恒"的表现。

《圭山·遥远》具有与《圭山·女人和马》同样的抒情诗的意义。有趣的是,我们完全可以把画中的两个人物看成是《圭山·红土上的两个妇女》中的两个人物的另一次出现,我们发现,艺术家在处理人物时,完全忽视了人物的细节特征,而只保留住圭山人的基本装束。实际上,这幅画是圭山题材的作品中最富于诗意的作品之一，这当然是艺术家比较完整地保留了自然的基本象征对象——山、树、羊、云朵——的原因。当然，相对而言，色彩的使用较为明快，在完成这幅画时，也许艺术家的心境完全沉浸在了飘忽的田园幻想之中，以致自然的神秘性所容易产生的晦涩效果没有给人留下什么印象。

《红土之母·呼唤之二》几乎是一幅泛神主义的或者说是将自然拟人化的作品。艺术家把土地的属性与人的肉体联系在了一起，自然就是上帝的思想在这幅画中表现得非常充分。万物生长于自然，也终归于自然，自然给予人以生命，因此人的归宿也应是那个生长万物的自然。这种对生命自然主义的表现意味着什么呢？画面的骚动和不安的表现难道仅仅是生命的那种周而复始的循环图像化吗？实际上，这幅画真正体现出来的心理状态是一种很快就无法抑制的内心慌乱感。生命以及我们的母亲无疑值得歌颂，但是"地母"的"呼唤"是那样声嘶力竭，以致我们有点退避三舍。艺术家1985年还画了一幅《红土上的红色人体》，画中那奔跑着的大自然的儿子是那样慌张和狂躁，我们也只能将其看成是一个病入膏肓的恶魔。所以在像《红土之母·呼唤之二》这样的作品里，实际上渗有明显的生命的病理因素的特征，这种特征在以后的作品中表现得更为充分。

"圭山"作品出现在艺术家不同的时期，它更多地可以看成是艺术家的一种始终存在着的真实状态的不时表现。它体现了艺术家内心矛盾状态的一个侧面。

以圭山为题材进行创作显然是毛旭辉的策略，他清楚官方美术家协会在这个时候的趣味，也就尽可能地在不违背自己的艺术态度与立场的前提下来完成一个在主题上可以获得通过的作品，但是，尽管有两件作品分别参加了省、市美协举办的展览，毛旭辉和他的那些伙伴们——张晓刚、叶永青、潘德海——却在"第六届全国美术展览"中统统落选。

1984年2月28日，毛旭辉写过一篇关于人生或社会的思考，他用了大量的文字分析社会对于一个个体是如何的复杂和难以应付，最后他这样写道：

> 作为一个局外人，社会的价值对它不再有束缚，它是超脱的，尽量（管）外表很可悲，它不过是社会的观众，也许它离生命的原则更接近，离自然更接（近），离人们曾信仰过的上帝和人们渴望过的天堂更近，社会不过是地狱的现实化，社会就是地狱，作为一个脱离了地狱的人，不是很明智吗？[1]

这是毛旭辉差不多因调动工作从董家湾百货公司宿舍前往电影公司和平村2号居住的时间，是这位不断为个人与公司、与社会、与爱情之间的冲突感到焦虑和压抑并保持思考的年轻人的真实内心记录。这个时候，他已经充分理解了卢梭等人的思想，理解了为什么高更要去塔希提，理解了那些日出而做日落而息的撒尼人的生活，但是，肉体生活迫使他必须为自己今后的人生和艺术作选择。希望参加全国美术展览的愿望最终是彻底落空了，他与他的伙伴们无法理解美术家协会这个属于社会的"群众组织"是如何运转的，他们没有去思考也不想思考江丰等人为什么在1979年可以用手中的权力去选择一种新的艺术现象作为一个全国性艺术机构的重要工作——事实上是一种要否定之前"文革"的政治行为，而随着人事和政局的变化，年轻的艺术家又会失去那样的机会。荣誉感也许是天生的，可是，他与他的伙伴们没有得到像几年前"伤痕美术"的创作者们那样的荣誉，时间已过，政治与社会环境已经发生变化，用对历史真实的态度（伤痕美术）和对人性与自然的回归（乡土绘画）的态度去看待和处理这个时候的艺术问题已经不合时宜了，毛旭辉们必须另想办法，如果他们还要坚持自己的艺术理想的话。[2] 实际上，问题总是接踵而至，毛旭辉的内心又开始紊乱：

---

1 毛旭辉蓝皮封面的笔记本，封二标注了"八三年十一月Mao"。

2 聂荣庆在《护城河的颜色》（第190页）中写到落选全国美展给这些年轻伙伴的打击时有这样的判断："1984年的第六届全国美展，西南的张晓刚、毛旭辉、叶永青等艺术家集体落选，全国各地一些非常有影响的艺术家也纷纷落选。这是一个重要的时刻，让这一代艺术家不再奢望靠全国美展这种途径来展示自己的艺术，改变自己的命运。毛旭辉仍旧觉得这都是命运的安排，如果那时候他们的作品都入选了全国美展，那'85美术运动'的革命性可能就没有了。艺术家们已经厌倦了那种'千军万马过独木桥'的方式，这也是促使他们自己办展览最大的起因。很多的想法开始在昆明酝酿，成了毛旭辉、张晓刚、潘德海后来去筹办'新具像'展览的萌芽。"

1984 毛旭辉与张晓刚在和平村 2 号工作室（云南昆明）

夏天的雨向秋天走去

爱也是这样吗？

又落雨了，心里是凉凉的

如果这是最后一次向你倾诉

如果这是最后一次

雨水将变为泪水

关于爱

已经写下了满满一页

如果我知道一个哲理或者上千个

这又能说明什么

爱仅仅是爱

因为成熟 接近了死亡

还因为可靠就可以麻痹大意

在爱的沙发上我们睡熟了

当梦转身离去

痛苦已经登陆

因为痛苦只好去安慰痛苦

把痛苦再拿来思考一遍

爱是一只飞鸟

你不能把它捏在手中[1]

这首诗大致写于1984年的夏末，也就是毛旭辉很清楚自己的作品没有能够入选全国美术展览之后。从1983年到1984年的春天，他也许陷于感

---

[1] 这个有装饰性图案的笔记本里记载的内容的注期大多数是1984年2月到5月，这首诗写于注期5月的其他文字之后。前面不少诗歌与文字都与爱情或感情生活的内容有关。

情的纠葛，但是生活环境的改变（工作单位的调动导致的搬迁）与家庭生活的变化（女儿的出生）调整了他的心情与日常生活，何况还需要花费心力去创作参加全国美展的作品[1]。诗歌中，艺术家没有论及此刻的爱究竟是针对自己的什么经历，但毫无疑问，他的内心开始向耗尽精力的爱告别——尽管婚姻的维持还有待时日，泪水已经没有多少温度。正如艺术家自己认识到的，"爱是一只飞鸟"，她已经飞走了，作为精神焦虑的"痛苦"再一次到来——尽管新的感情生活业已开始。

---

1 聂荣庆在《护城河的颜色》（第179至181页）里描述了这段时间毛旭辉的精神状态："一边是错综复杂的情感纠结中的家庭生活，一边是如沐春风的婚外感情滋润。毛旭辉进入了一种对自己生活欲罢不能，同时又陷入苦苦的哲学思考的挣扎期。在这期间，毛旭辉的女儿贺晶（毛头）出生了。起初，他完全不能接受自己沦陷在这样一种世俗生活中。但是，随着小毛头的出生，他又被这种生命带来的喜悦所感动。那么多年来，我每每见到他和毛头在一起时，总是一个温暖的慈父形象。这一年（1984年——引者注），因为何佳佳父亲在昆明市电影公司当党委书记，十分爱才的他经过活动关系，把毛旭辉从百货公司调到了电影公司工作。经过了1983年在酒精中的亢奋和清醒时的反省，毛旭辉于1984年创作了他艺术生涯中比较重要的一批作品。"

1982年11月,毛旭辉于昆明盘龙江畔写生得胜桥

1982年11月,毛旭辉于昆明盘龙江畔写生

1982年11月15日,毛旭辉于昆明得胜桥写生盘龙江畔风景

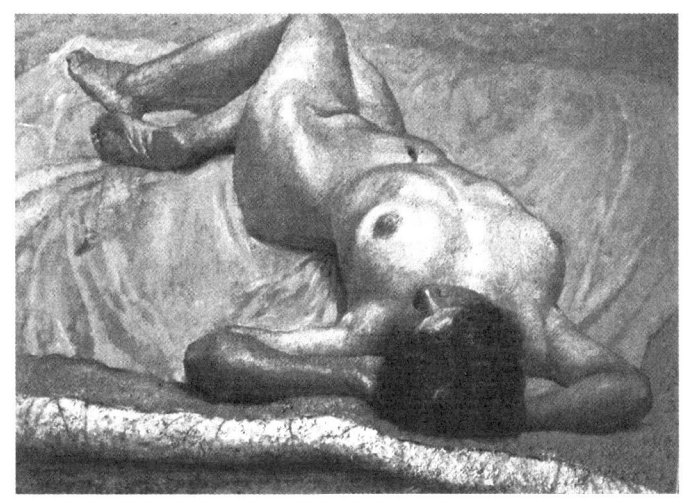

《女人体写生》 布面油画 60×85cm
1981年

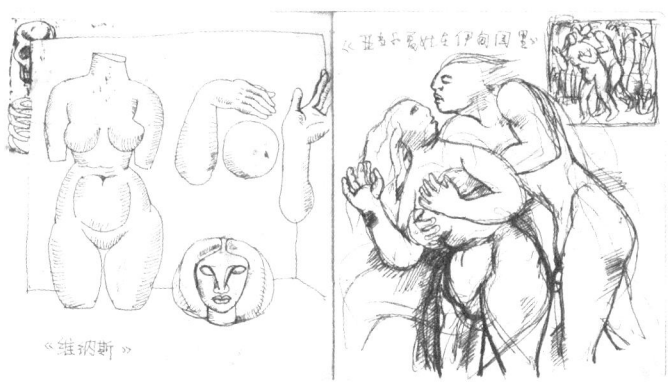

1982年2月—11月，红色外皮速写本，手稿《维纳斯》《亚当和夏娃在伊甸园里》

《立体主义的人物》 纸本钢笔 27×38.5cm
1982年

《坐着的女子肖像》 纸本炭精笔
26.5×19cm 1982年

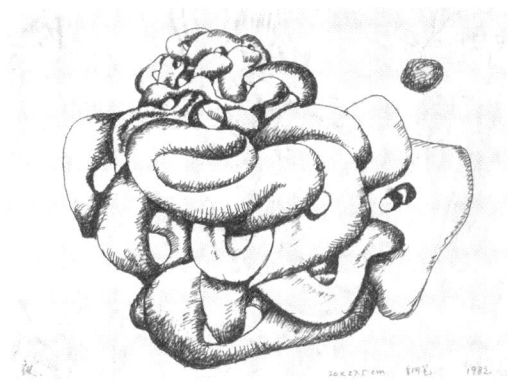

《夜》 纸本钢笔　20×27.5cm
1982 年

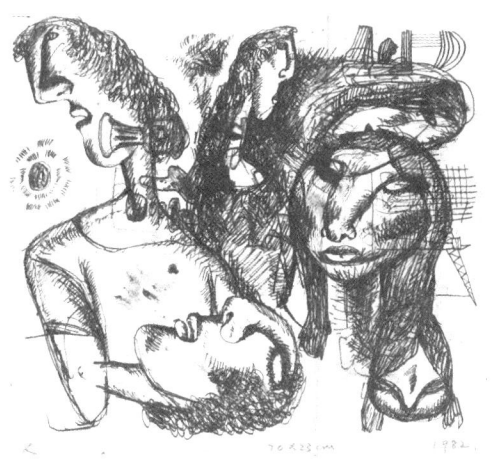

《人》 纸本钢笔　20×23cm
1982 年

《窗前女子和夜晚的路灯》 纸本炭精笔 28×39cm
1982年于董家湾

《路灯下的人》 纸本炭精笔 28×39cm
1982年于董家湾

《圭山写生·村口》 木板上纸本油画 40×50cm
1982年

《圭山写生》 木板油画 43×55cm
1982年

《圭山写生》　木板上纸本油画　44×50cm
1982年

《圭山写生》　木板上纸本油画　43×48cm
1982年

《圭山写生》　纸本油画　44×45.5cm
1982 年

《圭山写生》　纸本油画　43×53cm
1982 年

《夜晚的护城河边》 纸本油画 39.5×55cm
1982年（北京观看"韩默展"回昆明后第一批作品）

《走在夜晚的东风东路》 纸本油画 47×54cm
1982年

《酒后漫步在护城河岸》 板上油画 67×62cm
1982（北京观看"韩默展"回昆明后第一批作品）

《夜晚的护城河》 板上油画 60×42cm
1982（北京观看"韩默展"回昆明后第一批作品）

第二章 青春的紊乱　　183

《着红衣的女子肖像》
布面油画　88×61cm
1982年

《穿黑毛衣的女子肖像》
纸板上油画　78×55cm
1982年

《穿白衣的女子肖像》
纤维板上油画　72×50cm
1982 年 7 月

《穿高领毛衣的女子肖像》
纤维板卡纸上油画　79×55cm
1982 年 10 月

《自画像》
布面油画 54.5×39.5cm
1982年

《中甸木桥》
布面油画　78×108cm
1982 年

《德胜桥》
纸本水粉　26×35cm
1982 年

《董家湾的路灯》　纸本油画　34×44cm
1982年

《董家湾的黄昏之一》　布面油画　31×43cm
1982年

《董家湾之雨后的黄昏》
纸本油画　44×31cm
1982年

《夜晚的董家湾》
纸本油画　54×39cm
1982年

第二章　青春的紊乱

《巡津街口》　纸本油画　39×39cm
1982 年

《夏日的巡津街》　纸本油画　78×54cm
1983 年

《一个体积》 布面油画 尺寸不详
1984 年

《运动中的体积》 纤维板上纸本油画 79×105cm
1984 年

《还在膨胀的体积》 纸板油画 77×103cm
1984 年

《四个体积》 纸本油画 76.5×105cm
1984 年

《夜晚中的两个体积》 纸板油画 79×105cm
1984年

《红色体积》 纤维板上纸本油画 79×105cm
1984年

《圭山组画·红土路》　布面油画　80×90cm
1984年

《圭山组画·山村黄昏》　布面油画　90×110cm
1984年

《圭山妇女》 布面油画 85.5×128.5cm
1984 年

《圭山·女人与马》 布面油画 86×90.5cm
1985 年

《圭山组画·红土上的相遇》 布面油画 100×80cm
1985 年

《圭山组画·遥远》　布面油画　87.5×110cm
1985 年

《红土之母·召唤之二》　布面油画　78×108cm
1986 年

1984年,毛旭辉于和平村 2 号昆明市电影公司宿舍楼梯口

第三章 "新具像"与现代主义

《纳尔齐斯与歌尔德蒙》,赫尔曼·黑塞 著,杨武能 译,
上海译文出版社,1984年8月第1版第1次印刷

世界就是这样结束的,不是砰然一响,而是一声呜咽。
　　　　　——艾略特(Thomas Stearns Eliot,1888—1965)

真相是炸药,是需要"小心处理"的商品。
　　　　　——奥尼尔(Eugene O'Neil,1888—1953)

歌尔德蒙式的出走

一个虚构的中世纪修道院里,黑塞安排了代表纯粹精神、崇尚理智、献身宗教事业的纳尔齐斯这个角色,和充满激情浪荡天涯,最终回到修道院为宗教做贡献的歌尔德蒙。这是人性的两个重要的组成部分,是一个人身上具备的两个最重要的可能性倾向。在古典和现代艺术中,人们可以感受到精神的这种看上去决然不同的侧面,那是人的内心需要,是人之所以为人的一种完整性的诉求。然而,生活并不会给予所有的人完美,对于那些首先渴望自由并想得到彻底解放的人来说,歌尔德蒙的生活与经历显然更为受到注意。毛旭辉以及他的朋友们就是这样,自由地言说与对未知世界的好奇心,使自己渐渐脱离一种桎梏,他们希望在浪游中获得解放。1984年10月,毛旭辉买了黑塞的《纳尔齐斯与歌尔德蒙》[1],这本书对他有双重影响——人生的与艺术的。

并不是《纳尔齐斯与歌尔德蒙》才开始启发毛旭辉对人生的重新理解,不过,黑塞的这本小说显然将毛旭辉在之前就已经在对西方著作的阅读中获得的感悟进一步地给予了强化与肯定。个人的经历并不具有任何意义,但是,如果将个人的经历延伸到一个具有普遍性的理想,就可以将个人的渺小与伟大的特质联系起来,这是黑塞通过故事中的人物命运想说的道理。作为刚刚进入修道院的歌尔德蒙,他已经有自己的向往,他对院长尤其是

---

1 在一封写于1984年10月19日的信(孙国娟提供)里,毛旭辉告诉他此时热恋的女朋友:"买到两本极好的书,一本是美国当代黑色幽默大师库尔特·冯尼格的代表作《茫茫黑夜》;一本是我曾跟你谈起过的那个写了自传体小说《卡门青德》的家伙,被称为'德国浪漫主义的最后一个骑士'。黑塞的另一本中期代表作《纳尔齐斯与歌尔德蒙》,我记得有一天晚上,我们曾在一起读了他的中篇《音乐家的故事》的一些极深刻的片断。"

助教纳尔齐斯一开始就有了钦佩、爱戴和敬畏。而纳尔齐斯生活的核心和意义就是为精神服务,因此,他的任务就是引导学生向着崇高的精神目标前进。然而,对于朝气蓬勃精力充沛的歌尔德蒙来说,"到村子里去"——与村子里的姑娘谈情说爱——不仅具有极大的诱惑,也是不可抗拒的人生实践,尽管对于修道院的学生来说这是犯规并会受到重罚。然而,在夜晚跟随其他学生跑出修道院的行为几乎是本能的,[1] 毛旭辉当然理解这样的心理及其矛盾,正因为如此,他在《纳尔齐斯与歌尔德蒙》里也看到了自己的内心问题,不过,他也许认定了自己的命运是必须走在歌尔德蒙式的路上——热恋、爱,并跟随爱的牵引在黑夜里前行,他必须先离开修道院,去理解和体验流浪、痛苦与世俗的欢乐,直至可能的归来。这类故事肯定为毛旭辉提供了自己生活方式的依据,他与他的朋友们在青春时期,在风华正茂的年月,的确是在歌尔德蒙式的生活态度中实践并度过的。现在的问题是,艺术,自己的艺术究竟怎样才能够超越?

教堂穹顶的阳光将歌尔德蒙的视线引向了亲切、动人、温柔的木雕圣母像,他受到深深的感动并认为这是一个完美的形象。进而,他被教堂的神父介绍到雕刻师那里做徒弟,他自己认为学习艺术可以使自己的浪荡生活加上某种崇高的意义和价值。当歌尔德蒙观察师傅尼克劳斯的头颅和那双工作的手时,居然将创造的意念转化为对他的朋友纳尔齐斯——"此人虽然也有许多特点,经历中也不乏斗争和挫折,但是内心却显得完整和谐,不存在裂痕和矛盾"[2]——的形象给予栩栩如生的再现。这里隐含的艺术的功能与作用对于毛旭辉来说是清楚的,艺术将使自己的个人经历具有崇高甚至永恒的意义,而这样的思考总是将爱与生命的短促或者死亡这类在内心没有间断发出的问题联系起来。毛旭辉理解歌尔德蒙的内心看法,所以

---

1 《纳尔齐斯与歌尔德蒙》"第二章":"此时已伸手难见五指。他们拖出了一块木板搭在小溪上,走了过去。此时已到院外,脚下泛着微光的便是那条通往黑魆魆的树林中去的驿道。这一切都令人激动和充满着神秘感,很合歌尔德蒙的心意。"

"他翻过园篱,跟着伙伴们出了村子,朝着树林赶去。'再不准来了!'他的意志命令道。'明天再来吧!'他的心哀求道。"

2 《纳尔齐斯与歌尔德蒙》"第十章"。

他在描写后者醒悟的文字下面画下了着重线:

> 所有艺术的根源,或者甚至所有精神劳动的根源,都是对于死亡的恐惧吧。我们害怕死亡,我们对生命之易逝怀着忧惧,我们悲哀地看着花儿一次一次地凋谢,叶子一次一次地飘落,在内心深处便确凿无疑地感到我们自己也会消失,我们自己也即将枯萎。然而,如果艺术家创造了形象,或者思想家探索出法则、创立起思想,那么,他们的所作所为,就都能从这巨大的死之舞中救出一些什么,留下一些比我们自己的生命延续得更久的东西。[1]

这意味着,为了艺术,为了一种持久的东西,他必须放弃仅次于爱的重要的东西,即自由。这无异于一种内心的煎熬,一种痛苦的精神形态,一种为了那崇高的目标而必须有的自持。黑塞告诉他:艺术是精神与肉体的结合体,她将人从感性的事物出发而引向最抽象的玄理;当然,艺术也可以从纯粹的思维世界出发而回到血肉之躯,艺术就是灵魂与肉体的合二为一。这是一种关于生命自身的认识,一种理性化的本能反应,也是关于生命的最本质的认识。事实上,这种与艺术有直接关联的生命意识构成了毛旭辉围绕艺术的意义和功能强烈而持久的追问,并在他的艺术实践中得以贯穿始终,他始终认为他的艺术与生命本身是融为一体不可分的。这样的思维与精神状态决定了毛旭辉的艺术一定会朝着具有书写性与偶然性的表现主义语汇发展与变化。

现实比书本中对困境的描绘也许更为具体和让人感到难堪。就在为全国美展准备作品的过程中,1984年5月底,毛旭辉因参加全国电影公司招贴展览,出差路过成都去了一趟重庆。这一次的重庆之行似乎没有给这个重庆出生的昆明人带来任何新鲜的感受。与1982年来到重庆参观四川美术学院并观看展览的心境不同,毛旭辉感觉枯燥死了,他意识到自己没有作为一个积极的主体自由地观察这个城市,而是作为一个无力而渺小的存在消失在这个被视为迷宫与深渊的城市里。他在朝天门画了一些速写,也画

---

[1] 《纳尔齐斯与歌尔德蒙》"第十章"。

了一个孤独的人面对这个山城迷茫的身影。有一页画的是他望着窗外的建筑和飘落的细雨，很可能是带着迷茫的心情，因为他在一旁写着："除了自己简单的存在，还有什么？唯有灵魂是自由的，而肉体只是一个牺牲品。"不过，这样的感受也许来自阅读的感染，因为即便是不以为然的心情也仍然勾起了内心的一丝诗意：

又落雨了

我想起北京的雨，在长安街，西安的雨，在古老的钟楼下，在洛阳也碰到这样的雨。蓉城的雨是透明的，而山城的雨像铅一般沉重

剩下的是春城的雨

那是用肖邦的手弹奏出来的

又落雨了

……

一团梦又像伞那样撑开了

与其他很多时候一样，毛旭辉在旅行的路上会记录自己的心情或者对艺术、人生的思考，记录自己的烦恼与没有终止的梦想。6月的重庆之行是短促的，那不过是毛旭辉极为普通的日子。与他在黑塞的小说中读到的歌尔德蒙的经历比较，完全没有什么戏剧性。与歌尔德蒙一样，他关注路上看到的女孩，但是，当重庆这个城市在他的眼里已经变得枯燥不堪的时候，他甚至认为连这个城市的女孩也没有任何可取之处。他在一封给张晓刚的信中大大地抱怨了这次重庆之行：

本来不打算写信了，在外奔波一直很疲劳，再加上没有什么值得一谈的东西，每天都想回来。在重庆简直找不到一点立足的地方，不知怎么，我这次到重庆，对这座城市极为反感，包括这里的粉子在内，没有感觉，没有性感。在酷热下，每天只能吃点流汁和半流汁。回想起在成都的五天[1]，真是好日子，和谦儿在一起十分愉快、畅通，谈艺术、谈音乐、谈粉子，啤酒和兔子肉一起来，在hua xi餐厅（地下餐厅）醉生梦死了一晚上。

---

[1] 5月26日从昆明乘火车出发，27日到了成都，6月1日到的重庆。

成都的粉子是透明的、素雅的，皮肤白得难以置信，相比之下我太脱手了，在重庆都被人称为非洲鱼，没办法，在皮肤问题上，我们是自卑的。[1]

在四川美术学院，毛旭辉与在向"外光派"画家学习的时候就认识的叶永青同样喝酒聊天[2]，这次，两个在昆明很早就认识的艺术家似乎话不投机，也许是性格与趣味差异的原因，毛旭辉在信中说："我觉得和他是没有什么可谈的。"考虑到张晓刚正在努力试图从昆明调入四川美术学院做教师，毛旭辉提出了自己的看法。他不认为美术学院对于他的这个朋友来说是个好的地方，他甚至说他在这里"多待一分钟就会窒息"。在毛旭辉看来，这个时候的四川美术学院已经没有了1979年到1981年时的生气，他相信这里是导致孤独、缺乏知音的环境："当然，我理解你要回去的目的，就因为理解我才感到我们这样的人很不幸，我为我们感到悲哀。我看不出在这里有多大的前途，这里也许有最好的条件，画室、画册、展览室、名人、外出机会，然而这一切光（冠）冕堂皇的后面是灵魂的虚无、人性的虚无、感情的虚无，在这里只可能堕落得更快。"[3] 1984年的中国还没有给年轻的艺术家提供更多的机会，盼望着在不同级别的美术家协会展览会上的成功是艺术家们普遍的期待，但是，官方的艺术机构所弥漫的意识形态空气与陈旧的艺术趣味以及从各个角落给出的信息表明，成功的希望非常渺茫。在等待着参加展览更不用说获奖的心情中，夹杂更多的是焦虑与不安。艺术家认为之前完成的"体积"系列是最符合自己的心理状态的作品，可是，他和他的伙伴们也策略性地压抑着自己的任性，准备用那些温馨、纯朴和富于诗意的"乡土"倾向的作品参加展览，例如刚刚从病床上起来的张晓刚将交付展览的作品是《晚风》和《山的女儿》，叶永青要送展的是有古风的《牧羊村的撒尼姐妹》。这些作品的田园性质是他们的策略，

1　毛旭辉给张晓刚的信，1984年6月7日。
2　聂荣庆：《护城河的颜色》（第45页）："自从认识外光派画家以后，毛旭辉……常常与外光派画家一起写生，在苗圃，裴氏兄弟等占据面对风景的第一排，苏新宏在第二排。毛旭辉跟在苏新宏后面，在第三排，还有很多学画的青少年则簇拥在周围。当时在后面站着的人群中，有一个文弱且有点忧郁的少年，他就是叶永青……"
3　毛旭辉给张晓刚的信，1984年6月7日。

张晓刚 《晚风》
布面油画　78×96cm
1984 年

叶永青《牧羊村的撒尼姐妹》
布面油画　184.5×126cm
1984 年

他们都揣摩着评委们的口味,力图让自己温和与富于诗意的作品进入展览。正是这样的心情与深深的焦虑,使得毛旭辉心神不定:他还要等着回昆明完成参展的作品,他还带着焦虑的期待心情估计着未来的命运,想到自己和伙伴们在艺术上的努力与梦想,他很难在这个时候有好的心情,就像他与朋友经常在夜晚的聚会或行走在"塞纳河"边上憧憬未来的可能性那样,更多的是美好的心情与畅快。所以,这个时候,当他对自己的朋友述说此刻的心情时,显得是如此的惆怅与惶恐:

我在我生日那天到了重庆,在黄昏的时候,我一个人在临江路漫步,暗红色的长江发出沉闷的汽笛声,山城开始显露它的特色,万盏灯光在每一个角落内闪烁。然而,我觉得这是一座地狱,第二浪潮初期的产物在这里恶心膨胀,房堆、人堆、灯堆,自我在这里受到一种巨大的威胁,每一条小巷、每一台石阶、每一座楼房都是我们的敌人,这样的构成形式令人十分不安。这是一座临近毁灭的城市,只有大自然是永恒的,田野、红土、山丘、白羊,二十八年了。想起各种各样的往事,形形色色的人,一种伤感的情绪缠绕着我。想起那些宏大的目标,作为一个度过了二十八年的人,的确是忧心忡忡。想起爱,想起永恒的宁静,想起我的天性,想起塞纳河,想起走在我们前面的人,想起妻子和女儿……[1]

果然最终,毛旭辉和他的朋友们的作品没有进入全国美展,这样的遭遇进一步引发了更多的失望与内心的出走和浪荡。这就是他看到《纳尔齐斯与歌尔德蒙》之后感受到共鸣并非常兴奋的原因,也是他在自己的笔记本或者别的地方反反复复写出关于爱的诗歌的原因。

直到1985年4月,毛旭辉还在他阅读《百年孤独》[2]的最后一页记录

---

[1] 毛旭辉给张晓刚的信,1984年6月7日。在前一天,即6月6日,毛旭辉在给女友孙国娟的信(孙国娟提供)中是这样描述他此时在重庆的心情的:"我被困在重庆了,陷入了卡夫卡式的陷阱,我才发现我出这趟差是上当了,我很伤感。我自己觉得很不幸。在这里每时每刻所面临的是34度的高温,一切都麻木了,生命仅仅是一具尸首,躺着、睡着、走着,一切都不行。每到临近中午,你就觉得世界的末日已经到来,我变得软弱,变得弱了!……生命走到了尽头,这里是一座炼狱,我恨死了这里密密麻麻的楼房,密密麻麻的人群、人堆,一片垃圾和坟坑,这墓地上是一座火炉,上帝在那里加煤加温,要把这里的人焚化在高温中……"

[2] 上海译文出版社1984年8月版。

关于"孤独"的看法，无论他理解的孤独与那些哲学和文学著作中的孤独有什么不同，他与他的伙伴们早已熟悉了"孤独"这个词汇，而《百年孤独》将"孤独"这个词更加固化在这些50年代出生的年轻人大脑里。总之，他认可孤独状态的个人现实，认可没有人能够分担自己有关艺术和人生的忧虑。所以，当他读完马尔克斯（Garcia Marquez, 1927—2014）的小说之后，再一次发现了自己对生活的体会有了共鸣，至少，在自己的艺术与人生观很难得到周围人认同的时候，他读到了"孤独"的客观存在与思想层面上的合法性，以致他似乎也感受到自己的存在获得了文明意义上的理解与呵护。因此，他很欣然地将自己的看法写在书的最后一页空白处：

这种孤独的命运也许是对人类的大彻大悟，谁能说这种命运随布恩地亚尔家族的毁灭而结束呢？它不但在地球上有第二次机会，它甚至就是我们今天的现实，今日的命运，今日的惶惑和不安，惊讶和痛苦，在一种彼此缺乏了解、同情、理解、信任的冷漠空气中，人不会有比孤独更好和更为适当的命运。

生活没有任何奇迹发生，阅读、作画、喝酒、听音乐，这些是毛旭辉们的日常事务，可是生活是具体的，生活需要肉体的存在，生活本身对生命也有更高的要求：希望自己的劳动与成果能够得到社会的关注和认可。然而，1984年的毛旭辉不过是电影公司的一名美术工作人员。他的好朋友张晓刚在下半年去了深圳，试图参与在这个广东的农村发生的资本主义性质的建设，不过很快就因为不适应新的游戏规则回到昆明。毛旭辉安慰了这个失败者，他们又商量着在昆明创办装修工程公司，结果仍然以失败告终。《百年孤独》是1985年购买的，毛旭辉在书的最后写下的那些句子不过是这个时候自己的生活和心理状态的记录，他不甘心，但是也没有显现出获得人生成功的必胜信念，仅仅是对一种可能的期待：

这种孤独的命运的恶性循环的被揭示，使人类摆脱它有了一点可能性，不过不要忘了，仅仅是可能性。

首届"新具像"展览

  1985年的中国，1983年年底发生的"清除精神污染"这一短暂的政治运动[1]早已停息，并且，即便是这个政治运动还没有停息的1984年年初（1月24日），邓小平也没有停止经济领域的改革推进，他视察了深圳、珠海两个经济特区，并用题词的方式告诉国人："深圳的发展和经验证明，我国建立经济特区的政策是正确的。"对这一实行市场经济实践的肯定导致3月中共中央书记处和国务院决定开放由北至南的十四个沿海港口城市，扩大这些城市的经济自主权并吸引国外投资——这些措施在过去是作为非社会主义的经济形态给予否定和批判的。6月，邓告诉香港工商界：1997年后的香港将实行"一个国家，两种制度"。这意味着资本主义制度将被容纳进这个社会主义国家。在10月1日大规模国庆阅兵结束后，邓明确说："当前的主要任务，是要对妨碍我们前进的现行经济体制，进行有系统的改革。"[2]1985年1月，国营企业的工资开始与效益挂钩，之前的"按需分配"的社会主义原则被动摇。6月，解放军裁军100万，全国农村人民公社政社分开，乡、镇政府建立。这些措施与变化直接影响到这个国家人们的思想、生活与工作，邓在经济领域的一系列改革措施使得他成为1986年1月美国《时代》的封面人物。这也是毛旭辉、张晓刚等这些本来就对自己的工作不满意而在计划经济体制下缺乏改变自己状况条件的年轻人去参与甚至创

---

1 聂荣庆：《护城河的颜色》（第170—171页）有这样一个记录："1983年10月，（中国的意识形态领域开始'清除精神污染'，由于运动'左'和扩大化，仿佛又一次政治运动即将来临。文化艺术界首当其冲，一时间风声鹤唳，人人自危。）昆明的文化单位让一些艺术工作者把自己手里有裸体画的画册和资料要交给单位登记，由政府保管。云南艺术学院的几个毕业生因为曾经照过人体模特儿的照片而被拘留。四川美术学院竟然在没有最终落实的情况下，草草给张晓刚所在的昆明市歌舞团发了一封公函，说张晓刚拍了几十张女人体照片带走传播。单位领导赶快找张晓刚谈话，最终发现是学校搞错了。虽然是虚惊一场，但是却让张晓刚相当一段时间在单位抬不起头来。"

2 5月10日，国务院下达《关于进一步扩大国营工业企业自主权的暂行规定》，把生产分为计划内和计划外两个部分，企业所需物资供应也分为中央统一分配和自由采购两部分。计划内的产品实行国家规定的牌价，计划外的产品则可以在国家规定加上下浮动20%的范围内出售，之后不久，20%的幅度也取消了。由此中国的商品经济形态开始通过"双轨制"得以渐渐产生。事实上，在10月12日通过的《中共中央关于经济体制改革的决定》里，"商品经济"这个概念开始合法地与"社会主义"联系起来，这个背景当然与之后艺术家有条件脱离机构成为自由艺术家有关。

办公司的时代背景和原因。

　　文化艺术领域的活跃与生气通过各个不同的方式体现出来。1984年，中央电视台播放香港连续剧《霍元甲》，导致港台影视剧、歌曲与流行文化在大陆迅速传播；1985年1月，胡启立代表中共中央在中国作家协会第四次会员代表大会上说，"创作必须是自由的"，"应该坚定地保证作家的这种自由"。这样的政治与文化空气通过官方媒体——报纸与广播——传播到这个国家的所有城市。

　　当然，自由主义早在1978年12月之后就在全国各个城市开始蔓延；1980年，中央美术学院毕业的姚钟华在朋友们的提议下，牵头成立了昆明第一个自由艺术团体"申社"，并于夏天在云南省博物馆举办了"申社首届画展"。[1] 展览的宣言写道：

　　"申社"是80年代之始，夏历庚申——猴年诞生的。金猴——那追求真理，忠诚，智慧，勇敢，活泼的化身，人民的理想的化身，我们用它来作为"申社"的象征。在曲折艰辛的道路上，只有具备它的精神、品质，才能担当历史赋予我们一代人的重任。我们深知，没有理论上的突破，就没有实践上的崭新创造。没有不计得失的大胆探索、实践，一切都是空话。艺术的本性就是创造，没有创造，艺术就是死亡。风格的品质即人格，锤炼走进的心灵，是作画之本——为了这，我们要学习，要思考，要切磋，要实践。

　　尽管这个展览中的作品仍然表现出温和且有装饰风格的倾向，但是，艺术家们对艺术的自由表达的欲望却是非常清晰的，这样的态度能够公开表达自然与这个时期宽松的政治气氛有关。事实上，在学习艺术的早期，姚钟华曾是毛旭辉这个年龄的学习者的楷模，尽管他们对展览中姚钟华、

---

[1] 聂荣庆：《护城河的颜色》（第92页）："在北京创作《玉龙金川》期间的一天，作家阿城邀请姚钟华去观看在中国美术馆外面小广场举办的'星星美展'，他被这些画家的执着深深感动了。那段时间，美术界艺术团体十分活跃，油画研究会，四月影会等团体如雨后春笋纷纷成立起来。学术气氛异常浓郁。姚钟华十分敏锐地注意着美术界的创作动向。那时，昆明美术界创作、交流气氛很好，美术界同好希望成立一个自己的画会。1980年年初，姚钟华从北京回到昆明后，朋友们找到他，共同商量成立画会的具体事宜。姚钟华建议是年正值农历庚申猴年，取金猴奋起之意，命名为申社。选举了姚钟华、丁绍光、王晋元、刘绍荟、蒋铁峰为常务理事。姚钟华主持常务工作，王瑞章负责联络工作。1980年夏天，'申社首届画展'在云南省博物馆举办。"

蒋铁峰、何能、裴文琨、刘绍荟等艺术家的高丽纸重彩画很快就失去了兴趣。[1]

无论如何，"申社"是1949年之后昆明这个城市的激进艺术家最早的示范，它通过参展的作品和艺术家的胆魄，影响了之后的年轻人。熟悉中国现代艺术的艺术史家苏立文在他的《20世纪中国艺术与艺术家》中这样记述：

> 申社是中国改革开放后，第一批艺术创作团体，对后来的"'85美术运动"中的各艺术群体的形成，具有一定的启示作用，也是云南美术史上当代艺术发展的先行者。在今天回望那个时代下的申社画展，其社会影响和学术价值是具有深远意义的。在当时逐步开放的大环境中，"申社"的那种具有平涂和装饰变形的倾向的绘画，以及通过少数民族生活题材所传达出来的一种梦幻与想象的美学风格，在依然延续"文革"时期的革命现实主义主题创作风格的画坛上引起关注，尤其是联系袁运生的首都机场壁画风格的争论，引发了一场全国性的热烈讨论，这也是"文化大革命"之后，云南美术第一次成为全国关注的焦点。[2]

正是因为昆明所处的特殊地理位置，以及国家体制导致的政治与文化信息的不均衡，使得在1978年年底之后更多的可能性发生在其他一些更富有政治与文化动力资源的城市。在美术领域，继1979年的"无名画会"（北京）、"草草画社"（上海）、"新春画会"（北京）、"上海十二人画展"、"星星美展"（北京）陆续展开的艺术活动之后，现代主义很快在个别艺术家和他们组织的团体的活动中呈现出来：1983年的厦门"五人现代艺术

---

[1] 研究1976年之后中国的艺术变化是一个复杂的课题。但是，简单来说，在1976年10月"四人帮"政治集团失败之后，中共老一辈革命家重新掌握政权。1978年12月的中共十一届三中全会关于党的政治目标从阶级斗争转向经济建设这一变化，对文化艺术领域的影响具有决定性的意义，因为在此之后，艺术家们可以相对自由地思考自己的艺术风格甚至主题，这导致了艺术领域的变化。"申社"展中的传统花鸟画（朗森）虽然没有在艺术上有任何创新，但是，作为一种题材的展出，表明之前"文革"文艺政策规定的政治题材可以减弱甚至被忽略。同时，姚钟华的作品中的苦涩调性和裴文琨具有感伤色彩的绘画，都已经超出了之前官方美术展览的标准要求。至于"高丽纸重彩画"，因其色彩艳丽和民族装饰性的风格在人们还没有摆脱"文革美术"的"红光亮""高大全"的记忆的时候特点鲜明并有调适视觉习惯的作用，故流行一时。但这种之后演变并被归类为"云南画派"的绘画缺乏内在表现的特点，所以没有被50年代出生的年轻艺术家所效法。

[2] 苏立文：《20世纪中国艺术与艺术家》，上海人民出版社2013年版，第372页。

作品展"、上海的"'83 实验画展"中的作品已经完全颠覆了官方的艺术标准;到了 1984 年,在北方城市哈尔滨成立了"北方艺术群体",其成员在宣言里声称通过自己的艺术行为要"建立一个新的观念世界",在艺术态度上已经远远跨越了"乡土绘画"和初期的现代主义阶段。基于经济领域改革开放带来的相对自由的社会空气,1985 年,年轻艺术家似乎更加放肆地开启自己的想象力,这一年,江苏"新野性画派"、泉州"BYY 画会"、连云港"太空艺术基地""鲁西南艺术群体"这类现代艺术群体陆续出现,而作为现代艺术的展览也在许多城市展出,其中最具有影响力的是"江苏青年艺术周·大型现代艺术展"和"'85 新空间画展"。这一年 5 月,在北京中国美术馆举办的"前进中的中国青年美展"中,张群、孟禄丁创作的《在新时代——亚当与夏娃的启示》成为新的艺术时期的象征:一个更为开放、自由的时期开启了。事实上,不同城市里发生的现代艺术显然是这个时期政治、经济领域发生变化的结果,人们共同感受到一种可能性:一旦有机会——少许的资金、任何一个可能的空间、意见的和睦以及同时发生的冲动,不同城市的年轻人都会随时聚集起来发表自己的宣言或举办自己的展览。这就是在 1985 年之前发生在其他城市的团体和展览的原因。

直到 1984 年年底,对于毛旭辉和他的朋友们来说仍然没有任何机会,更不用说奇迹。12 月的一天,在深圳打工的张晓刚给毛旭辉还发来一个圣诞节前的问候卡,在卡片上他告诉毛旭辉:"我看到、听到、感受到、经历到的太多了,一句话,这里很痛苦。目前不是搞纯艺术的地方。一切观念都要变。我回昆明过圣诞。我给你买了一样好东西。"如火如荼的深圳似乎没有改变毛的朋友对艺术的眷恋。在昆明,完成《红色体积》和圭山作品之后,由于自己的艺术得不到官方的承认和人们的理解,找不到展览自己作品的机会,毛旭辉便继续与朋友们过着一种"伤害"的生活,"抽大量的烟,喝大量的酒"。1985 年年初,从昆明去上海华东师范大学美术系读书的一个朋友张隆,放假回到昆明。当他看到毛旭辉、张晓刚、潘德海三人的画时,"很激动。认为上海那边的画太弱、太甜,没有生命"(毛旭辉）。张隆答应他回到上海尽快联系一个展览，把昆明艺术家的作品带到上海去展出。很快，张隆于3月20日回信了：他说他联系了在上海的画家可以共同举办一个联展，这样的好处是有上海人方便为展览做宣传。至于作品，则由昆明的艺术家主导。张隆在信中谈及展览空间在徐汇区文化馆和静安区文化馆之间进行选择，"哪个成在哪个"——结果最后安排在静安区文化馆展出。尽管张隆告诉毛旭辉、张晓刚每个人可以提交15件作品，不过，他提醒说："张晓刚的作品是否可以各个时期的都有几张，'鬼怪'作品少几张，大毛的也同样'性感'作品可少几张……"这里说到的"鬼怪"作品是张晓刚在1984年大病住院之后的"魔鬼系列"；"性感"作品就是1983年开始的"体积"系列的作品，这两个系列的作品正是两位艺术家进入新的艺术阶段的重要实践。张隆的提醒说明：在这个时候，"鬼怪"和"性感"作品的表现对上海观众来说还很难接受，仅仅是"圭山"系列就足以让他们震惊了。张隆还用一个叫俸贵德的画家作为例子，说明什么样的画在上海会受欢迎，他说这位画家"满足了各种人的需要"。[1] 直到这个时候，对于昆明的艺术家来说，举办展览看起来仅仅是一次偶然的机会。当展览的可能性在增加，并且大家开始认真地思考展览究竟该如何去操办的时候，涉及艺术的问题才变得越来越严肃，毕竟，这是第一次可以按照自己的意志行使并且在大都市举办自己的展览。展览的提议引起了昆明艺术家尤其是毛旭辉的极大兴趣。在毛旭辉的牵头下，昆明的作品在5月上旬已经寄到了上海。直到这个时候，展览的主题和名称还没有确定下来。参展艺术家侯文怡于5月15日给张晓刚、毛旭辉和潘德海写了一封信，告诉他们：作品已经收到，尽管展览空间不大，展出作品数量有限，但是以后可以争取第二次、第三次展览。重要的问题是宣传，要设法引起相关杂志的兴趣，以便有充分的宣传报道。正如张隆一开始就担心的，侯文怡在信中仍然强

---

[1] 这位叫"俸贵德"的画家也是云南人，做过和尚，也当过军人，后在中央民族学院学习美术，毕业后在云南省人民出版社做编辑。他的题材大多为少数民族，画风接近装饰性的趣味。为了说明自己的看法，张隆还专门寄了一份介绍了这位画家展览的《新民晚报》（1985年3月9日）给张晓刚，以作为参考。

调了艺术家们可能遭遇的麻烦与问题:

> 至于上海的情况,简单地说,是个巨大的黑洞,无论垃圾或金子一概收进去而无反应。文化空气很差,或许有一些穿着时髦的少男少女像小狗一样好奇或崇拜我们,这大概是最优良的现象了;至于另一批自称为艺术家或画家的人们,其卑劣的嫉妒心及可怕的水准便是我们的第二道菜。假使我们不想倒胃口的话,那么第三道菜是绝对不能上的,即不要引起不必要的麻烦以至(致)进公安局或被过早地取缔画展。上海是个高度文明和高度愚昧杂混的所在,政治上极端保守,且最近形势又有点微妙。因此,我和张隆都认为,直接描写性及过分性感的东西这一次不展出。上海是个好舞台,好坏也是全国最大的城市,对外的一个窗口,我们要悠着来。[1]

实际上,"性"或者"性感"这些个字和词难以简单对应毛旭辉的作品。不错,像《红色体积》这样的作品无疑是一种潜意识的表现,但是与中国普通观众对"性"更不用说"性感"的理解有明显的距离。这时,中国观众还完全没有适应表现主义的语汇,像毛旭辉这样的表现主义风格的作品尽管直抒了艺术家的胸臆,但是,与容易让人们引起联想的"性感"或色情是完全不同的。毛旭辉后来仍然将他的"体积"系列带到了上海进行展出。至于张晓刚的"鬼怪"作品,则完全不构成任何敏感的政治问题。侯文怡信中关于展览名称问题的讨论,的确牵涉到了这个时候的艺术问题:

> 有关画展的题目是这样的,我总觉得用新具象画展[2]或新具象艺术展是否可以,其一是国内众多新派画展,大都冠以"现代",比较含混,理论上苍白,内容上又以模仿居多,我们也许在其例(列),但我们应该试图迈第一步,明确地提出自己的主张,尽管不成熟。

---

[1] 侯文怡给张晓刚、毛旭辉、潘德海的信,1985年5月15日。

[2] 在侯文怡给毛旭辉、张晓刚的第一封信中,她使用了"新具象"这个词,之后在写作展览宣言时,她又用了"新具像"。实际上,在当时的语境中,她并没有刻意区分"象"与"像"的不同。艺术家们在首届展览上海展的请柬上使用的是"新具象画展",在首届展览南京展请柬和展览现场使用的是"新具像画展",之后的第二届、第四届展览出现在请柬上的都是"新具像"。而第三届展览活动请柬和现场同时使用了"新具象"和"新具像"。根据艺术家和艺术研究者的习惯和共识,以后多采用"新具像"。

不知是什么原因使得侯文怡说"抽象派已经死亡了",可以肯定的是,之前在上海出现的抽象绘画(李山、周长江等)并没有在现代主义运动中泛滥开来。在侯文怡看来,这次参加上海展览的作品具有"某种一致性",不过她没有去说明这样的"一致性"究竟是什么。也许她发现参展作品大多保留了"形象",以致她干脆认为可以顺势借用人们习惯将"具象"理解为"写实"或"现实主义"的逻辑,"请人们领略我们的现实主义吧!"事实上,在五位参展艺术家的作品里,潘德海的作品倾向于抽象风格,那是这位毕业之后从东北到昆明来生活与画画的艺术家被土林激发出来的内心风暴的结果。潘德海高中毕业后在靠近内蒙古的地方当了知青,在农村就会去画速写,画农村的场景和劳作的人物。潘德海毕业于东北师范大学美术系,对云南的神秘想象将这位东北人带到了昆明,他被安排在云南地矿局中学教书。毛旭辉的母亲正好也在这个学校教书,这样,毛与潘很快就认识了。从此,潘德海也成为昆明现代主义活动中的一分子。[1]

最初,潘德海用表现性的笔触来表现内心朦胧的感受,这样的感受夹杂着从书本里得来的人生观和对世界的想象。当他听说在元谋有一片神奇的风景——土林——时,他似乎听到了一种不可拒绝的召唤:"在地矿局子弟学校当美术老师。我分来后第一个学期,就听说元谋有个土林,便与搞摄影的朋友去土林。当时只是想随便去看看,没想到,土林给我的印象太深刻了,对我早期作品的影响也是巨大的。"[2] 土林的色彩和造型以及看

---

[1] 贾薇:《我不在潮流之中——与画家潘德海对话》:"巧的是,毛旭辉的母亲与我恰好在一个单位,只是她早已退休,但与我同住一个大院。那时他母亲告诉了他我的情况,有一天他又回父母家来,我们就认识了,非常自然,一切都是因为艺术。"

聂荣庆在他的《护城河的颜色》(第136—137页)中这样记录潘德海与毛旭辉们的认识过程:"毛旭辉的母亲是数学老师,和潘德海在同一个学校,她告诉毛旭辉,学校里来个画画的东北人,也留着长发。而毛旭辉经常在潘德海敞开的门前经过,潘德海也对这个留长发,总是穿着大毛衣背着少数民族挎包的毛旭辉有些印象。直到有一天,毛旭辉带着自己的作品突然进了潘德海的小房间,潘德海也从床底下翻出从东北带来的自己的画给毛旭辉看,两人就颇有些惺惺相惜了。他们讨论艺术问题,谈论着对梵·高、塞尚的看法。当天,毛旭辉带着潘德海去了张晓刚在市歌舞团的住处,那里有很多人,大家喝酒、聊天。那时候大家都喜欢喝酒,吃得很简单,还大量的抽烟。从那时开始,潘德海正式认识了昆明的一些画家,认识了张晓刚。很多年以后,张晓刚回忆1982年中重要的事情,一是毕业分配,一是认识了潘德海。彼此之间觉得是同类,因此几个人经常在一起交流艺术。"

[2] 贾薇:《我不在潮流之中——与画家潘德海对话》。

上去显现的荒芜,震撼了潘德海,年轻人在这片自然中敏锐感知到"象征着生命的粗犷和原始的感觉",这样的感受引导他在早期绘画中使用抽象的语汇。毛旭辉早年记录说,潘德海"跑到土林去了,发现了圣地。那种光秃秃的荒芜悲怆的美。什么都没有。但他觉得什么都有了";他画了"一批批红色的土林、灰色的土林、苍白的土林,最后土林也消失了。只有骚动和狂想"。在1982年期间的一些作品,例如抽象系列的《无题》《房屋》里,我们可以看到画家对抽象的尝试,他不是受到书法和符号的抽象结构的影响,就是关注自然物体的几何关系,这些实验当然是他对抽象艺术的理解的表现。可是,正是自然本身,促使他大胆和十分肯定地使用被称之为"抽象"的语言。他甚至完全不认为"抽象"是玄奥不明的,相反,那样的"抽象"是内心真实的具体化。1982年年底,他开始了"土林"系列,强烈的阳光在土林上的表现,给予潘德海充分表现抽象构图的机会。他强调了阳光下土林的质地,强调了不同结构之间形成的抽象关系,他在蓝色的天空与红色的土林之间寻找抽象的对比。看得出来,潘德海关注的不是抽象的形式,而是内心具体的情绪,构图表现出画家在作画过程中对神秘与自然的生命有充满激情的体验。1983年是抽象的"土林"产生的时期,也是画家不断阅读各类著作的时期,有时候,潘德海会把自己关于艺术的看法记录下来,这些看法可能是阅读后的提示,也可能是一种关于艺术的冥想,不管怎样,画家也想用文字来表述对艺术的理解:

  混乱中探索,这纯粹是从心,从心走入自然,这自然同时也是自身的反射,又是外在不自觉的结合,是新鲜艺术感觉的发生地,像千千万万的细胞一样,突然有的细胞发生变化一样。

  事物背后的看不见那半或大部分比起它的表象更能让我激动,因表象仅仅能说明事物一个方面,尽管它所展示出来的是很诱人,但不太可能完全真实,我似乎感受到内心深处在骚动,在反抗外部世界强加给人的视觉感受。这种表象无生气,单一,无疑使人产生了被愚弄和欺骗的感觉。

  显然,是艺术观念上的看法使潘德海在昆明遇到了知音,可以想象,

1985年，毛旭辉（右）、张晓刚（中）、潘德海（左）在昆明地矿局中学宿舍内讨论展览计划。

潘德海 《土林系列3号》
布面油画 160×120cm
1984年

潘德海自然是参加上海展览中的一个重要成员。

这个时候,张晓刚正忙于公司的工程,在深圳的失败加上性格上的原因,使得他对这个意外的展览机会似乎没有太大的激情。参加展览是好事情,但是在时间和精力上都不允许他投入到展览的筹备工作中,他只是被动地听任毛旭辉等人的安排。他与毛在此时的心情完全不同:对他来说这仅仅是一次让自己的作品"见一见阳光"的机会[1];而对于毛旭辉来说,这可能是一次重要的历史性转折。因此,尽管张隆和侯文怡的信是写给昆明的艺术家的[2],但是毛旭辉事实上主动地承担起了这次展览的组织与协调工作,他在《记新具象画展和画家以及西南艺术研究群体》一文中是这样记录下这段历史的:

  他(张隆)提议大家到那边去办展览,展厅由他负责联系,不过一切都要自费。因此要赶快挣钱。他们去参与别人办装饰公司,搞装修,画设计图,折腾了一阵子并不景气。钱还没有挣到多少,上海的电报来了,展厅联系好。要赶快行动。钱不够只有借,潘(德海)带了600,毛(旭辉)借了300,张(晓刚)借了200。三人的作品整个装了八大件,用三轮车运了两趟去火车站办托运。由于快件,400多运费出去了。潘和毛请了事假也赶去了上海滩,张因事被困在了昆明。一大堆具体的事,画广告、印请柬、登广告、搬运画、挂画、布置,所有一切都是自己的活计。晚上偷偷住在华东师大美术系的学生宿舍里或教室里。每天都得躲避校警的盘问。晚上

---

[1] 张晓刚致Z·H兄的信,1985年5月9日,《张晓刚书信集》第69页:"我现在所在的这个公司自开业以来,尽管形式上轰轰烈烈,但实际上并未挣多少钱。钱多使人异化,钱少使人分化。政治在这时竟会以很朴素的形式崭露出来。看着过去一同流汗的兄弟今天互相猜忌,作为一个旁观者其痛心的程度不亚于自以为受委屈的那些人。……近来由我设计的大型浮雕终于开工了,这些天,每天苦命地干活,每天工作量均在10小时以上,三个人睡得丑模怪样的。但我心里很踏实,有一种工作的快感和成就感。上海的朋友们约我们一道去办一个自费展览,我三年多来的心血终于可以见一见阳光了,前两天已把画寄往了上海,只能开展了。"

[2] 张晓刚在他的《自述》(未发表)中这样写道:"1985年春的一天,收到在上海华东师大读书的昆明画家朋友张隆的信,说可以自费在上海静安区文化馆做展览,作品自选。询问我的意见,我把信拿给大毛看,他读后眼睛放出光来,说了一个字:'整!'(意即'干'!)。我历来懒惰,认为联络诸事太劳顿,于是大毛开始与上海方面联系,这时上海方面除了张隆外,主要是一个叫侯文怡的女艺术家在策划此事。记得她来了封信给我们,谈到她建议此展起名叫作'新具象'。"

的愉快时光是在校内的冷饮部与爵士咖啡一起度过的。上海方面参展的除了张隆还有侯文怡女士,她也是82年从浙江美院毕业的,毕业后分到湖南一个什么地方。她"抗战"了几年,近期才在上海文史馆谋到一个工作,也是个穷光蛋……她提议展览名"新具象"。大家凭直觉就同意了……要开展时老侯又拉来一个浙美毕业搞雕塑的叫徐侃。他参加这个展览并没有花什么钱。我们叫他去买些广告颜料来。画展终于1985年6月12日在上海静安区文化馆开幕了。一少女送来一篮鲜花。展厅费每天30元,门票收入不给我们。那天人来了不少,上海美术界人士,年老年轻的都来了。包括现已过世的关良先生、阿达先生。展厅里热烘烘的,挤满了人。一个中型展厅,挂了120件作品,挤得要命,过道上又摆了不少金属雕塑。那一天我们就在不断的握手、介绍中熬过来了。人们普遍觉得这个画展很刺激。[1]

6月12日,由侯文怡提议以"新具象"为题的展览在上海静安区文化馆开幕,展览的宣言也是由这位浙江美术学院的毕业生拟定的:

艺术(名词)即呈现的、用各种物质固定下来的人的伟大、强烈、亲切之精神活动。新具象艺术亦可称有机的。它否定一切虚饰的、自称艺术的东西。

求实、激情、有力的组织乃是它的主要特征。

首先是震撼人的灵魂,而不是愉悦人的眼睛,不是色彩和构图的游戏。

智慧、色彩、图像、标题、词……这一切都是手段,是仆人,是伟大感情和理性的仆人。

新具象艺术是大容量的。

具象这个词不是针对抽象或任何其他的词。

新具象运动只是针对陈旧的过去。

艺术从来是不抽象的。(侯文怡撰)

在展览的邀请函上,参展艺术家的名字有:侯文怡、张隆、毛旭辉、

---

[1] 毛旭辉:《新具像画展纪实》。写于1987年9月8日,原名《记新具象画展以及西南艺术研究群体》(手稿),于1994年在《艺术家文摘》发表时被编辑改成了《新具像画展纪实》。

1985年6月,首届"新具像画展"艺术家于上海静安区文化馆前合影。左起依次为:潘德海、毛旭辉、张隆、徐侃、侯文怡

1985年6月,首届"新具像画展"现场,毛旭辉与前辈关良先生在展厅合影。背景是毛旭辉作品

1985年6月,首届"新具像画展"在上海静安区文化馆展览现场,毛旭辉与刘铁君在毛旭辉的作品前合影

1985年6月,首届"新具像画展"现场,毛旭辉在自己的作品前与张隆合影

1985年6月,首届"新具像画展"现场,毛旭辉在展示被观众写下"蠢驴"的T恤

1985年7月,首届"新具像画展"南京巡回展,展览地点位于南京市卫生教育馆,毛旭辉(左)、侯文怡(中)和潘德海(右)在展厅入口处留影

张晓刚、潘德海和徐侃。

1985年正是各个艺术团体和艺术展览在全国不同城市陆续出现的年份，在大多数艺术团体和展览的前言文字里，都能够找到类似的表述，无论文字和句子的表述有什么差异，共同的观点倾向是解放思想，追求真正的艺术。不用去理解那些前言或宣言的文字有什么精心的学理思考和逻辑，都不过是阅读了西方著作之后选择的最能够表达自己内心或共同愿望的字词，组合成大家觉得很兴奋的句子就行。毛旭辉在展览之后不久写过一篇文字（1986年），他开始为"新具像"展览做辩护，他的辩护中与其他城市的展览和团体的共同特征是：使艺术摆脱"作为简单地为政治服务的工具和附庸的地位，它不再歌颂偶像，它将对所有的人开放"[1]。无论宣言使用了什么文字，最重要的是，"新具像"实现了参展的几位艺术家自由表达自己的艺术的愿望，"新具像"事实上构成了80年代中期的美术新潮这个历史运动中的一个部分。可以想象，展览中的那些笔触的狂乱、形象的变异以及色彩的强烈，很自然地引起了一些人的反感。毛旭辉记录说，有人在展览留言上写了"一窝蠢驴"，毛旭辉干脆将留言放在胸口上拍了一张照片做纪念。毛旭辉将他的"圭山"系列和"体积"的重要作品都带到了上海的展览上，其他艺术家的作品风格大多接近表现主义，张晓刚将他在1981年的毕业创作"草原"组画以及1984年住院之后完成的"魔鬼"系列的部分作品送去了展览，只有潘德海的作品几乎是抽象的，上海的观众当然受到刺激，但受到展览作品鼓舞的观众也大有人在。在上海的老一辈艺术家关良、阿达等人参加了展览的开幕式，这使得年轻的艺术家们深受鼓舞。

在上海展览结束之日，瑞典籍华裔女诗人张真建议将展览继续移到南京举办，甚至还资助了150元。在南京朋友的帮助下，"新具像"展览于7月16日在南京市卫生教育馆再次开幕，同时展出了张真的诗歌。尽管没有抱太大的希望，艺术家们还是立了一块售票处的牌子，由于实在缺乏经费，他们指望观众有可能购买参观券。他们甚至还通过销售彩色照片的方式，

---

[1] 毛旭辉：《关于新具像》（1985年）。

请求南京的观众给予经费上的支持,直至展览结束[1]。总之,毛旭辉在具体的事务中感受到了举办一个展览所面临的繁杂与具体,他给在昆明的女友孙国娟写信表示抱歉,他没有像之前那样从容地书写情书,因为展览的事务太消耗时间与精力:

> 不写信是残酷的,我很多次拿起笔和纸总觉得一切的一切都太多太多,而身边没有一点属于我自己的时间。除了短暂的睡眠,我得考虑、应付我自己的行动带来的结果反应,我得为我自己的行动去竭尽全力,我无形之中成了这次集体行动的"头",找一根绳子,买一颗钉子,打发一个发呆的观众,结识那些新的同仁,发票、介绍信、三轮车、汽车站、找饭吃、高温、西瓜、汽水、鼓励、感谢、叫骂、托运、求情、冷面、广告、解释、理论……有点真不知怎么回事,我的能力已经尽到最高峰,但事情还是没有多少头绪,我可以说不敢去想昆明,想过去,在这里每一天,你都得紧张地、尽力地去打发,为画展、为艺术、为人、为自己、为过去。
>
> 包括现在,我也不知道怎样表达(打发)。
>
> 我只想尽快把展览办完,早点回昆明休息。[2]

"新具像"画展看上去就是一次偶然的事件:朋友对昆明艺术家的作品感到兴奋,在上海找到了一个可以展出的空间,一个即兴想出来的展览标题,大家能够凑出坚持把展览做完的费用,以及一些朋友的支持与鼓励。不过,在一个特定的历史氛围里,这些看上去偶然的因素最终构成一个由内在的愿望推动的事件。事实上,对于那些内心充满激情的年轻艺术家和理论家来说,1985年具有一种历史性的象征:1月,《美术思潮》在湖北创刊,毛旭辉之后对"新具像"的全面介绍就是发表在这份激进的艺术刊物里; 6

1　毛旭辉的笔记本记录了从 16 日开幕,直至 21 日闭幕,几乎每天都有收入。尽管如此,毛旭辉回忆说:"展览结束时,钱已经非常紧张,所有油画都只好卸下外框和内框,我们只好将画布卷起来分别运回上海和云南。七八十个框子让南京画画的朋友们发了一次财,张隆继续去上海读书,侯文怡回到上海不久就 go to 美国留学去了。毛、潘乘火车回昆明,一路上充满了海明威写的'老人与海'的那种感觉,打了一条大鱼,但回来时只剩下一堆骨架。"(《新具像画展纪实》1987 年)

2　毛旭辉致孙国娟信,1985 年 7 月 18 日。(孙国娟提供)

月,在以后不断报道美术新思潮的《中国美术报》创刊;7月,毕业于南京艺术学院的年轻人李小山在《江苏画刊》发表了激起整个美术界讨论的《中国画之我见》,他关于中国画"穷途末路"的判断引发了艺术界关于什么是中国画的未来的普遍讨论;10月,在"新具像"画展的空间里与毛旭辉讨论现代艺术问题的南京画家丁方,与南京的其他艺术家管策、沈勤、任戎、徐一晖在江苏美术馆举办的"江苏青年艺术周"大型现代艺术展中展出的超现实主义作品,让这个城市的观众感到震惊;11月,湖南介绍现代艺术的《画家》创刊;在北京,11月18日开幕的"劳申伯作品国际巡回展"让中国现代艺术家对现代主义艺术有了更为宽广的理解;12月,杭州出现了"'85新空间画展",这个展览被批评家们理解为是现代主义向后现代主义的最早的转变。全国各地城市所出现的现代艺术展览与团体似乎都集中地发生在这一年和之后的1986年,不同城市的现代艺术活动和团体纷纷以任何可能的形式出现——展览、学术讨论以及杂志上的文章等,批评家高名潞在1986年4月的"全国油画艺术讨论会"上将这个时期的艺术现象称之为"'85美术运动"。所以很快,发生在上海和南京的"新具像"画展,就被试图组织全国现代艺术运动的批评家高名潞纳入到一个整体性的艺术运动之中。

"新具像"的延伸

不过,在新潮美术运动最后高潮还没有到来之前,毛旭辉的心情仍然处在焦躁与不安之中。展览结束之后,他甚至情绪低落,海明威的《老人与海》的隐喻,再次提醒他去思考为什么要画画?为什么要做展览?生命究竟是什么?8月10日,他已经从南京回到昆明,他写了一篇自认为是对自己"一种原始的苦恼"的思考的文章:他与他的朋友们每天在为生活奔波,为事业苦恼,被艺术所诱惑,最终不过是死亡。这一切究竟是为了什么?他不认为这一切是为了艺术本身,既然隐没在艺术后面的是生命,"这个宏大而微观的世界,我感到它是一座巨大的山巅,耸立在体内,诱惑我去攀登它。它存在我们意识之外,它往往使我出乎意料,使我困惑不安,我不断地体验,不断地发现。但我还是说不清楚它,也许我能说清的时候,我的生命已经面临终点了"。他说他画画和办展览不过是做自己内心想做的事情,是证明自己存在的方式,同时也是自己认识自己的机会,是一个发现自我的过程,"那隐没着的走出了黑洞,那穿着外套的、赤裸了身子,它从各种思想的暴力中解放出来,从概念的烟雾中显露血肉,从人生的荒诞中发出尖叫,它向我显示,它是世界的一部分,尽管渺小,有时甚至可悲,但它符合自然的理性,是自然永恒的形式,每一次出现都给予我震撼,将我击倒在地,我无言以对,我变得不堪一击"。他说他尽管生活在文明的圈套中,但是文明无用并且虚假,现在的自己还"远离着目标,远离着彼岸,远离着灵魂……我无法讲清楚"[1]。尽管十分疲惫地回到了自己的家,尽管展览之后的感受有一种深深的失落,但是,展览似乎有力地刺激着毛旭辉内心深处的欲望,就像他自己感觉到的那样,有一个更为隐秘的自我渴望从黑暗的深渊中迸发出来,这个"自我"不由这个肉体的我所支配,但是它的存在与出现却又与肉体的我合二为一,那个深沉的自我通过这个肉体的我来显示它也是这个现实世界的一部分,它是生命的一种真实的存在,而艺术家本人,这个肉体的人,很自然地将呈现这个来自深渊的"自我"作为自己的目标,以便于让这个肉体的我可以去往彼岸,与真正的灵魂重叠。与大多数年轻人一样,阅读弗洛伊德的著作已经成为必须,不过,当那些从德文、法文以及英文翻译过来的西方著作以汉字的形式出现在他们的眼前时,学理性的理解似乎变得并不重要,对于那些渴望表达内心混沌世界的艺术家来说,来自西方著作中的任何词汇都能够唤起他们的想象、联想以及含义的发挥。这是内心欲望的产物,同时也满足了内心欲望的流淌与宣泄,这一切之所以没有什么大错,是因为在这个时期,所有的概念与语

---

[1] 粉红色封面的《新具像》记事本(1985年)。

词都指向一个方向：解放自我。毛旭辉是渴望内心和思想获得彻底解放的人中间的一个，正是在阅读那些翻译著作，在与朋友讨论西方思想并在酒精的催化过程中，他开始重新塑造这个世界，至于艺术观念，他就很自然地与之前流行的一切风格与态度有了明显的距离。正是这种酒神式的状态，支配着毛旭辉在第一届"新具像"展览之后的精神生活，无论他是否仍然沉浸在与朋友们的酒局中。9月，他给已经去四川美术学院兼课的张晓刚写了一封语言恍惚的信，他保持着对之前昆明的朋友们的夜生活的记忆和怀念。不过，由于"新具像"画展的刺激，他对回到低潮不情愿了，他表达了准备继续大干的念头：

你他妈写信也像喝了酒一样。自你走后再也没喝酒，又陷入了平静的沼泽，每天从这本书跳到那本书，从小说跳到诗歌、电影剧本、杂志，然后去打牛奶。

关于"塞纳河"的记忆，从诞生之日不知引诱了多少人，不但引诱还加以腐蚀、灌醉，然后去跳迪斯科。

"塞纳河"之夜，发红的，摇摇晃晃的，月亮和油爆[1]之综合。

关于"塞纳河"的历史，不亚于那条真正的塞纳河，法国佬的塞纳河，魔鬼之发源地。

它仍在那里流淌，不过高潮已过了，变成传说，今后供下辈阅读之，给臭文人提供灵感让它们去写"月亮与六便士""月亮与塞纳河""月亮与魔鬼"，月亮与迪斯科与白水[2]之类的东西。

我们还要创造另外的历史。比如关于夏威夷海滩、纽约的喝酒计划，关于其他人种的粉子问题，以及很多草案……[3]

毛旭辉保持着疯狂，他没有甘于一个展览的举办和结束，出于一种本

---

[1] 四川美术学院俚语，即可形容女人的性感，也可形容一件事发生得很强烈，很刺激。

[2] 毛旭辉等人对酒精类饮品特别是白酒的代称，因为朋友中有一位马祥生是穆斯林，其教义不容许喝酒，但大家一起聚会时若只有酒可喝，为了慰藉他，就把白酒叫作"白水"，把葡萄酒叫作"葡水"，把啤酒叫作"啤水"。

[3] 毛旭辉给张晓刚的信，1985年9月26日。1985年8月底，张晓刚被借调回到了母校四川美院工作，张晓刚将此视为继从晋宁当知青到川美读书之后的第二次重要人生转折。

能，以及之前数年阅读与思考的结果，他希望"新具像"画展能够得到进一步的传播和宣传，并在此基础上发展新的展览与学术活动。1985年年底，在侯文怡的促动和介绍下，毛旭辉将"新具像"展览中的一些作品照片和关于艺术看法的文字寄给了在《美术》杂志做编辑的栗宪庭。栗宪庭从"伤痕美术"和"星星美展"开始，就一直是新艺术的积极推动者，在《美术》杂志上发表各类支持1978年以来的新兴艺术的文章与作品——张晓刚的毕业创作《天上的云》就是在栗宪庭的工作下得以发表在《美术》杂志上，而在这个时候，能够在官方杂志《美术》上发表作品，意味着获得了最高标准的肯定和在未来发展的可能性。这时，毛也希望能够得到栗宪庭这位批评家的支持。然而直到1986年的元月底，毛旭辉也没有收到栗宪庭的回信。欲望得不到延伸，毛旭辉感到自己又回到了日复一日的家庭生活，"每天都在重复，就像云南的天空仍然是那样蓝，气候是那样干燥一般。时时都想做点令人昂奋的事情。结果往往只是一种百无聊赖之感，这种生活不知道绵延到何日，什么时候才是人生的解脱呢？！人什么时候才能放开手脚去做自己想做的事，大做特做，无所顾虑。目前我看不到这种东西，一切都生活在内心里，又想把它表露出来。在这里，时间只会感到每分每秒都很漫长，每时每刻都在嘲笑生命的软弱，愿望的软弱，大毛之软弱。在这种既无'罗曼史'又无'创造的宣泄'中，人只能变得普通又普通，但愿早日结束这种状况。上帝知道，人在内心早已走得很远、很远了"[1]。给张晓刚的书信中的内容表明，1986年的春天虽然到来，但是，毛旭辉还没有看到自己以及朋友们的事业有继续发展的路径，情绪处在低落中。大约在3月初，在北京的高名潞去上海出差，他从侯文怡那里了解到了"新具像"画展的情况，产生了兴趣。高名潞这时不仅是《美术》杂志的编辑，也兼着《中国美术报》的工作，与栗宪庭一样，他通过杂志和报纸推动着这个时期的现代主义艺术运动。侯文怡要毛旭辉主动与高联系，自己去国

---

1 毛旭辉给张晓刚的信，1986年1月26日。

离乡[1]。3月12日,在收到毛旭辉寄去的信与照片之后,高名潞给毛旭辉写了一封信:

毛旭辉同志:

您好!

寄来的信和照片均收到。我曾在15期《美术报》发过两张,争取在《美术》上也发一发。

看到了上海、云南几位青年画家的《新具像展览》的作品图片,很感兴趣,您能否来信讲讲这个展览的宗旨、针对性、作者的情况等,也可以介绍别人来信谈谈。请直言不讳地谈谈,目的有二:一,我将在今年四月的"全国油画艺术讨论会"上做一个青年创作思想和实践的综述报告,要配合作品论述介绍;二,适当时候争取发表。请您大力协助,望能尽快来信。

不赘,春祺!

高名潞
1986年3月12日

这封信对于毛旭辉来说,是一个具有决定性意义的喜讯,它显然接续上了这位昆明人无处发泄的欲望,这位年轻人认为:如果有高名潞的支持,他的现代艺术的事业将可能走出云南,在全国产生影响,并让"新具像"的艺术和思想在更为广泛的层面产生作用。他很快就给高名潞回了一封长信,除了将在年初发表有自己写的《艺术与心灵的新空间》文章的《云南美术通讯》(1986年第1期)寄给了高,还详细介绍了"新具像"展览的情况和自己的想法。

---

[1] 聂荣庆:《护城河的颜色》(第217页):"'新具象'展览后回到昆明,毛旭辉经历了一段时间死水一般的日子,人经过这样的一个高潮,再回到原来的境况中就变得越发难以忍受。侯文怡给毛旭辉写了一封信,信中写道:'老毛,虽然我们的展览当时看来没有引起别人更多的关注,但是现在有人在了解这个展览,这个人就是高名潞。他从北京来找我,找那个展览的资料。但是,我已经对这个事情没有兴趣了,我建议高名潞直接和你联系,你的表达能力和社交能力都很强。我要去美国了,你们好自为之吧。'心情灰暗的侯文怡离开了中国,毛旭辉就把这个使命接下了。"

我在《云南美术通讯》上谈到的一些想法，基本上是前几年所思考的一些问题，主要表现出一种叛逆性和怀疑。我想没有这两点，创造只是一句空话。人作为一个本体而存在，在这一点上任何人都是平等的，都有他自己的价值，关键是我们得用一些形式来表达这种存在。有的人选择了政治，有的人选择了足球，而我和我的同仁则选择了艺术——画布和调色板。这样要求艺术是一个与生命息息相关的东西。这个生命就是人，因为只有人才有能力和智慧去创造艺术，通过艺术来表现他对世界的看法、感受、希望、幻想以及他个人的气质——本能和血性。

自费自力办展览也是一种对自己负责的行为，你在这个世界上有了许多感受和认识，然后努力用绘画语言来表达，一张一张的画挂满了屋内，在这里自生自灭，社会是否需要你这种东西，或者说别人需要吗？或者说这里面包含着超越你本人的东西吗？通过周围人的评价，证明有许多东西还是有共同性的。精神的超越性导致了我们与社会的对话。如果真正贯注了生命在作品中，就值得为这样的作品、为更大范围的存在去奋斗。这就是办画展的出发点。

……

由于种种原因，官方不可能来主办这种画展，这不能苛求，社会还不了解你，那唯一可能只有自己办。趁着去年初办公司的热潮，我也去找了些活计来干，挣了五百元钱，其他同仁有钱出钱，有力出力，没有钱的借钱。因为当时无非就是一个钱的问题，有钱就能租到场地，这就是社会。经过一段时间的努力，联系展厅、印制请帖、广告、托运作品，每一个局部，每一个细节都只能亲手去做。行动成了最高的宗旨，当然任何时候都少不了朋友的帮助——我的中学同学现在北京广播电视部的刘铁君，南京《风流一代》杂志社的我的同班同学吴越，南京《春笋》报社的全体编辑人员，汤国、杨刚、高欢、瑞典籍华人女诗人张真和她的丈夫马思中，南京大学研究生会的吴端，以及华东师大美术系的学生。这样的名单还可以开出一长串，都为这个展览在上海、南京的展出无私地帮助了我们。这个展览耗资近三千元钱,绝大部分是展览各成员自己投资,有一部分是朋友帮助的。展览顺利地在上海静安区文化馆和南京市卫生教育馆展出了,我们获得了三千多名观众,对展览的评价是非常激烈的,在这里我无法一一赘述了。[1]

果然,在4月14日至17日召开的"全国油画艺术讨论会"上,高名潞在他的学术报告《'85美术运动》里将"新具象展览"归纳进"直觉主义与神秘感"这个艺术倾向中。他在举例的时候提到了毛旭辉,"'新具象展览'作者毛旭辉(云南)与其同伴画了多幅运动中发展变异膨胀着的体积。在他们看来,这就是人的本能和血性,它是生命的同义语。他记住了普宁[2]的话:艺术是祈祷、音乐、人的灵魂之歌,因此他们自信,艺术是灵魂本身在摇撼着灵魂,而那一切外在的形式就是灵魂的符号,是灵魂的'悟'"[3]。"全国油画艺术讨论会"是由中国美术家协会的油画艺术委员会主办的,在一个思想解放的时期,这个官方组织似乎也意识到了开放的重要性,所以,主办方邀请了这个时候的年轻批评家和艺术家如朱青生、高名潞、舒群、张培力、李山参加这个会议,并给予高名潞做题为《'85美术运动》的学术报告的机会,在报告中,高放了数百张现代艺术家的作品幻灯片,这使与会者受到强烈的触动。无论如何,高名潞通过他的学术报告将这个时期发生在各个城市里的现代主义艺术归纳为一个艺术运动,并将这个运动同五四以来的文化启蒙运动的历史联系了起来,他说:"1985年,在中国大地上发生了一场'五四新文化运动'以来的又一次文化变革运动。""'85美术运动的针对性则是面对开放后的西方文化的再次冲击,反思传统,检验上一个创作时代(上一个运动),其指向性,则是中国美术的现代化。"他提及了"伤痕""唯美""生活流""矫饰自然主义"的画风,但他说这几种曾经的新样式在"第六届全国美展"中与官方美术("三十年来形成定式的理想现实主义画风")"握手言和",这种看上

---

1 毛旭辉给高名潞的信,1986年3月16日。

2 伊凡·普宁(Pnin,1870—1953),俄国继承了古典主义遗风的现实主义作家,1933年小说《乡村》获得诺贝尔文学奖,"因他以严密的技巧,继承了俄国散文写作方面的古典传统"。

3 高名潞编:《'85美术运动历史资料汇编》,广西师范大学出版社2008年版,第53页。

去呈现的多元局面是导致"'85美术运动"的原因。这意味着,之后很快出现的现代艺术运动不过是这种局面导出的结果,具有一种历史的必然性。这样,偶然事件由此转变为一个历史事实,看上去是偶然的机会举办的"新具像"展览被纳入到了这个时期整个现代艺术运动的潮流之中,并构成了批评家高名潞之后归纳的两种艺术倾向——"理性精神"和"生命之流"——中后者的代表。这样的学术逻辑当然令那些激进的现代艺术家感到自己的工作具有巨大的历史意义。学术报告被认为在"全国油画艺术讨论会"上取得成功[1],这进一步唤起了与会年轻人的激情,这使得他们决定在珠海举办一次全国性的现代艺术幻灯展。就在之前不久,从北方调来即将成立的珠海画院的王广义正好希望能够将珠海画院的未来与全国的现代主义运动结合起来,他们最后成功地获得了《中国美术报》和珠海画院的同意,尽快举办"青年美术思潮大型幻灯展暨学术研讨会"[2]。

1986年2月,毛旭辉和孙国娟一同去了圭山。这次圭山写生较之之前,更为简洁和物象模糊,艺术家更为尊重内心的感受。之前,毛旭辉就画过孙的几张油画肖像,他们从1984年开始的感情联系断断续续持续到1987年下半年。尽管毛旭辉不断地思考有关人类的一般情感问题,在思想与文字中讨论的是有关爱的一般道理,但是,新的感情生活肯定会搅动日常已有的生活心绪。直到5月,毛旭辉还没有获得他需要的实质性的信息。家庭的感情危机已经非常明显,他决定乘火车去重庆散心,又去了四川美术学院,住在学校分配给叶永青的宿舍——这里的几个青年教师组成的朋友圈内将这个地方取名"向阳院"。散心期间,这里的一切给予毛旭辉深刻

---

[1] 实际上,在全国美术家协会的官方内部文件《美术家通讯》1986年第5期里,关于全国油画艺术讨论会的简报里着重介绍了美术家协会的主要人物的出席和他们的讲话内容,对高的报告只是在最后有所提及:"最后与会人员听取了美协油画艺术委员会理论组成员高名潞所做的《'85美术运动》的学术报告并观摩了幻灯片。"

[2] 高名潞在《疯狂的年月——"中国现代艺术展"始末》中说:"这种交流方式使与会的几位群体代表萌生了举办一个幻灯片展的想法。广州的李正天和舒群、李山、张培力找到我,共同提议一起筹办这一展览,并拟在广州举行。在此期间,北方群体的王广义调到了成立不久,且有意举办全国性会议念头的珠海画院。于是他开始奔走北京与南方,与我共同拟定了会议的计划,并最终说动了珠海画院与《中国美术报》合作主办,并由我(展览委员会主任)出面筹备会议。"(台湾《倾向》杂志,1999年版)

的印象。回到昆明,思及他在"向阳院"与张晓刚、叶永青等人一起聊天和谈论艺术的情景,他写信给张晓刚说:"在车厢里,整个旅程我拒绝与任何人交谈,这加深了周围人对我的猜疑,我感到他们为此很不安。我躺在卧铺上,把在向阳院那些幸福的时光,从头到脚重温了一遍,就这样躺了无数个钟点。我默默庆幸自己拥有这样的回忆,这便是我所理解的人生的幸福。我想念大家,幸福就这样简单。"的确,这正是毛旭辉的家庭矛盾进一步恶化的时光,使得毛旭辉感到非常的孤独和感伤。他认为他的那个家实际上"已不复存在了。我只是朝那片废墟走去,我自己建立的那个家被我亲手破坏了,这个罪恶是由我造成的",这样的时候,与朋友们的相处的确可以起到缓解内心烦躁不安的作用。他说:"我很想录一盘磁带和大家谈谈话,但又怀疑自己面对录音机便失去表达能力。"他想到在"向阳院"曾经有过的温馨、亲切和温暖。"我始终满意我睡的那张矮床。在此之前很久没有哼哼唱唱的了,也没有这种兴趣,所以刚儿说我的'吉他'退步了,这是事实。当一个人老处在一个与内心感觉相违背的环境中,天性只扮演一个可悲的角色,在无共鸣的空间中,天性只好封闭在自身的心室里。你如何去弹唱呢?!你要么反抗、去破坏、去干些令人心烦的蠢事、去数落自尊,关键你又逃不到什么地方。只有到了桃花山在向阳院,在绿色枝叶中才发现自己并没有许多人想象的那样坏、那样枯燥。某种东西带着幻想的成分在我体内复苏了,从夜里走了出来,'吉他'也没有退步到不堪入耳的地步,这一点大家可以作证,桃花山的树叶也可以作证。"总之,在家庭即将彻底破裂之时,毛旭辉至少希望在自己的朋友那里找到安慰和温暖。[1]可是,当他离开桃花山,离开他的朋友,他又立即意识到他只是一个可怜的浪子,又重新走进了"地狱"。因此,一路上低落的情绪最后以一种书信的方式做了归纳。无论怎样,这个时候的毛旭辉需要一种外来力量的改变。

改变情绪的事件来了。6月8日,毛旭辉收到高名潞的一封信,邀请他

---

[1] 见毛旭辉给张晓刚的信,1986年5月22日。

参加将在珠海举办的"青年美术思潮大型幻灯展暨学术研讨会"。按照高在信中的说法,这个展览活动的目的,一是通过幻灯播放的形式,集中展出全国各地青年团体的作品,同时,集中各个团体的代表,商议在北京或上海举办一次全国性的现代艺术展。幻灯展的具体联络人是珠海画院的王广义。这时,王广义已经是知名人物,他与他的"战友"——那时他经常使用这个词——舒群、任戬、刘彦等人所成立的"北方艺术群体",在还没有举办一次展览而仅仅靠他们的文字宣言的情况下,就在年轻艺术家和批评家中间获得了名声。现在,王广义也希望有更多的现代艺术的力量来参与会议,以便使"新潮美术运动"能够进一步升温。当收到参展作品的资料和幻灯片时,王广义在给毛旭辉回信中这样简洁地写道:

旭辉兄如晤:

寄来的幻灯片收到了,勿念。

幻灯展开幕式准备请你来珠海。请你安排好时间,开幕式定在8月10日[1]左右举行。请柬在7月25日可以寄到你手中。你来珠海的路费由你所在单位负责,其余的住宿、吃等一切均由珠海画院负责。这样可以吗?盼望见到你!!

8月份在珠海将云集各地的青年美术名流,这意义是重大的!!

1986.7.9

王广义 草草顿首

作为"北方艺术群体"的一员,王广义希望延续他和他的朋友们之前的理想,通过艺术改变人们的观念,事实上,这个团体也正是因为一种哲学化的观念与宣言的冲击性而构成了影响。[2] 在1985年发布的《"北方艺

---

1 展览最后确定的时间是8月15日至19日。参见高名潞《疯狂的年月——"中国现代艺术展"始末》。

2 北方艺术群体成立于1984年7月。它是85时期青年艺术团体中出现得较早的一个文艺沙龙式的团体。除了艺术院校的毕业生外,还有一些文学专业和理工科院校的学生。最初成员有王广义、舒群、任戬、刘彦等东北三省15个青年人。该团体严格意义上的展览是1987年2月在长春吉林艺术学院举办的第一届"双年展",当时参展作者有王广义、舒群、任戬、刘彦、倪琪、王雅林等人。在此之前他们仅召开了一次学术讨论会和几次幻灯片交流展。发表在《中国美术报》1985年第18期上的《"北方艺术群体"的精神》被认为是该群体的"宣言";发表在《美术思潮》1987年第1期上的《为北方艺术群体阐释》可以被看作这批艺术家的艺术思想和哲学思想的阐述。这两篇文章均出自该群体的艺

术群体"的精神》里,人们读到了不同于西南地区艺术家的那种关心个人内心世界的"宣言":

首先,我们要向公众声明,展现在你们面前的"结果"并不是"创造"的"结晶"。它如同人类的其他行为一样,亦仅仅是一种行为,唯一与众不同的是,这种行为的目的在于建立一个新的观念世界,在这个"世界"里,人类已有的一切传统已荡然无存,一个全新的、坚固、永恒、不朽的"世界"将随之建成。

"宣言"还告诉了我们判断一件作品是否有价值的准则:

其首要的准则便是看它能否见出真诚的理念,那就是说看它是否显现了人类理智的力量,是否显现了人类的高贵品质和崇高理想。

不过,这个带有康德或者黑格尔的绝对主义气息的准则与毛旭辉和他的朋友们的气质并不吻合,尤其是北方艺术家提出的"北方文明"的诞生将取代之前的文化让南方的艺术家难以共鸣;但是,这些观点上的差异并不影响这个时候利用一个艺术活动将发生在不同城市里的新艺术的成员集中起来壮大自己力量的策略。这也是作为"幻灯展"的重要组织者们希望邀请云南"新具像"展览的代表与会的目的,同时,也是毛旭辉收到邀请函之后精神为之一振的原因。

毛旭辉到达珠海花了五天时间。他先到了广州,"看到那些高层楼房、大酒店,颇有一种置身国外的感觉"。这样的感受透露出作为内地城市的昆明与此时的沿海城市广州相比,在物质水平方面有明显的差距。15日,毛旭辉在珠海见到了王广义,他注意到王在珠海画院的住房条件接近内地厅局级的水平。他在王广义家里喝酒、跳舞,"闹了一晚上"。在珠海,他帮着写写广告和标语,他注意到"《中国美术报》的人基本全出动了,华君武、詹建俊、邵大箴、周思聪一窝所谓权威、名流人士也来出席,江

术家舒群。在艺术表现上,北方艺术群体并没有一个统一的语言样式和风格,但冷漠、肃穆且摒弃情感的宣泄多少是这个群体的主要特征。语言形式无疑有地域文化和地域感受方面的影响,正如南方艺术家的作品多反映出生命力的旺盛和张扬一样,这个群体对冷峻与肃穆的追求,是对寒带生存状态的一种感性认识。

苏省出版社已答应出一本精美画册，还有某名人费大为将带一百多幅幻灯片到美国和法国去。上海现代艺术馆（刚建成）的馆长答应今年在他们馆首次举办'中国现代艺术展'。好消息是很多的，在这里确有股'积极暴动'的火药味，他们请了不少刊物和报社的记者，看样子要大打一番。这些家伙是很清醒的，我来这里完全是来看热闹，一切该做的他们好像都已做了。我们云南魔鬼的确只会画画，其他能力是无法与他们相比的"。他在珠海写信给张晓刚，他试图将自己在珠海看到的和体会到的告诉后者。这正是张晓刚准备去重庆四川美术学院接受试用的时候，但毛旭辉希望张在昆明待到毛回来："我们得谈谈今后该如何办！这次来与全国的魔鬼头目拉上网络，也结识了一些官方头目，有很多想法，见面再具体谈吧！"[1] 显然，毛旭辉的一种操作意识被调动起来了。之前，在昆明的艺术家似乎只知道画画，现在，毛旭辉发现，要获得成功，必须在社会的层面有所行动。之前在上海和南京举办的展览是最初的社会行动，尽管条件有所限制，但是在具体的实施过程中收获了非常多的经验。然而，毛旭辉和他的朋友们发现：如果自己不组织起来，有目的地从事艺术运动，目标是难以实现的。9月，当毛旭辉已经回到昆明之后，他还收到王广义从珠海寄来的信件，王除了交代自己继续在画"北方极地"系列的大画，解释了为什么还没有寄出"珠海会议"的有关资料和简报之外，还告诉毛："名潞近日到湖北等地去做''85运动'的报告，据说效果很好。''85运动'现在已引起了各界的关注，这对我们的事业是极有利的！！"[2] 王广义此时提及"'85运动"表明，高名潞于4月在油画研究会上提出的"'85美术运动"的概念，正在成为一个大家习惯的名词。而"运动"一词对于毛旭辉来说，无异于是一种已经从书本里了解到的有关现代主义状态的唤起：艺术的冲锋与前卫。

总之，毛旭辉回到昆明之后，像布道者一样向他在昆明的朋友们描述"珠海会议"的情形——仿佛一场宏大的革命正在展开，他希望昆明的朋

1　毛旭辉给张晓刚的信，1986年8月18日。
2　王广义给毛旭辉的信，1986年9月18日。

友们行动起来，参加进这场在全国已经轰轰烈烈进行着的艺术革命[1]。8月，在昆明的一些艺术家在毛旭辉的和平村宿舍成立了"西南艺术研究群体"，比较第一届"新具像"展览，参加的人数多了不少：毛旭辉、张晓刚、潘德海、张隆、叶永青、邓启耀、苏江华、毛杰、张华、翟炜，等等。同时在名单里的还包括四川和其他城市的成员。宏观地看，迅速而简洁地成立这样的艺术群体是这个时期发生在中国不同城市的现象，因为年轻人清楚仅仅凭借个人的力量完全不能与官方艺术机构——例如美术家协会——抗衡，他们只有团结起来，无论是严密的还是松散的，才有获得展览并在社会发出声音的可能，尽管他们是很自然并很自发地组建自己的团体的。这时，一直表现出含蓄甚至有些文弱的叶永青开始渐渐发挥他的能力与作用。[2]

1986年10月26日，"新具像（作品幻灯、学术论文）第三届展"在云南省图书馆开幕[3]，此次展览是以幻灯的形式展出，展览前言中的文字显然是激情的结果：

> 永恒是靠人类来完成的，而不是靠某一个个体，世界总要有些人来复

1　聂荣庆在他的《护城河的颜色》（第245页）里对毛旭辉回到昆明的情形做了现场描述："夏天'实习教师'张晓刚从重庆回到昆明过暑假。7月的一个晚上，我们齐齐聚在张晓刚的歌舞团的宿舍里，等待毛旭辉从珠海回来，传达珠海会议的收获。
"我记得那是一个炎热的夜晚，房间里面有很多人，毛旭辉来了，被安排坐在张晓刚的床上，他的激情像天气一样热烈。他把珠海会议的所见所闻一一传达给大家，言语极具煽动力。当然，作为一个凡人的毛旭辉，说到去了改革开放前沿珠海和隔海看到的香港澳门也是异常兴奋。
"那段时间，毛旭辉仿佛一个布道者布道似的。不仅对张晓刚这个圈子的朋友，他还去了云南艺术学院，向武俊、刘涌、李建东、区欣文、马祥生、苏新宏等朋友传达珠海会议的内容，煽动他们出来搞展览。毛旭辉那时候经常对人说，'现在全国都闹起来了！大家行动起来吧！'这让我想起电影《大浪淘沙》里面的工运领袖说的：'长沙的工人已经闹起来，武汉的工人已经闹起来了，大家还等什么'的镜头，于是很快就有了'南蛮子展览'，比昆明的'新具像'展览还要早。展览现场一把吉他也砸掉了，床也抬去展览了，色彩也开始夸张了，还做了装置。连苏新宏也用草堆做了《摆道场》这样的作品。"

2　聂荣庆的《护城河的颜色》（第247页）中这样描述道："叶永青一向交游广泛，认识的人很多，也知道大家彼此都在做些什么，因此负担起西南艺术群体的联络工作。他联系了贵州的艺术家成肖玉、山东的董超，昆明的张华和理论家邓启耀，成都'红黄蓝画会'的几个艺术家王发林、戴光郁、李继祥，等等。叶永青接着又联系了《中国美术报》，在上面刊登了关于西南艺术研究群体的报道，文章非常短，但是登了几件作品，其中有张晓刚的作品和叶永青的《春天唤醒冬眠者》。"

3　这年11月，张隆收集了几百张幻灯片，包括山东、上海的一部分作品和论文，于1986年11月在上海美术馆举办了"新具像第二届展"。毛旭辉后来解释说："按时间，这届应该是第三届，但由于展厅问题，早准备办的展览一直拖到昆明的第三届办过后才搞成。"12月15日至24日，张隆也将"新具像"的图文信息带到了北京参加北京大学首届学生文学艺术节。

1986年7月,广东"珠海会议"合影。左起:1. 武时雄 2. 李山 5. 高名潞 6. 张培力 7. 王广义 8. 丁方 9. 舒群 11. 周彦 13. 曹涌 14. 毛旭辉

1986年10月,"西南艺术研究群体"成立时主要艺术家合影。前排左起:毛旭辉、叶永青、苏江华、邓启耀;后排左起:张隆、潘德海、毛杰、张晓刚、张华

1986年10月26日,云南省图书馆"新具像(作品幻灯、学术论文)第三届展",艺术家合影。前排左起张夏平、孙国娟、杨黄莉、李洪云、毛旭辉、翟炜、张晓刚、潘德海;后排左起:邓启耀、叶永青、石安达、张华、马祥生、苏江华

1986年10月26日,云南省图书馆"新具像(作品幻灯、学术论文)第三届展"参展艺术家合影。前排左起:张夏平、吴文光、孙国娟、叶永青、李洪云;后排左起:张华、友人、邓启耀、潘德海、毛旭辉、张晓刚、翟炜、苏江华、杨黄莉、马祥生

归它的本来面目。每一个时代都呈现出其特殊的样式。

如果你意识不到生命的最高点是行动,你就无法更好地行动。

……

这次参加的艺术家远远超过了第一届的数量,除了西南艺术研究群体的成员外,山东的董超、河南的丁德福(他是潘德海的同学)也有作品参加。[1]

新学期开学的时候,张晓刚也开始了他的行动之思。显然,他固有的怀疑的心理习惯受到"珠海会议"以及接着组建"西群"团体的感染,他甚至也想着在四川美术学院举办一次"新具像"的展览,所以在11月8日,他给毛旭辉写了一封信,打算于12月中旬在四川美术学院搞一个艺术活动:"有点类似艺术节形式的,内容基本定为:①我们作品照片的展览;②自编自导自演的戏剧(这由学生来搞);③幻灯片展(准备搞些其他内容的);④学术讲座(主要请外校的激进分子来讲)。后两项还在筹备之中,争取能成。活动三天时间,我终于把王毅[2]拉入伙,另抓了几个学生头目,旨在冲击一下这里的阴气。望接信后通知小孙(国娟)、夏平[3]、李洪云[4]、翟炜、苏杨、叶帅等昆明兄弟伙把复印用的彩照原版寄来,展览复印件效果太差了,若不能寄也速给个回音。若你或哪位有口才的兄弟能来一趟就好了,我可以安排一个讲座,保证满座,粉丝也有的是。当然最理想的是咱们一伙昆明野蛮人来此地搞一个艺术活动,人体雕塑之类的,保证效果好。"

从珠海回到昆明的毛旭辉开始了他的行动。他争取到了一次参加云南省美术家协会举办的展览的机会,他写信告诉张晓刚,"你我整个西群的

---

[1] 在云南的一份杂志《青年与社会》1988年第1期的一篇回顾性的评论文章里,作者记录了"新具像"的影响:"'新具像'发出的信号很快在云南引起了反响。1986—1987年,云南青年画家一群接一群、一伙跟一伙纷纷从各自的角落走出,向社会公开展示他们的存在:'南蛮子画展''空屋画会''朦作品展''七星画展''云南艺术学院三学生画展''昆明八青年美展''罗辉个人画展'……叫人目不暇接、眼花缭乱。"

[2] 王毅(1957—),出生于上海。1975—1980年任上海美术出版社美术编辑。1980年考入上海师大艺术系油画班。1986年参与"西南艺术研究群体"。曾任教于四川美术学院,后离职。

[3] 张夏平(1961—),出生于云南。原在昆明市歌舞团做美工。1986年"新具像(作品幻灯、学术论文)第三届展"成员,1990年以后定居奥地利。

[4] 李洪云(1962—),出生于云南。1985年毕业于云南艺术学院。1986年"新具像(作品幻灯、学术论文)第三届展"成员,现生活工作于美国。

弟兄姐妹的作品占了很大比重，气氛很好，被美协有关人士称为'云南美术界的小小里程碑'"。在一次"云南油画艺术研究会"上，毛旭辉有了发言的机会，他趁机通过幻灯的形式播放了"西群"的作品，让那些在美术家协会里的画家对这些年轻的激进艺术家有了了解。这个时候，毛旭辉已经将之前应约写的文章寄给了武汉的《美术思潮》，并获得了回信，将发表这篇文章，在毛旭辉看来，"新具像"的概念将进一步构成影响。毛旭辉当然并不满足于此，他通过张晓刚提醒与张每天在学校教书的叶永青，由于叶动作太慢，错过了《美术思潮》发表的时间：

叶帅大概由于寄去太晚，《美术思潮》这边已经基本错过了。所以，行动，时间很关键！！当然，叶帅近来是处于非常时期。《美术报》[1]那里究竟怎样？！你是否写信与蔡蓉[2]联系一下此事！一定要争取发头版！！陈卫和那里我是有办法的，但叶已寄去，所以我已写信给陈做了说明，这些事是很尴尬的。

另外，我与《美术》[3]那边已正在联系，他们今年11期将登一篇我的文章，但不知发不发画，我已将复印稿分别给高名潞、朱青生寄去了，还有"西群"活动资料。如果他们要发画的话，那我们还要寄一些幻灯片！！

朱青生已收到前次每人寄去的两张照片，他们已经存入档案，说有一批研究生包括外国留学生，对我们"新具像"很有兴趣，当然具体还没有什么结果。

总之，我手头得有一些你的幻灯片等资料，随时就会有机会的。最近如果写了什么，望给我寄来一份。幻灯片，你可能得给我一些备用。[4]

从信中的文字来看，这时的毛旭辉显然处在极为兴奋的精神状态中。在12月15日，毛旭辉还写信给张晓刚，讨论在《中国美术报》发表文章

---

1 指《中国美术报》。

2 蔡蓉（1953— ）福建人。画家。1982年结业于中央戏剧学院舞美系设计专业，后留院任教。曾任《中国美术报》执行编辑，中国电影艺术研究中心美术编辑。

3 指《美术》杂志。

4 毛旭辉给张晓刚的信，1986年11月25日。

和作品的事宜。毛旭辉告诉张，高名潞收到了寄去的新的一批文件，准备发表在明年第二期《美术》上，并提到高与朱青生等人正在积极筹备在"珠海会议"上确定的"中国首次前卫大展"，他呼吁云南的几个艺术家要拿出高质量的作品参加展览，他把参加这次展览看成是"中国首次要推向世界"！在信中，他提到张隆在不久前带上"新具像"的作品资料参加了北京大学的艺术周；在昆明，"我们又举办了一个小展览，很受瞩目，'新具像'到处泛滥"。显然，埋藏在毛旭辉内心激进的火焰正在熊熊燃烧——他在信中还介绍了其他涉及现代文化的活动与会议。现代主义思想以及青春的热情已经将毛旭辉推向了一种难以抑制的精神状态。在信中，他告诉张晓刚，尽管妻子贺立德将从曲靖调往云南艺术学院工作，但是，他们已经决定在次年初"彻底分手"，看得出，毛旭辉此时的精力似乎已经被艺术运动所牵引，他仅仅是提醒张："在院领导女儿身上一定不能犯错误！！！"[1] 显然，即将离婚这件事丝毫没有影响到毛旭辉参与正在发生的现代艺术运动。

就在12月21日，毛旭辉还给张晓刚写了信，告诉他"新具像"在昆明"已经成了人们头脑中的新单词，它似乎像一个明星那样引人瞩目。我最近参加了市青年联合会，与各界人士交流中才又一次感到'新具像'已远远超越了艺术界和艺术概念。'新具像'似乎变成了我的外号，就像大毛、刚儿是我们的外号一样。我们已被众多的'名流'所认识，我们已摇身一变成了正人君子。'新具像'的概念也很滑稽地进入了市长大人的信息系统。元旦和春节还将为'青少年'开展一些活动，这一次'文化之夜'虽然只有三十幅画，但风头又一次出尽，观众里三层、外三层，其实这里面的作品很多都是我们'二三流'的东西，但确实起到了一种扩大影响和普及的效能。加上我们在那里搞着艺术咨询，我们将有越来越多的观众，他们会为我们大肆传播其'流毒'，在他们看来现代艺术就是'新具像'也"！[2]

1　毛旭辉给张晓刚的信，1986年12月15日。

2　毛旭辉给张晓刚的信，1986年12月21日。

1987年1月,昆明散旦苗族山寨彭家坟合影
左起:沈家明、聂荣庆、曾浩、崔亚红、毛旭辉、孙国娟

此时的毛旭辉抑制不住内心的疯狂，他已经没有顾忌去思考那些已经发生的和即将发生的活动或者事件究竟会有多大的力量来推动自己以及亲密的朋友们的事业，他试图将"新具像"进一步推向新的高峰。他关心着张晓刚在四川美术学院里即将发起的艺术周，甚至希望张能够寄来 80 份左右的请柬，以便邀请昆明各界"名流"。

12 月 26 日，张晓刚带着高昂的热情将请柬寄给了毛旭辉，他告诉毛旭辉："'新具像'无处不在！！！这次艺术节将是美院多年来的一重大事件！十一点多了，刚加完班回来，很累，但想写几句给你，因我此时是多么的孤单！！！从开始准备到现在，是各种偶然增加了我向未知迈步的勇气！偶然万岁！真想回昆明喝一口那圭山的苞谷酒啊！"[1] 然而，尽管张晓刚将精力全部投入到他主动发起的艺术活动的组织与策划中，但是，他与他的朋友们并没有注意到这时的中国正在发生一场政治运动，以致被称之为"第四届新具像"的活动并没有按照张晓刚的计划进行，在不少人看来，这场现代主义的艺术活动是流产了，张也感到非常沮丧——尽管几天后毛旭辉在收到请柬时好像还不清楚出现在四川美术学院的局面。[2] 无论如何，从此之后，"新具像"包括"西南艺术研究群体"不再有任何群

---

[1] 张晓刚给毛旭辉的信，1986 年 12 月 26 日。

[2] 在张晓刚的一封写于 1986 年 12 月 28 日给毛旭辉和叶永青的信里，有这样的文字："从头一天开始院领导就找我谈话，第二天上午，党办的人再次找我谈话！原因很简单，上海闹学潮的风波波及了重庆，而重师的学生到处串联，想搞游行。这是天时不行对，我万万没想到学校，如临大敌一般的在注视着我。另外我们的合作者，重师文学社的人昨天上午突然不辞而别，中途拆台，而办讲座的人（也是重师的）到了预定的晚上八点仍不见来。我把一切均准备好了，并且大礼堂也坐了很多人，而与此同时，在舞台幕布后，院长书记却在召开团学生会的人讨论学潮的问题。当时其他的人均突然不知去向！我感到是那么的孤单！"

毛旭辉在收到张的来信之后于 1987 年 1 月 3 日还激动地给张晓刚回信说："元旦收到最好的礼物是'第四届展览'的请柬，接着今天又收到请柬一份和信，很激动！！我认为是非常成功的，首先我们应当感到高兴，为'新具像'这面大旗以及我们的生命感到骄傲，在为这个世界上有'刚儿'而感到振奋，我以为你和你的行动干杯了！！其他发生那些事都是微不足道的，在我们的现实中发生诸如此类的事是正常现象，关键是现实里已存在了一个'新具像'的东西，它的东西已这样和那样地'广泛地'存在于各种不同的人的大脑皮层里，在搅动他们的脑浆，在发酵他们的肌体。我认为这是'新具像'最有意思的一次，读你的信叙述展览前后经过，是一幕真正的'新具像'式的喜剧本子，这是中国美术界在八六年最末的日子和八七年最初的日子最富有喜剧性的一幕，地点在全国乃至世界闻名的九龙坡黄桷坪电厂附近的四川美术学院。"

体性的活动。[1]

现代艺术的辩护

毛旭辉提到的《美术思潮》1987年第1期里发表的文章是主编彭德邀约的，标题为《新具像：生命具象图式的呈现和超越》。这是珠海会议之后毛旭辉基于之前关于艺术的思考写的一篇完整的艺术思想陈述。之前，毛旭辉阅读了太多的西方著作，现在，他开始用自己阅读到的概念和思想来组织自己的文章，为自己和朋友们的艺术进行辩护和阐释。他显然想用一种看上去非常具有理论色彩的文字来为"新具像"成员的艺术进行伸张。这个时候，高名潞正在收集各地青年团体的资料，组织自己的概念，而在昆明，还没有一个可以用文字来为"新具像"进行辩护的批评家出现，于是，艺术家只有自己来为自己进行辩护了，在毛旭辉看来，他就是"新具像"的发言人：

生命是创造力和精神的本原，只有从它特定的时空出发以运动的方式才有可能与世界谈话，才具有改造世界的可能，从此意义上，艺术作为生命和创造的代名词首先是摆脱了除自身外其他任何目的和功用，从个体的生命出发并维护这个实体时，它才展开了自己的羽翼；只有当它找到自己的时候，它才能超越自身的可能。当它真诚地富于感性地表述自己的激情和自发地呈现自己的内心时，必然触及了"公众的秘密"即人类的秘密。

这里的用词显然是阅读有关生命哲学著作的结果。不过，由于大脑里已经容纳了大量的西方思想的词汇，对于艺术家来说，他的任务是如何将复杂的阅读构成一个服务于自己思想的表述。文章中的情绪是饱满的，充满激情，不过在基于表达新的艺术观念和目标时语句仍然是急促和缺乏系

---

[1] 毛旭辉在一篇给高名潞的文字中最后有这样的说法："第四届展一结束，可谓是'最后的晚餐'。由于反自由化，1987年'西群'都没有什么活动，各自画自己的画去了。"（毛旭辉：《记"新具像画展"和画家以及"西南艺术研究群体"》）

统性和逻辑性的。艺术家想说的话太多太多，他引用索尔·贝娄的著作，却又是康德的概念和意思；他想说艺术来自生命的要求，不受任何目的性和功利性的制约，艺术不是谁的私有财产，是来自最为深刻的人类的精神解放，却也是需要具体的形式和符号来呈现的。生命—创造—形式，最后形成生命的"具象图式"，这样可以解决个体生命的有限性，完成追求永恒目标的梦想——这是他在之前的笔记中已经写到的东西。这样的具象图式有其明显的功能：

排除掉所有的恐惧感。（张晓刚语）

在死亡面前"表现出临危不惧"。（侯文怡语）

毛旭辉引用了这两位战友的话，想表达的是：他们的艺术就是对命运的反抗。所以，艺术家没有将艺术视为一种对生命承担责任的工具，这个逻辑最后就演变为"新具像"是"对心灵和生命的承诺"。然而，艺术家提醒说，在生命的具体艺术呈现的时候，却可能是一种复杂的形态：在态度上，理性与直觉、玄思与本能是同时存在的；而在形式上，古典与达达、现代与原始并存。

也许是因为寂寞，我拿起了画笔。在这里我找到一种语言——外部世界和内在世界交流的语言——一个自身存在的空间。（张夏平语）

由绝望开始灵魂的负载，这样的力度即画，不只是表现，也不是发泄，而是在此之上的一种控制、一种评判、一种人格、一种导向、一种境界。（侯文怡语）

似乎一个不属于生命自身的热欲在阻断，在摇醒我去做而不仅仅想去做。它使心灵在一个遥远的模糊的搅动里奏响了生命的强音。五块画布在你面前，你感觉面对生命的刺激与挑战，你死我活的厮杀，是证明你的时刻，是逼迫你的时刻，是挣扎去想、挣扎去做的时刻，迫切需要的只是去做、去行动、行动。（潘德海语）

跟在这些朋友的话后面，毛旭辉又从朱光潜先生的《美学拾穗集》里引用了歌德的语录，以说明"新具像"不过是不同复杂的个性的一个符合整体目标的集合体,由此可以目睹"生命的具象图式的种种摄人心魄的画面",而这些"画面"就是时代的形象与证据,是接近真理和未来的途径。艺术家跟着又扯出了叶芝的警句"人不能认识真理,但能体现真理"。

毛旭辉讨论了艺术的形式问题。他当然要向人们介绍如何去认识和识别"新具像"的具体样式与表现风格。可是,艺术家又说:既然我们要透过形式看到"精神的奥秘",那么形式与内容就是一回事。这样的逻辑怎么去区分"新具像"的形式特征呢?毛旭辉对"具象绘画"和"抽象绘画"——实际上都是来西方艺术史阅读之后的词汇进行了辨析:他说具象绘画缺乏真实性,具有图解性和说明性的特征,仅仅是表面逼真。可是这是指的什么绘画呢?使用时髦的"具象绘画"这样的词汇反而遮蔽了要说的意思,在很大程度上讲,毛旭辉应该指的是已经流行好几年的"乡土绘画",即那些对少数民族的风情或者羊皮袄刻画入微以致非常矫饰的商品画。艺术家也批评了"抽象绘画",他说抽象绘画因为过分的主观性而阻断了心灵的作用。这样的分析为毛旭辉和他的朋友们的表现主义手法奠定了基础:他们不要过分的视错觉的刻画,那样的方法缺乏内心真实的书写;他们不要纯粹的抽象安排,那样看不到精神世界的模样,因此,改变视网膜传递的形象又保留形象的基本关系,通过艺术家直觉的创造性作用,将内在的幽灵诱导出来。这样的观点直接让我们能够联想到毛旭辉已经非常熟悉的贝克曼。毛的解释为自己提供了形式的丰富空间,当抛弃了"逼真"和纯粹的抽象图案后,各种各样的形式与符号就可以自由地被艺术家所利用,在物质世界和心灵空间这个范围内,任何形式的安排都是可能的,只要艺术家保持住了与两端的联系:

当它包括了各种式样、各种造型要素、多种语言、多种结构和多种维度时,它就是"新具像"的式样;当各种因素相互交叉、相互作用,既排斥又广纳,既独特又综合时,它亦是"新具像"。

在这个允许任何可能性的表述之后,毛旭辉又加上了阿莱桑德雷(Vicente Aleixandre,1898—1984)的话:"新具像"更像一道启示"来沟通各个领域的知识,连接人的直觉和理智、混乱和秩序这些两极化的东西"。借以表明自己的观点与著名思想家的看法是一致的。最后,毛旭辉强调了行动的重要性,正是艺术家的行动,才可能产生具体的结果,灵魂才有可能获得超越。

叶永青的文章没有赶上《美术思潮》1987年第1期的发稿,不过,与毛旭辉不同,他的文章是试图介绍10月份成立的"西南艺术研究群体"的艺术,他希望对那些生活在西南边陲城市的艺术家的艺术做一次学理分析,让人们知道,不局限于地域特征的新艺术在云南已经在发芽了。在这篇题为《西南群体绘画中的自然意识略述》的文章里,叶永青介绍了这个群体中的不少艺术家:苏江华、杨黄莉、毛杰、张晓刚、张夏平、孙国娟、潘德海、马祥生、甫立亚、毛旭辉、任小林,他们中间有不少人事实上参加了"新具像"的"幻灯展",因此,把文章视为对"新具像"艺术现象的阐释离题不远。叶永青尽量使用一些新颖但模糊不清的词汇与表述,不过,他的主题所涉及的问题是清楚的:陈述在这些艺术家的艺术中人与自然的关系。他一开始就提示说:"当代群体绘画中复活了的自然意识及交错着的各种意向,是转变着的社会生活的产物。"[1]这意味着这些艺术家对自然的理解不是像他们从书本里知道的高更对塔希提理解的那样是一种纯粹的与现代社会没有关系的自然。云南是一个少数民族很多的省份,经常会有穿着民族服装的男男女女行走在昆明的大街小巷,这就是"云南画派"——以少数民族的形象为题材是一个重要的特点——产生的原因。在"文革"结束之后,在不少来自全国各地的艺术家(其中包括吴冠中)的眼里,少数民族及他们的生活就是一种淳朴的象征。然而,这样的看法在主要是50年代出生的艺术家这里已经不受到重视,叶永青将"自然作为社会的存在物"来表述,无论在写作这篇文章时叶对他的阐释主题怎样的不清晰,但是,他显然意识到原来人们对自然的理解已经发生的改变,他使用了"迷惘""灾难"(王毅)、"悲观""神秘"(苏江华、杨黄莉)、"病态"(张晓刚)、"怅惘"

---

[1] 叶永青:《时间的穿行者:叶永青文集》,中国青年出版社2010年12月版,第106页。

（李洪云、孙式范）、"距离"（张夏平）等词汇。在介绍毛旭辉的作品时，叶永青这样写道："毛旭辉在其《红土之母》中选择的是那些野蛮、粗粝、人类尚未完全征服的自然物象，思与境偕，寄托自己充满矛盾的强者的人生理想，创造出沉雄苍凉的整体风格。"这时不到三十岁的叶永青的文字多少有些拗口，文字的组织并不流畅并且有时语意不清，他在介绍了艺术家们各自的艺术特点时这样总结说：

  如是，自然和人合一的智慧载体——灵性绘画则不同地渗透在西南青年画家的魂魄中，总是或多或少，或强或弱地外化在我们的作品当中，他作为一种几千年的积淀，自然而然地发生于我们的直觉之中，我们所要努力的，只是将它熔铸于当代自然意识中去强化它，去升华它。[1]

  无论如何，叶永青的文字仍然是温和并充满自然主义理想的。艺术家们对自然的理解不同，没有妨碍他们对自然原初的眷念，尽管他们已经不同程度地意识到有关"自然"的种种问题。叶永青的观点与同时发生在其他城市激进的艺术宣言迥然不同，张晓刚在黄桷坪写信给叶永青："这种文章会被当今的'激进分子'视为'消极堕落'之言也！"[2]

  的确，在珠海热情接待毛旭辉的北方艺术家对自然以及自然的变化在内心引起的悸动这类问题没有兴趣。在北方的艺术家看来，他们所提出来的观点与口号，更为接近于此时青年艺术运动所追求的艺术目标。在《美术思潮》1987年第1期里，也发表了"珠海会议"的组织者王广义的文章。王广义所提出来的观点与西南地区的艺术家明显不同：他对本能与直觉没有兴趣，类似黑格尔的哲学与世界观的色彩在他以及北方年轻人大脑里颇为浓厚。王广义在23岁时才考上浙江美术学院油画系。在校期间，梵·高、马蒂斯、毕加索等西方现代艺术家的艺术对他产生过影响。他以后反感的表现主义，曾吸引过他的兴趣。可能是由于个性的倾向，西方古典主义艺术、

---

1 叶永青：《时间的穿行者：叶永青文集》，中国青年出版社2010年12月版，第112页。

2 "12月1日张晓刚致叶永青夫妇的信"，《失忆与记忆：张晓刚书信集1981—1996》，北京大学出版社2010年版，第94页。

古典哲学和美学对他更具吸引力。[1] 从毕业到1986年期间，王广义完成了《凝固的北方极地》系列。这批作品中体现出来的冷漠与凝固显然与北方地理与气候环境有关。艺术家在为自己辩护时，把这种"凝固"阐释成了对生命的"内驱力"的追求：

> 生命的内驱力——这一文化的背后力量在今天真正到了高扬的时刻了，我们渴望而"努力高兴地看待生命的各种形态"，建树起一个新的更为人本的精神模式，使之生命的进化过程更为有序。为此，我们反对那些病态的、末梢的洛可可式的艺术以及一切不健康的对生命进化不利的东西，因为这些"艺术"将助长人类弱的方面，它使人远离健康，远离生命的本体，这种病态的末梢的艺术喧闹声，将影响健康的人们倾听那来自生命内驱力的沉重而庄严的悲剧的钟声。[2]

在讨论艺术问题的时候，王还采用了与尼采的悲剧概念相似的说法。[3] 这种夸张的文字包含着对表现主义的不满——他没有解释这是否是针对新潮美术中尤其是西南地区的艺术家的表现主义倾向，不过，在那个时期，现代主义作为一个反叛的主体概念，暂时为所有反叛者接受，不同趣味与倾向的年轻艺术家都举着"现代主义"这样一个事实上在外延与内涵上非常模糊的旗帜。但是，看得出来，毛旭辉以及西南地区的年轻艺术家们与北方的青年艺术家在艺术的看法上是不同的。

11月底，毛旭辉又写了一篇题为"艺术趋向内在精神的呈现与表达——从全国青年美术思潮看云南青年的美术创作"的文章，发表在《云南美术通讯》1987年第1期。与交付《美术思潮》发表的前一篇文章不同，毛旭辉使用了更多的叙述性和描述性的句子，这样，他把这时心中要说的意思说得更加清楚易懂。他同样注意到了一个更为宽广的背景，知识文化艺术

---

[1] 温凯尔曼（Johann Joachim Winckelmann，1717—1768）的艺术哲学对于当时的许多美院学生来说并不显得过分古典，毕竟那是解放思想的时期，任何一本西方的哲学和艺术著作对于中国的青年人来讲都并不过时。

[2] 《美术思潮》1987年第1期，第20页。

[3] 《美术思潮》1987年第1期，第21页："我们需要的是这样一种艺术，即：生命欲望面对生命坠落的本能而产生的旺盛生命的最高生命肯定的方式——崇高的悲剧艺术。"

界的"寻根热",这个潮流在叶永青的文章里表现为对自然本源的重新理解。这种新的意识当然是对官方长期以来的文化艺术概念的政治化与工具化表述的一种反动。反思过去,就是重新认识今天,就是对过去的质疑。在讨论"'85美术运动"时,毛旭辉干脆直接指出了两种在他看来是非常糟糕的官方和学院的作品现象:

  当我们从那些近似病狂的"重大题材"中跳出来时,又战战兢兢地钻进民族风情的秘境中去求生存,一时间这个避风港成了过分时髦的主题。民族服饰、头饰、风俗、寨子、屋角、牛头马面那种近似明信片式的猎奇捕捉活动充斥画坛,"唯美"之风在云南找到最佳土壤,从罗列到堆砌,从装饰直到矫饰。

  "重大题材"是官方美术机构年年提出的政治任务,但是在现代艺术家这里,显然是需要避免的。至于民族风格,之前为蒋铁峰以及毛的老师丁绍光所实践并实现了一种具有强烈的装饰性风格的潮流,但是在毛旭辉看来,这样的"唯美"之风也是需要摈弃的。至于几年前由四川美术学院的学生创造的"伤痕"风格,毛旭辉认为也没有接触到艺术的本质,所以"没有彻底跳出过去的艺术模式",以致也是一种"悲剧"。所幸的是,"云南大概由于区域性的缘故避开了这种'悲剧'"。他数落了从"伤痕""唯美""生活流""矫饰自然主义"——其实是"生活流"的庸俗滥觞,针对这时艺术领域出现的问题,毛旭辉希望"来一次对艺术的特点、本质、功能、创造、规律、鉴赏规律、批评规律、发展规律这一系列问题的全面认识和反思,否则我们的创作将仍然只会处于一种盲从和蒙昧之中"。他将发生在浙江的"'85新空间"以及"北方艺术群体"的艺术思想引以为一种共同立场——尽管这时他们之间在思想与观点方面事实上存在不同。在毛旭辉看来,"新具像"是"'85美术运动"中的一个组成部分,而"'85美术运动""以历史为起点,在以人的价值为核心的对各种观念的重新思考和自发的行动,参与了中国现代艺术走向未来的巨大工程。当艺术呈现出健康的多元化的局面时,它将载着中华民族的现代精神步入世界艺术的发展潮流中"。毛旭辉没有回避西方现代主义的作用，他肯定塞尚、康定斯基、克利，肯定立体主义、超现实主义、行动主义以致波普艺术的作用。但是，他很清楚地提醒说："中国现代的艺术已从兴起、冲击、过渡到走向深化的过程。它已不是对东西方文化简单的模仿和借用，而是正在打入人的精神现实，去接近这个用逻辑语言难于表现的存在。"他甚至清醒地辩解："新具像"不是反传统，而是恢复传统，即"要恢复到创造性活动的这个传统上来"。在后面的文字里，他干脆说得更清楚："要说'反传统'只能是反文化专制主义、反艺术成为政治图解工具的'传统'，以及被两个'传统'异化出来的那一套创作模式和欣赏标准。"[1] 与叶永青一样，毛旭辉用了不少篇幅去介绍和分析他的朋友们的艺术，试图找出他们与官方艺术和"唯美"艺术之间的差异，强调其包含的现代性成分。总之，正如同年在《美术》杂志 1986 年 11 月号上发表的《云南·上海"新具像画展"及其发展》中所陈述的那样：新的艺术要摆脱为政治服务的工具地位，不再歌颂偶像，彻底向人的精神世界开放。归根结底，所谓"新具像""即心灵的具象，灵魂的具象"。在这年第 4 期的《云南美术通讯》里，毛旭辉还专文介绍了在珠海举办的"中国'85 青年美术思潮大型幻灯片巡回展"，他把这次会议称之为"珠海之风"。无论如何，正是大量的阅读和思考，促使着"新具像"艺术家们的艺术实践。"新具像"成员们尽管风格各异，但是他们的表现主义倾向是受到西方现代艺术家强烈影响的产物，他们彻底抛弃了之前的"云南画派"以及其他一些注重形式的绘画，而将内心的自由表现作为艺术的出发点。毛旭辉将"新具像"的几个主要艺术家在 80 年代完成的作品视为对那些西方思想家和艺术家的影响和教导的报答，其发自内心的感受实在是真实之至：

作为某种回报，我们在那几年，通过个人的努力画了大量的作品。张

---

[1] 这一年董希文在 1952 年完成的《开国大典》被第三次修改之后再次获得展出。1955 年，"高饶事件"导致画面中高岗的消失；"文革"期间，由于刘少奇的政治权力被剥夺，《开国大典》被再次修改，刘的形象被抹掉。1978 年 12 月之后，政治领域的变化之一被认为是更多地尊重历史，于是，由中央美术学院的靳尚谊牵头完成了《开国大典》的重新绘制，将曾经被抹去的人物放回了原处。

晓刚、潘德海和我的宿舍里都堆满了画。生活的空间被自己创作的东西挤压得越来越小。房间里长久弥漫着那种牛胶、油画颜料、松节油、烟草、老鼠屎以及霉变的混合味道。每月的工资拿下来，除了止不住地买书和买颜料外，已很少有钱来照顾身体和家庭。[1]

"荒原狼"

1986年6月，毛旭辉买到了黑塞的《荒原狼》[2]。虽然这是黑塞的小说集，其中包括了《彼得·卡门青德》，但是，只有新读到的《荒原狼》被这位读者画上了太多的着重线，那些被做了符号的地方正是毛旭辉感受至深或者非常认同或者影响巨大的句子。他甚至将那些摄入内心的观点再抄写一遍，放在书的空白处，例如在黑塞的"出版者序言"的最后，他抄写了这样的句子：（对这个巨大的时代病症）"不是通过回避和美化来克（服），而是把这病症描绘出来加以克服。"毛旭辉同意这样的句子，他甚至从此就是这样更加努力地去暴露他所认为的病症——社会的和自己的。

与黑塞笔下的"荒原狼"相似，毛旭辉不过是一个普通人，用两条腿走路，身上穿着衣服。可是，很难说究竟是什么原因，导致这个人的性格和行为以及他的思想感情表现出奇特与怪异。这样的奇特与怪异并没有表现在他的言行举止与众不同，或者不断地给予他人以攻击。他学习绘画非常快，他从对图形的描绘到体积与透视的理解，从对视觉形象的写实到用光来呈现看到的物体，最后，他能够充分理解从百货公司向电影公司的调动不仅有利于自己的艺术学习，也能够调整自己与艺术毫无关系的身份，但是，他的确不满足，他对自己的生活、对自己的艺术，一直就不满足，他甚至完全学不会对过往的一切满足。很难说这样的不满足是什么原因，可是，

---

1 毛旭辉：《回忆"新具像"》（1996年）。
2 该书由漓江出版社1986年3月出版，包括有黑塞的两个长篇和几个中短篇小说。

暴露疾病，放任黑暗的病理因素的蔓延，的确是来自荒原狼的一种特性。不管是病理因素还是社会原因，无论怎样，毛旭辉就是将人的表面和并不光鲜的狼性结合起来的一个艺术家。在1985年11月的一个夜晚，他在一本以后写下不少诗歌的本子的开头写道：

> 我希望这个本子里写下的东西更接近我；比平时见到的那个我更为真实。
> ——这就是我的目的。[1]

本子里记录的是一些诗歌，写于1985年到1987年，这些诗歌的文字很难是具体的生活内容或事件的描述，但那些心情与感受以及低落的叹息都是真实的。可是，不同的诗歌所描述的事件——如果它们都有的话——和内心世界，是不成惯常逻辑的，是脱离了正常人的意识状态的内容，除了有时表现出期望与美好，大多数情况都是不妙的、难受的，甚至恐怖和可憎恨的。他可以回忆起一桩往事，他看到像瓦一样灰色的鸽子落在屋顶，他记得他曾喂养过它们，并为它们搭建过栖身的窝。他将它们带到河埂与郊外，他放了它们，可是，那些灰色的鸽子来来回回，有时还带来新的伙伴。这位生活在昆明的艺术家，也感怀时光，他会敏感到秋天的到来，夏天即将过去。可是，"也许在舞厅里感觉不到这声音，当你穿过忽明忽暗的街道，有一种紧迫的虚空压下来"。

有时，不知是什么原因，将毛旭辉牵引到田园的想象与回忆。他说他很自信，他把这样的自信理解为像昨晚睡了一个好觉。他望着天空，走在红土路上，手里握着绿色的树枝，大自然给予自己的自信，所以他想象自己在向生命、向蓝天致意。这样的感受他在圭山的绘画里有非常清楚的表现。

当然，大自然并不总是让人心旷神怡的。即便是天上的云，复杂的形态"朝大地投下阴影"。甚至，"像一群狂妄的野汉，朝你迎面走来"，最终，让人内心骚动不安。

有时候，毛旭辉在想象着改变人的形式，例如集装箱或者货架上的东西，"像不动产堆在房间里"，结果是可以在有限的范围里装糊涂或者装傻，

---

[1] 绿色的塑料封面，日期为1985—1987。

也就是与他人没有干系，自己可以为所欲为。因为他（自己）对毫无生气的社会没有兴趣。在梦一样的空间里，他可以遭遇任何生命的形式：蜻蜓、蚂蚁、猫。可是，这样的空间是有转换可能性的：小巷、石棉瓦、烟囱、汽油桶、水泥的地面，生命就在这样的环境中持续。这只荒原狼似乎并不是一个实体，他像壁虎一样穿越，但是也许被植入"中世纪的怀抱"，可是，当夜晚来临的时候，猫约会的时间也到了，他又像幽灵一样消失……这样的梦呓经常都有，阅读使得这个年轻人很早就打开了习惯性的思维，而将内心的焦躁与不安以超现实的方式呈现，他认为这是最接近真实的。毛旭辉经常陷于梦呓之中，但他绝不会认为这样的梦呓是虚构的和不真实的，经历与日常生活在操纵着毛旭辉的词组，以诗歌的形式编织着真实的故事：狂欢之夜过去了，那已经是很久之前的事情，往日的激情已经从下水道穿过城市的河流流入永恒的夜，记忆中的一切——笑声、歌声、哭声以及叫骂声；月亮、骚乱的灯光、风以及酒后的狂言，裹挟着呕吐出来的黄水和酸味；直至次日午饭之后大脑恢复了清醒，艺术家把这些记忆中的经历视为真实的梦语。这些是多少年里毛旭辉与他的朋友们相聚所遭遇的情景。

性、爱、情欲当然一直是这个具有狼性的艺术家的话题。他清楚：性欲不过是性欲，也许根本就缺乏爱的成分。这样的状况会让人进入一种暴力与杀掠的心情，一种无意识的、直至心脏接近衰竭的宣泄，这样的念头很容易布置在画布上，一种不可控的野性导致暴力、性侵般的情绪发生在构图中。不过，这个时候的"荒原狼"也会想起伤感的吉他手以及黑眼镜的布鲁斯——而不是黑塞笔下的"荒原狼"喜欢的莫扎特。

在冬天，"荒原狼"会去思考死亡的问题，他想象自己的生命已经消失，所有的往事与记忆坠入地层，听着最后的呼吸，一切声音和形象都停顿与消失，这时的生命将处于什么样的状态。这样的梦呓是一种思考的假设，一种对于死亡和生命的认识，同时，也是对自我的存在的理解。可是，梦不会停留在抽象的基础上，它很快又从日常的视觉和物理世界中拼凑出来，不过，这个时候的头是红的，脸是黄色的，这似乎是一种情绪的结果，包含着自卑与无赖。大街小巷经常见到的牛仔裤给他留下记忆,破房子下水道的堵塞被转化为心梗,他同时想到了西伯利亚的海鸥飞来的情景,想到伙食团的老王,烧锅炉的胖子,想到二两白干,想到蜂窝煤的燃烧,想到老婆没有共鸣,而姑娘是个奇才……

都市的环境让这只荒原狼烦躁不已,所以,他有时——冬天——会回到自然,回到湮没已久的荒野。他回到山里,感受寂静,没有人,甚至也没有充满活力的树叶,土地仍然是红色的,可是脚也会被染红,因为梦是红的。在黄昏里,月亮下,僻陋的肖像已经久久地被人们所遗忘。这样的梦境当然会再一次提示毛旭辉去描绘圭山的风景以及其中的人物,但那样的风格已经非常具有表现性和书写性了。

1985年9月,毛旭辉从上海、南京回到昆明,他用诗歌的形式为自己画了一个"自画像"——《自画像:85——ON.1午夜》。他说他那永不着边际的灵魂,总是在夜晚十二点以后休息,以致从来没有睡过一个好觉。在不短的文字中,他继续将自己的经历、阅读和梦呓结合起来,尽管中间的行文与阅读经历及对历史和艺术的思考有关,但是在最后的文字里,我们仍然看到的是一个失控的灵魂在迷茫中发出的惊悸:

现在已是午夜
两只猫在窗下的破木箱里
求欢野合
发出婴儿哭泣式的欢叫
这是午夜
不能办到的事现在都可以办到了
这是午夜
大地又微微地抖动了一下[1]

当毛旭辉读到黑塞的《荒原狼》时,正是他准备去珠海参加"幻灯会议"期间,尽管他获得了批评家和艺术家同仁的认可,并且意识到新的机会正

---

[1] 绿色的塑料封面,日期为1985—1987。

在到来，但是，长期积淀下来的意识和感受使他不再将任何可能性理解为单一的好与坏：就像"荒原狼"面对美好与高尚时表现出怀疑与嘲笑一样，毛旭辉也对"美"给予了高度的警惕，他说美本身就是暴力，"一踩就炸"。所以，8月，是毛旭辉感受到艺术的可能性正在增长的时候，至少，渐渐树立起来的价值观系统正在赢得知音，毛旭辉内心似乎充满一种积极的感慨，他对生活在西南的艺术家的内心真实有一种高度的信赖，写了一首《致南方之子：第一歌》。可是，即便这样的兴奋之诗，他也把希望、矛盾与可能的失去放在一个逻辑上，他对标题的解释是：

致所有令人哭泣的日子

致所有南方的后起之秀

在那些毫无把握的日子里

你我被那些日子的嘴唇死命地吻着

它巨大的舌尖卷走了所有的希望[1]

没有一个含义是绝对的，没有一个希望是顺畅的，也没有一个判断是单一的，就像12月完成的《致南方之子：第二歌》的结尾一样，其祝福的语词仍然是极为不祥和充满荆棘的：

南方之子

　我祝愿了

　　祝愿了

带着你的绿枝

发芽的和未发芽的

去奔赴你的坟场

去履行这无垠墓地的呼唤

——从一种囚徒升华到另一种

囚徒的命运。[2]

1　绿色的塑料封面，日期为1985—1987。

2　绿色的塑料封面，日期为1985—1987。

使命感也许是80年代年轻艺术家中间比较普遍的心理状态,将自己的艺术工作视为一种有自我约束的神圣职责是常见的现象,他们在发表自己的宣言与表达自己的艺术思想时经常出现充满雄心的句子——即便失落和寂寞也"仍旧渴求异样情感的搏斗"。但是,正如我们在这里看到的那样,这里的"坟场""墓地"和"囚徒"的含义是不清楚的,并不是艺术家不愿意说清楚,是他在冲突的时代里有涉及承担与怀疑的难言之隐,甚至"墓地"并不一定是真正需要去牺牲的场所。

正如我们不断看到的,这位热爱南方的赤子当然渴望不断的爱,所以,有很多诗歌和文字记录的就是发生在某一刻、某一个时段或者某一个思念中的心情,这是"荒原狼"的一个很重要的特征,他的焦虑与号叫夹杂着一种悲悯、一种与生活中的压抑交织的情感,他经常会突然地将这些断断续续的情感涌现记录下来,这些文字很碎片化,可是,在毛旭辉看来,生活就是这样的,这是最最真实的,旁观者不可能,也没有必要去将这些碎片按照自己的日常逻辑联系起来,那不是"荒原狼"的生活本身。这只"荒原狼"在1985—1987年之间的生活状态就是那样:期待、亢奋、焦虑、爱、渴望、悲戚以及低声的哀鸣:

就是这些台阶想起了你
就是这些温柔的两滴保存了
你的抚爱
我完全是冲着这一切而来的
可我一直没有弄清这个事实

有许多事因疯狂而表露了
喝下的是酒,吐出的是泪
却还有很多,夹杂着梦幻的色彩
永远迷失了去向

从一个角落到另一个角落

在每一个细小的局部中延伸着的梦

那每一片叶子都挂着绿荫和烦闷

有的飘散了随着风

有的滴落在石阶上随着雨而流逝[1]

这首诗针对的是什么具体经历很难讲,不过就在后面的几页里,正好记录的是家庭即将破裂的时候,他刚刚离开让他感到慰藉的"向阳院",离开在四川美术学院的朋友们。在回昆明的路上,他用文字来整理自己的混乱的思绪:情感、艺术以及眼泪。

情感:

荒唐的是我自己,在半个小时之前还对"生死离别"不以为然,而现在又实实在在跌在这个深井之中。

艺术——在语言停止之后,在语言不在(再)发生作用之时,在语言无能为力之时,又踏上了艺术的国界——这片沃土。

艺术——非语言。

艺术——一种存在。

眼泪是从心里面发出的。

心支配了眼泪。当眼泪流出体内,心早已承受了许多东西……[2]

毛旭辉显然渴望一种温情,这就是为什么他说"向阳院"的生活恢复了他的人性、歌声和记忆。在人们的理解中,行走在荒原中的狼一定只有野性、粗鲁或号叫,可是,在恰当而温暖的环境和时刻,这只狼会恢复人的习性。毛旭辉说在"向阳院"一夜夜对艺术的讨论和自由的歌唱,使得"在我身上被掩盖了许久的东西,在这里又一次愉快地复归了,就像一下子从夜里走了出来"。其实,这个时候,毛旭辉的感情生活有短暂的寄存,重庆是此时的寄存处,"玫子使我变得纯情,在她的眼中,我感到自己的未

---

1 绿色的塑料封面,日期为 1985—1987。
2 硬壳封面笔记本(1986 年),毛旭辉的资料文件这样表述:"1986 年 和平村 2#1 手稿笔记本。"

尽的青春。在她面前我感到自己的衰老，只有爱才能恢复这种东西"。在嘉陵江边散步，观看流逝的江水，观看打鱼的人，那些停泊在码头的货船和江轮，在夜间的灯光和闪烁的倒影，都是印入毛旭辉心里的图像，当然，女孩离别时候的挥手，"那令人揪心的姿态和洁净的脸"，使得他"没有勇力多停留"。最后，他在内心表达了依依不舍的心情，"刚儿，我的好朋友，我们有很多话要说，永远没有个完了"。同时，这只荒原狼马上又将进入社会这个荒野，他开始恢复另一种心力："我们得花费一部分精力去对付社会，去赢得社会的承认，我们得变'俗气'一点。"当毛旭辉得知张晓刚在四川美术学院准备举办第四届"新具像"展览时，他已经将"新具像"视为一种搅动人们脑浆、"发酵他们的机体"的激素，他鼓动张晓刚扩散"新具像"的影响，他的鼓动词是那样的具有激励与疯狂的性质，以致达到了接近失控的边缘：

庆幸的是，我们不止一次地面对了悲剧，因而它在不断地上升，开拓着新的孤独和虚无。那是在"塞纳河"砸酒杯的时候就开始了！是在老圭山喝苞谷酒的时候就开始了！是在许多像狼一般呕吐中开始的，是在那些狂歌之夜月亮变得丑陋时开始的，它开始了一百多次了！！！酒精已经烧烂了肺，烧烂了胃，烧烂了喉管，那时就早已开始了！！世界早已享用了我们青春的精液、"高蛋白"以及我们身上的盐分！！我真想高呼我们是世界的源泉！！！[1]

然而，就在两天前，毛旭辉还与他的女朋友孙国娟去医院看望了生病住院的潘德海，他表达了对朋友的深情关怀。他关心潘的内心世界，他因潘之厌恶城市、喜爱山野洼地、描绘恬静的环境而受到感动。而在给张晓刚寄出去的同一封信里，他也讨论了对在北京的批评家的看法。他提到了张蔷——在"珠海会议"上认识的批评家，但是他说他发现了在北京的那些批评家——陈卫和、高名潞——之间有某种微妙的关系。这时，毛旭辉关心的显然不是灵魂问题，而是在思考如何在一个社会的荒野里寻找到成

---

[1] 毛旭辉给张晓刚的信，1987年1月3日。

功的路径,例如他希望找到有推动能力的批评家帮助"新具像"的事业。在1月5日给张晓刚的信中,毛旭辉很明确地指出"新具像"与"'85美术运动"息息相关,他要张晓刚明白:"我们要在现实里行动,就要进入潮流,而中国美术界的焦点一年余来都集中在''85'身上,而我们也就在这个焦点之中。"所以,尽力通过任何方式的目的不过是发展"'85美术运动"的成果:"中国现代美术史这是一个高点,不论哪个史学家都要记上的,就像要记上程丛林、陈丹青以及《父亲》一样。"

毛旭辉注意到,黑塞认为许多艺术家就是荒原狼,他在黑塞分析艺术家的段落上清楚地画上了红线,以表示自己的精神世界受到了认可和支持。黑塞在《荒原狼》里这样写道:

这些人的内心都有两个灵魂,两种特性。神和鬼,父亲的血和母亲的血,享福和受苦,这些都是同样敌对而混乱地在这类人身上相互共存和相互渗透,如同狼和人在哈立身上一样。这类人生活很不安定,在偶尔出现的少有的幸福时刻,他们领略到如此强大和难以言传的美丽的东西。这片刻欢欣的浪花有时会如此光彩夺目地高跃于苦海之上,以致这暂时闪耀的幸福之光也会触及他人,使他人为之着迷。就这样,作为高跃于苦海之上珍贵短暂的幸福浪花,那些艺术作品诞生了。

阅读过黑塞的小说的人,自然会理解为什么毛旭辉及他的朋友张晓刚,如此喜欢黑塞的作品。他们与那位德国作家的心灵是相通的。他们承认自己是一个精神疾病患者,承认自己在一个特定的历史时期的社会里人性遭到分裂,他们承认自己无家可归,就像黑塞描述的那只狼,被命运无情追猎,被时代的精神疾病所折磨。毛旭辉与他的不少朋友——在早期他们都是表现主义者——都是这样,生活缺乏稳定性,并且对持久的平静没有兴趣。可是,他们相信音乐,相信巴赫、莫扎特、贝多芬、柴可夫斯基、拉赫玛尼诺夫斯基、肖斯塔科维奇,他们相信在这样的无形世界里能够获得拯救。改革开放初期的中国不可避免地出现信仰缺失,这使得毛旭辉们在自己的作品中更多的是去表现由此发生的堕落和罪恶,并且通过个体灵魂的图像来表现精神的苦难和困境。在这个时期，与其说"荒原狼"渴望成功，不如说他们更希望人们对他们的价值观予以承认；他们对那个时代的惯习表示出蔑视，他们怀疑世界，甚至怀疑自己的人生，他们把人生是否有意义这样的问题通过自己个人的痛苦体验和艺术实践提示出来。这时的毛旭辉是个默默无闻的艺术家，无权无势，在这个社会里无足轻重，在官方美术机构的眼里什么也不是，但是，他敢于质疑，他鄙视现有的社会生活方式。从他接受现代艺术和现代哲学思想的影响之后，他感到对生活与现状完全不适，令人窒息的工作环境和社会的陈规陋习，使他陷于精神分裂的境地——在列车上时"三十多小时的历程，我没有与任何人交谈，我没有心情，我只有回忆，那才是我的生活。在此刻，车厢对我来说是可憎的，这里的每一个人都可憎，令人生厌。我们与他们天生就有区别。我们的生活是他们所完全不能想象的，我们有我们的世界，对他们是彻底封闭的"。所以，当他读到《荒原狼》时，他实在是太认同自己的相似的特性，他也认为自己就是一匹"人性"和"狼性"并存的荒原狼。他感受到了孤独，他沉溺于情爱与肉欲，他倾听激烈而调性不和谐的音乐，他愤世嫉俗，他听凭直觉感受这个世界。他有时候会将关注点完全放在温情的范围里，就像他在1987年3月31日给张晓刚的信中描述的那样："我一天中有十二个小时陷在对小毛头的盲目思念中，然后它促使我去多画一点画。不管是作为什么样的一个父亲，我毕竟是父亲，我另有一个简单念头，起码在她懂事之后要知道她那个抛弃她的老头子，不是一个无出息的家伙。"事实上，毛旭辉这时刚刚离婚，尽管如此，他还是带着焦虑的性情与张晓刚讨论年青一代的观念差异和如何与她们相处，带着紧张的心情与张晓刚讨论是否应该参加高名潞将在农业展览馆举办的现代艺术展[1]，如此等等。

　　实际上，直到这时，毛旭辉已经在大量的阅读和不断的阅读中形成了自己对社会、艺术和机会的反应。他不可能是黑塞笔下那样的"荒原狼"，他出生在中国的重庆，在昆明长大，并在接受着中式教育的同时，也接受

---

[1] 这个计划很久的展览最后于1989年2月在中国美术馆展出，见后。

着西方现代哲学思想的洗礼。他生活在一个生活方式、视觉方式以及行为方式发生迅速变化的时代，因此，他的性格和态度，他的道德与习性都是特殊的，是不能进行简单归类的。他当然同意自己大致就是一种罪孽深重的夜游神，这种动物觉得只有在夜间才能够发挥自己的想象，对未来产生幻想，他们知道只有在夜间才能够与同类聚集在一起讨论孤独的意义——寻求孤独感成为他们的共同特征。毛旭辉经常与朋友们讨论孤独，并为"老哥萨克"[1]们的孤独感到自豪。他与他的同类经常在夜间的河边散步与呕吐证明了这一点。他们经常讨论死亡，并想象死亡的美学状态，这是他们不想像常人那样生活而宁可通过对死亡的理解满足生命的存在的真实感受。事实上，正是寻求孤独，使得他们可以理解死亡的含义，以致对那些历史的自杀者能够有更深切的理解与同情。这当然是一个悖论：就像黑塞分析的那样，荒原狼属于自杀者，但是就荒原狼的本质来说，肉体的自杀并不是必要的，因为有一种神圣的使命要求他们通过艺术对死亡和自杀的模拟来向人们告诫生命本身的痛苦悖论：死亡是必然的，这就像生命必然要反抗死亡一样。[2] 因此，"对我们来说，他们还是自杀者，因为他们是从死亡之中而不是从生存之中发现了拯救者，他们准备好了抛弃自己，皈依另一个世界，熄灭生命，返回原始"（《荒原狼》）。毛旭辉在黑塞的这段话的下角写道："用死来体现生活的本能。"在这样的阅读中，毛旭辉一方面理解黑塞的原本含义，另一方面在体会自己的真实处境。他的经历完全不同于《荒原狼》作者的经历，但是他在那些由汉字完成的句子与描述的故事中感受了一种内在的共性：人对生命的理解。他不是黑塞所说的那些

---

1 "哥萨克"是一群生活在东欧大草原（乌克兰、俄罗斯南部）的游牧社群，在历史上以骁勇善战和精湛的骑术著称。在俄罗斯作家尼古拉·果戈里的小说《老哥萨克布尔巴》、列宾的油画《查波罗什人给苏丹王写信》、肖洛霍夫的《静静的顿河》等作品中，都传达着对哥萨克血性、粗狂的英雄主义的赞美。这些作品深深感染着毛旭辉这一代人，所以他们喜欢用"老哥萨克"来代称自己。

2 张晓刚在给毛旭辉的信里这样说："过去我们渴望'世界给我们一个角斗场'，也许……这个角斗场永远不会出现。我开始相信只有一个角斗场，那就是死亡。为了那个角斗场，我应当对人生尽到自己的职责。"（张晓刚给毛旭辉的信，1987年5月31日，《张晓刚书信集》第112页）在另一封信里，还有这样的表述："但愿我们不要染上麻木不仁这个病毒，永远地敏感下去——不是为了总结过去，而是对未知的领域，对死亡的恐怖始终抱着儿童般的痴迷。"（张晓刚给毛旭辉的信，1987年4月14日，《张晓刚书信集》第108—109页）

中产者,因为他所生活其中的社会根本就没有这样的人,但是,他对黑塞所说的被中产阶级含含糊糊地容纳其中的那些"怪癖人"多多少少感到是同类:他们强悍而野蛮,无论从圣贤还是从酒色徒方面来看,身上都有强大的动力——灵魂上的一致性。然而,不仅仅是黑塞开启了荒原狼灵魂的复杂分析,毛旭辉本身的生活与他的艺术历程,都体现出对其不能做简单的两分法的判定:不仅这个时候,在他以后的历程中,他都在许许多多的对立和两极方面处于来来回回的摇摆不定中:他对家庭和女儿愧疚的同时,又无法遏制地接近其他女性;他理解田园的含义,又对现实中的戏剧感兴趣;他相信内心的纯粹性,却又希望获得世俗权力的包容——他始终没有彻底放弃与官方美术家协会或体制的合作;他懂得生命的真实性的意义,却也仍然希望获得世俗层面上的成功。所有这些特性都在这个时期形成了,并在不断的阅读中获得了养分。因此,正是这种复杂性,正是自身内部的自相矛盾的因素的并存,使得毛旭辉和他的朋友们时常感到痛苦,这就正如黑塞分析的:一个胸腔或者大脑里有很多灵魂,这对于普通人来说是吃不消的,而艺术家有可能将其通过艺术的方式转化,这就是那些敏感的表现主义画家在画布上表现出痉挛倾向的原因。

无论如何,1987年没有任何奇迹发生,他的朋友张晓刚因1986年在四川美术学院举办的"新具像:第四届巡回学术活动展"受到重创而一直精神不振,直到1987年5月毛旭辉还在安慰张晓刚,可是他自己也情不自禁地述说着内心的矛盾与问题。这时,他们把在日常生活中不断产生的忧郁、焦虑、虚无和逃遁心理说成是一种世纪末的疾病,赋予一种文化的色彩,相互安慰;他们自称是"老哥萨克",却以欧洲——主要是巴黎——的艺术家的精神气质来理解和面对发生在自己身上的问题。毛旭辉与朋友讨论着艺术、世界以及精神问题,却也在为日常生活中出现的具体问题而担忧:

近来不想写信就是因为一种浓重的虚无弥漫在头脑中,情绪十分阴森,而感觉又并没有因此而麻木,好像什么都瘫痪了,生命在不断流逝,过去越来越浓缩为感伤的晚宴,月光作为它的照明,而心中依然怀着那种种爱的情感。在这漫长的没有冲动的炎热日子里,无为的生命不过在一点一滴地自杀……我想我还是趁早刹住为好!!

现在我已经独自居住在电影公司了,彻底告一段落。但这种状态也同样是可怕的,小毛头的形象老在梦幻中折磨着我,意识在我生命中的那条河流没有终止,在不断地反复,过去已深深镶在生命之中了。[1]

这样的文字显现出精神的高度紧张甚至崩溃。同样处在情绪不高状态的张晓刚也附和着这样的精神状态。不过,这两个朋友之间的精神交流是如此默契与充满理解,当朋友需要给予精神上的鼓励时,在那些复杂的心理淤泥中一定会升华出一种提醒灵魂自我拯救的气息:

很长时间了,今天终于有一封来自云南老友的信!看后重又把已逐渐平息的虚无之状勾起。今年是怎么回事?外部世界是如此的荒寂,而我们的内在世界也在同样地"溃烂"着:这是很可怕的。大毛兄,说真的,我认为这种状态是致命的。悲剧意识的升华应当是更加勇敢,还是伤感地一边舔着自己的伤口,一边让生命的热血白白地流淌?我希望我们的血能与生活中的许多具体的事件联结起来,尽可能地减少这种精神与肉体、思维与现实的分裂状态。也许永远是一种奢侈的理想,更不意味着要去向我们所厌恶的事物妥协,而是自为地去努力使我们的精神具体化,老哥萨克既是虚无的,同时又是摆脱不掉某种责任的,这种矛盾的、充满戏剧性的内心状态,对我们来说,最可怕的敌人也许仍然是"愤世嫉俗"的文人心态。它使我们在面对现实的时候,往往在两极之间摇摆,要么寄现实以太大的幻觉,要么视现实为烂疮、充满毒气。而现实毕竟是现实。什么是最好的现实?能使我们的精神得以发展,得到升华,得以具体的呈现,也许就是最好的现实?不论它是黑夜还是白昼。大毛,近来我也一次次地在现实中碰壁,面临一个个的困境。我真希望我们都能很"肤浅"地再次回到学生那会儿的状态之中,显然这是不可能的了,我们都已有了太多的经历——但愿经历能真正成为财富,而不是包袱。写到这儿,又想起过去我对夸父

---

[1] 毛旭辉给张晓刚的信,1987年5月27日。

的崇拜来,我现在仍希望自己更具有夸父精神——一个拥有悲剧意识,怀着大热爱的新夸父。

你在来信中谈道:"什么是该做或不该做的。世界越来越没有一个明确的意义,敦促肉身去前行。"我认为这句话道出了我们目前虚无的焦点。是的,随着岁月的流逝,使我们日渐地感受到荒诞的强大所在。而过去的理想、热情在它的面前常常显得苍白虚弱,甚至可笑。但是大毛,我突然感觉到一点,世界的历史也许,恰恰正是由一些"痴狂者"在推动的,一些"可笑的"把本来无意义的瞬间扩大至一种合理的"孩子们",正是他们使许多事物在这种"可笑的"推动中从此再无意义,而又使一些事物充满新的意义,成了某种"本质的东西"。前些日子我在笔记中写道:"既然矛盾已成了一种合理的存在,那么荒诞也即成了某种真理——应当去'爱',而不是去质疑?"[1]

张晓刚的劝慰对毛旭辉自然有用,但是,个人的处境仍然影响着这只在精神上四处流窜的荒原狼,他在荒野里游走,有意识无意识地应对着不得不面对的一切,思想随着每天琐碎的生活内容和偶发的感受而发生变动:从听流行歌到带着女儿去海埂游泳;从理解西方人的思想到对"乡村"的思念;从朋友间的聚会到对个人未来的想象;从帮助女生考美术学院到传递朋友们之间的近况信息:

我最近的状况一下子是很难于脱离掉的,表面上,我也同样几乎和过去差不多,与人交谈,与朋友露骨地谈深刻,谈油爆、饮酒,还不时与一些头脑简单的女人搅在一起做菜做饭,听苏芮、听费翔。最近还经常带毛羽[2]去海埂游泳、晒太阳,这一切都很正常,也很健康。只不过那种虚无状是彻底来自内心深处的,是来自那些还未搞清楚的潜在意识中的发霉部分。我讨厌这种状况,也不愿将这种病菌带到朋友们的房间中去。这可能是世界对我们这类永恒的理想主义者的惩罚,或者说是惠顾。总之,一时难于

---

1 张晓刚给毛旭辉的信,1987年5月31日,《张晓刚书信集》,第111—112页。
2 毛旭辉的女儿,后随母姓改名为贺晶。

摆脱它。谁愿意将自己封死在那种不近人情的虚无之中呢？！除了普鲁斯特、乔伊斯、卡夫卡，很少有人愿意涉入这个可怕的领域，我们需要一种富有人情味的生活和人生观，我们愿意过一种比现在肤浅十倍的生活，我们现在没有必要全部身心去致力于艺术宗教的建立，特别是在我们的辽阔大地上，而应奋力从那个还是半成品的类似废墟的圣堂中逃出来，去接近"乡村"的气息，去寻找新的热情和解放。我实实在在想就此休息一下，这几年马不停蹄干了很多事情，我也有一种疲倦之感。我在这种疲倦之中前些日子度过了我31岁的生日，几个好朋友聚了一头，雅雅地喝了几杯。我就只想优哉游哉混一阵子再说，想尽可能地放松一阵子。我也知道这会给我带来什么，一切都不想细想，顺其自然算了，可能变成一种我过去最讨厌的那种人，就像那些从欧站归来的流放者，想放松一下。尽管也知道没什么可以乐一乐的东西，不过是一种精神和观念的放松罢了，我想就这样吧！！

这样的生活状态普通，没有任何特殊性，只是最近在感情生活上又出现了问题[1]。不过，与别人不同的是，毛旭辉与他的朋友希望在这样的普通生活中寻找到生活的意义、人生的价值以及生命存在的理由。看到毛旭辉低落的情绪，张晓刚回复鼓励说："为了更大的虚无去搏斗，这过程中所有的偶然也许正是意义之所在？"[2]

1986年的一天，毛旭辉用竹笔和钢笔作了一幅构图。他将这幅画命名

---

1 在6月13日给张晓刚的信里，他告诉张："我与小孙（国娟——引者注）最近关系也十分紧张，这些事太难处理，我只有随便些好，淡化之。"到了10月，毛旭辉又给张写了一封信，在信中他谈到了中世纪这个主题。他说他度过了"一个伟大的中世纪复兴时期"，这是因为在6月之后，与女朋友疏远，他几乎独自一人生活，他说他过了一段禁欲的生活。这样的生活居然能够让他思考到中世纪，并产生这样的概念："当我们的生命处于崇高的禁欲时期时，灵魂的升华我们才真正感知到。我们只有在孤寂之中绝对的孤独，我们才能接近那些崇高的事物。当我们忙忙碌碌、斤斤计较的时候，我们完全离开了'人'的本质。是的，中世纪是黑暗的、单调的，但它却给灵魂一次机会，而这种机会并不是一般人愿意接受和可以接受的，大多数的人拒绝了这样的机会，而只有我们这种老哥萨克面对而接受了，从中发现真理。"他甚至告诉张晓刚："我不买书了，断烟了，断酒了，也不与女人来往，甚至也不与那些年轻的朋友来往。"（毛旭辉给张晓刚的信，1987年10月16日）在年底，毛旭辉还说："我现在只不过周围没有一个真正的夏娃，所以相比之下，禁欲更合适一些，所以在这个问题只有耐心等待，我想神毕竟不会忘记我们这种具有纯洁想法的人。"（毛旭辉给张晓刚的信，1987年12月1日）

2 张晓刚给毛旭辉的信，1987年6月20日，《张晓刚书信集》，第113页。

为《荒原狼》：画中有四个裸体，似乎只有趴在地上抽烟的人是男性——这也多少透露出这个时候的艺术家也陷入了女人之间的纠缠。这是南方的荒野，他们显现出在这个荒野里无所事事，百无聊赖。艺术家把前面中间的裸女画成了动物，四肢撑在地上，象征"狼"的含义。毛旭辉要说的当然不仅仅是自己，而是他们，是自己这一代人中处于茫然、孤独和苦闷的那些艺术家和重新思考人生的年轻人。他们重新认识自然，相信赤裸的身体的纯洁性，但是，他们不知道在现实的荒野里究竟该如何前行。抽烟、酗酒、做爱、画画，这一切都是对一种来自欧洲19世纪末的生活方式和态度的模仿或认同。他们不愿意回到普通社会的人群中，他们更对官方反感之至，他们希望直抒胸臆画出内心愿意画的画。他们承认这就是病态，但是他们心甘情愿接受这样的病态，并希望将这样的病态公之于众。

心理叙事

在图文内容驳杂的"1986年 和平村 2#1 手稿笔记本"里，毛旭辉也有讨论绘画的文字。不过读到那些文字，就能够感受到这位艺术家的经历、体验以及无意识的力量。与北方的艺术家完全不同，南方的艺术家对生活与对艺术的理解是依凭直觉并愿意陷于"病态的末梢"的（王广义）：

绘画艺术最终还是在具体作画的过程中产生的。靠感觉、灵性、直观。认识如果没有化为感觉的灵性，再深再完整的认识都是不会产生艺术的。[1]

这样的艺术观点与毛旭辉读到的西方表现主义艺术家是相似的。强调直觉与感受，强调艺术与生活的合二为一。艺术家清楚各种各样的艺术定义，不过，毛旭辉强调的刚好是定义没有触及的那个部分，"更重要的是让那些处在模糊、不能界定的东西给予重视，赋予一种表达的方式，一种表现

---

[1] 硬壳封面笔记本（1986年）。毛旭辉的资料文件这样表述："1986年 和平村 2#1 手稿笔记本"，用牛皮纸做封面。

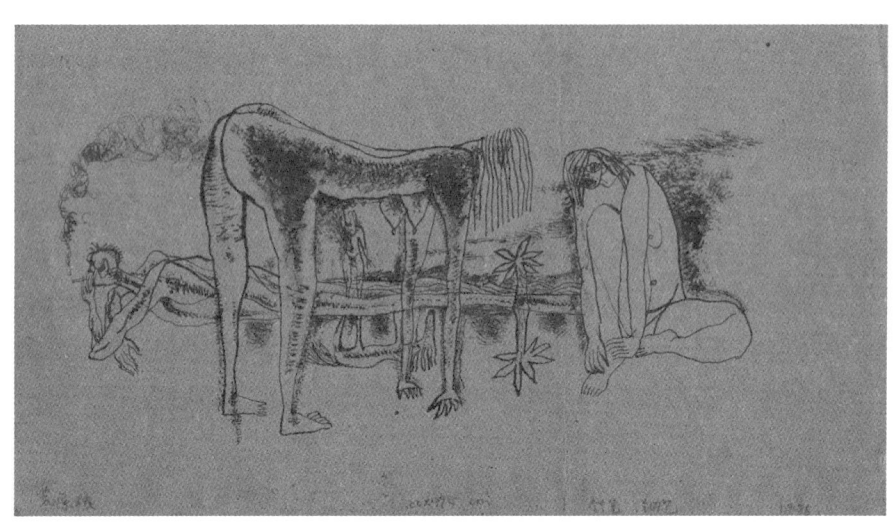

《荒原狼》
纸本钢笔、竹笔
22 × 39.5cm
1986 年

的形式"。这样的表述,多少让人想起贝克曼所说的"让不可见成为可见"。这样的艺术态度无异于强调开启无意识的冰山,让潜意识的能量尽可能充分发挥出来。"艺术关怀人最基本的问题,精神的存在和苦恼,以及幻想。"所以,在毛旭辉们看来,艺术问题就是人的问题,是内心欲罢不能对立状态中的一种最后结果。

在1986年的一个速写本里,毛旭辉谈到了自己内心的两种完全不同的倾向:

> 在我的血管里、精神里,存在着两种东西,一种是极力地从现实中逃离,而且又是逃得很远。这导致了神话的产生;另一种是执拗地面对现实,就好像把自己一层一层地撕开来看,血淋淋的,肉麻麻的,令人无法接受的。丑恶的,悲剧的,黑暗的,阴郁的,虚无的,我把这一部分称之为现实主义的具象的,哲学的,理性的。[1]

从1985年到1987年这两年完成的作品,清晰地呈现出艺术家自己已经了解到的这样的状况。不过,梦的影响没有现实更有力,尽管"圭山"是梦的呈现主题与诱因,但是,每天的生活却是具体而扰人心乱的。在不断有"圭山"或田园(有时是"伊甸园")题材的伴随下,周围的日常生活所给予的感受占有主导的位置。毛旭辉保持着在速写本里做形象日记的习惯,他总是将最有感触的心理事件用墨水或者钢笔记录在纸上,有些在之后就发展成为油画。1985年的秋天,毛旭辉已经从乱糟糟但兴奋的"新具像"展览的忙碌中退却。在9月的一些手稿中反映出,从筹钱到上海和南京操作展览过程中的那种疯狂并没有结束。他不是通过《山神》这样的孤魂的方式表现内心的狂乱,就是干脆直接用舞蹈的《夜》来表现欲望与不安。也许性爱强烈地影响着毛旭辉的心绪,他用《已经堕落的亚当和夏娃》或者《夜·自画像》这样的主题来表现男女之间的极度欲望。这样的极端状况使得毛旭辉甚至将人的生存的意义简单地归纳为"动物意义上的

---

[1] 毛旭辉的资料文件这样表述:"1986年 和平村2#2 手稿笔记本 含红土之梦手稿。"

生存"——他并不认可,但是他想这样表述出来发泄内心的欲望。他画了两幅超现实主义的构图,利用的是艺术史的图像——例如米勒、梵·高,他内心充满了幻想与不确定性。在很大程度上讲,这是在思考自己艺术发展中的问题,但是,他的语言思考被本能与混乱的心绪给干扰了。不过,参加"新具像(作品幻灯、学术论文)第三届展"展览的几件表现和平村环境的作品表明艺术家将目光移向了最为具体的生活环境,与参加首届"新具像画展"展览的"圭山组画"或者"体积"系列相比,每天必须经过和看到的环境显得更加不可回避。

1986年的生活与之前没有什么不同,毛旭辉用墨水和竹笔画的构图不多,主题仍然是生活的困惑与堕落。显示出情绪不稳定的裸体男女——"生命生存,时间模糊,可能性,所有的事迹。如果在这一瞬间或者你出去了,是否……"以及处在迷乱和焦躁中的自己。重要的是一批室内人体的作品。这些被放进"私人空间"系列的作品大多参加了"新具像(作品幻灯、学术论文)第三届展",极为强烈地表现出艺术家对自身在日常生活中的关注与严重的心理焦躁。那些翻腾不安的裸体被限于简单的水泥房间,然而,人体的姿态与色彩和表现笔触,使得完成的图像更多地具有象征意义:灵魂受制于无形的空间的挤压。在1984年6月去重庆出差的时候,毛旭辉曾记录了房间引发自己的心理感受,而这样的感受显然不是一种形式主义的着迷,而是涉及生命在不同的空间里的心理状态与微妙的反应:

一块黄颜色的门,窗子是两块黑色,铁床很有意思,是深蓝灰色,漏出一些褐色,白墙在日光灯下是冷灰,天花板附近重一些,渐渐淡下来,床单是偏皮肤那种灰黄色,枕头是红色的,地面挺重是褐灰色。这就是我在重庆住的房间。很安静,九个人住的房间,都走了,只剩下我一个人在这里享受这种安静。窗帘是深绿色的,逆光特别好看。外面在落雨,灰色的城市,雨泞,脚步声,屋顶上悬着一架电扇,扇叶特别好看,是鹅黄色的,受着壁墙银灰色的反光,很透明,雅。这一切又列入了我的记忆,大

《山神》 纸本水墨 30×41.5cm
1985 年

《夜》 纸本水墨 31×43.5cm
1985 年

《夜·自画像》 纸本铅笔 34×45cm
1985 年

《亚当与夏娃》 纸本毛笔 38.5×27cm
1985 年

第三章 "新具像"与现代主义　271

脑的储藏力是无穷无尽的，单房间我就可以说出很多很多，我的童年住过的，朋友的，家里的，还有书上看到的，电影上的，有潮湿的，有明亮的，有的有一种怪味。还有农民的和少数民族住的那种被烟熏得漆黑的低矮的房子，有砖墙的，有木头的，也有竹子的。房间，这是一个沉默的地方，我在许多房间里生存过，有时很多人，有时一个人。[1]

正如我们在"红色体积"和"圭山组画"中看到的那样，毛旭辉的作品反映出这位艺术家精神世界的复杂性。在那里，本能与崇高、狂躁与抒情、荒芜与田园的成分是并存的。这种情况完全类似黑塞对他的"荒原狼"的分析：人没有一个统一而单纯的自我，人是"一个非常多元化的世界，一个群星闪烁的小天体，一个由各种形式、各种阶段、各种状态、各种继承下来的天性与可能性组成的杂乱无章的混合体"（《荒原狼》）。这就是我们在"圭山组画"系列作品中看不到一种绝对的牧歌田园的原因，在"回到自然"的表现中，本能的恐怖与不安明显可见。

的确，正如艺术家所喜欢阅读的《荒原狼》中的一句话那样："回头根本没有终点，既回不到狼那里，也回不到孩童时代。"因此，生命的当下体验就成了精神赖以存在的基础。对于艺术家来说，生命的当下体验是承受痛苦以及所有的不愉快、不舒服，而不去选择什么幸福、安乐、享受、轻松、自由……"我们需要监禁、囚屋、酷刑，我们需要折磨，需要逼迫、恐吓心脏和神经，要使我们的意识喘不过气来，我们需要压抑、不断地扭曲、一再地绝望、被鞭打，只有这样，你才有机会获得人的价值，这一切是调动灵感的动力和风势。"实际上，这样自虐性的心理状态是一种社会现象，这个现象与艺术家这一代人从"理想"脱离开来而失去偶像目标之后不得不重新认识人的价值这一事实有着必然的联系。既然生命过去赖以存在的那些"理想"与"价值"被历史与现实从艺术家以及他那一代人的心中推翻了，那么生命继续存在的意义又在什么地方呢？这个问题的提出是十分

---

[1] 红色塑料封面的《速写本》（标注 1984 年）。

自然的。在回答和解决这个问题的过程中,毛旭辉很容易地接受了叔本华、尼采、萨特这样一些西方哲学家的思想。如果我们对艺术家的生存环境(这也包括文化空气)比较熟悉,就能理解艺术家的这种"接受"之所以"很容易"是由于生命如果要持续下去就别无选择。"私人空间"这个主题是"红色体积"和"圭山组画"主题共同构成的一种精神整体的一部分,但是,艺术家对这个主题的表现增加了社会分析的内涵。

最初,艺术家对"私人空间"的思索是从"私人空间"的外部环境开始的(当然这个环境完全可以看作是"私人空间"的一部分)。艺术家在1985年完成的一批水彩画如《红砖楼·窗子》《红砖楼·胡同》,描绘了由生活中常见到的红砖、石棉瓦、水管、电线以及其他极其普通的生活用品甚至废品构成的一个枯燥世界。与"红色体积"的冲动比较起来,这些画显露出了一种冷静,艺术家对物象的描绘采取了形状分明的表现。画中的物象是混乱的,这与艺术家"内心的紊乱"有关,显然我们可以把画中物象之间构成的关系看成是形式上的一种富于形式意义的构成关系,但红砖与石棉瓦以及其他一些物象共同给我们的内心施加了一种窒息的力量。

有趣的对比是,画中人与动物(猫)相比,显得失去了更多的自由,人不是被囚于枯燥的水泥室内(《红砖楼·窗子》),就是受到一种绝非具有抚慰作用的光的伤害(《红砖楼·胡同》),对于人来说,室外与室内给予他的折磨是完全一样的,这种折磨的残酷性在于,生命在劫难逃。当艺术家清醒地面对现实时,"圭山"的理想便荡然无存,即使我们可以把画中的猫看成是"回到自然"的一种可能性或希望,但是,只要我们把那只动物同它所处的环境联系起来考虑,产生悲剧的结论是无疑的。

艺术家1986年完成的油画《私人空间·水泥房间里的人体》看上去非常接近艺术家所说的"酷刑"。一具干瘪的、赤裸的人体仰面躺在一块在质地上并非完全不同于自己的水泥板上。画中的生命显出那样缺乏水分的坚硬,以至它与水泥板的接触使我们仿佛听到喀喀作响声。生命在接受酷刑,接受鞭打、冷冻、煤烤，接受神秘力量的抽干。

与《私人空间·水泥房里的人体》相比，《水泥房间里的人体·正午》在人体的造型上多少显示出生命还未绝对死亡的倾向——那是一个在挣扎的生命，但是，这个同样被石化的人体丝毫不比仰面躺在水泥板上的生命有更多的生存可能。《正午》给这具生命提供了一扇窗户，但它是关闭的，而且，窗外并没有显露出室外之于生命是什么可能性，艺术家清楚，室内与室外是没有区别的，因此，窗户便失去了它的实际意义而成了于生命无益的摆设。

《水泥房间里的人体·几种状态》表现了生命在冷漠空间中的挣扎。我们完全不必把画中人体看成是不同人物有不同状态，实际上，他们是同一生命的不同状态，他们体现了同一生命在不同时候的无可奈何。艺术家为我们描绘了一个没有刑具但生活无时不在遭受酷刑的空间，有一种看不见的刑具在翻动生命折磨生命，生命在这样的空间中无疑与地狱相距不远。毛旭辉在一份回忆性的材料中写道："《水泥房间里的人体·几种状态》《水泥房间里的人体·正午》展示的就是活生生的生命实体被封闭的状态，窒息着生命的是一堵堵冷漠的水泥墙面和天花板，我长期生活在这种水泥房间里，它的狭小，它的干燥，它从早到晚的阴影……想到一生就在这里被打发掉，常有一种恐怖的感觉。但实际上我离不开这样的房间。"从这些画中我们可以清楚地看到，"私人空间"这个主题的实质是死亡问题。艺术家希望用自己的艺术来"做出对生与死的回答"。值得我们注意的是艺术家对生与死的问题回答的角度，即他把个人的体验，甚至就是个人的实际状态以一种抽去物质特征的表现性符号表现出来。

绝对的个人主义艺术是不存在的，在一个处于历史转折时期的社会中，艺术家的作品不过是将人们内心普遍存在但不便于、不敢或不能够说出来的秘密公之于众。也许我们可以用漂亮的服装来遮盖贫血的身体，或用发达的肌肉去掩饰无知的大脑，但是，精神无时不处在矛盾中的状况并不因此而消失，恰恰相反，矜持反而使矛盾更加尖锐。艺术家不是想解决某个人的具体问题，他在挑起社会大众共同构成的那个迟早会被挑破的脓疮。即便没有艺术家的艺术，人们终究会看到这个脓疮的存在。这可以被视为艺术家给我们提供的一个批判性的预言。

艺术家的看法也许非常片面，其片面程度是以一种象征性的自杀方式来提示存在的问题，对于一个普通人来说，艺术家可能把话说得过于严重了，生活实际上即便不是幸福的也是令人惬意的。于是，艺术家以一种身先直面死亡的方式来提醒生命面临的问题的严重性，结果，就人类整体而言，生命得到了拯救。而那些"幸福的人儿"无疑在人类得到拯救的那一刻死去。所以，那些抽搐、痉挛的人体以一种极为不健康的形式在呼吁健康的可能，艺术家在暗示一种理想主义的崇高与尊严。

当观众面对《私人空间·周末》《私人空间·自囚》以及《水泥房间里的夫妇》这些作品时，也许会坚持认为作品所表现的东西是极端个人主义的，它们似乎只与艺术家的个人生活经历有关。

《周末》表现了一对赤裸的男女坐在我们熟悉的水泥板上，他们冷漠的状态并没有遮盖住内在的慌乱与不安。画中门的打开方式以及灰白色的箭头使我们感到这个"私人空间"的不安全感，它仍然有可能（实际上已经）受到入侵；另一方面，"私人空间"也存在于孤独之中，因为那两个本来可以融为一体的生命居然相互构成了威胁，他们各自成了这个房间中的物品，以至富于生命感的空气荡然无存，生活变成了一个哑剧。"周末"使人联想到欢聚，但在这个"周末"里，"隔绝"成了周末的问题。当然，艺术家用冷色调和变形的人体加强构图的压抑氛围，并在整体的处理上突出了"承受"与"忍耐"，其结果使人感到一种可怕的潜在心理恶流随时都有可能爆出来！

艺术家在谈到《水泥房间里的夫妇》时说，这幅画"是对自己痛苦的家庭生活的写照。这时的亚当和夏娃已不是伊甸园内的伴侣，而是相互对峙和仇恨的对象。但各自心里都是一片苦海"。这幅画的动机的确来自艺术家个人的生活经历,而且,在一定意义上讲这幅画可以被看成是一面真实的镜子,它反射出艺术家个人家庭生活的不幸。在那幅画中,艺术家面临着一个课题,个人经历日记式的记录有没有可能以一种方式加以抽象地解决,一年后,一种清晰的象征性符号出现了,并在"家长"主题得到了充分的表现。我们看到,所谓的"抽象方式"是一个剔除个人特殊经验的方式。

无论如何,"私人空间"不是一个绝对意义上的个人空间,艺术家曾谈到艺术"正进入个人主义的概念中",这实际上是对"集体英雄主义时代"的一种本能的拒绝。真实情况是,艺术家以最简单、最直接的例子来陈述生命的问题,将生命可怜的情况加以具象,以便提醒我们对生命问题的强烈关注。在"私人空间"作品里,关于死亡的主题远比"圭山"更为鲜明,其原因就在于艺术家用一种疾病和被伤害的形式表达了对生的渴望("圭山"仅仅是对死亡的诗一般的隐喻),按照艺术家给我们的逻辑,死亡、绝望比生或希望更实际、更真实,因为生命时时处在一个不能自救的状态之中而看不到尽头:"绝望给人以生存的万幸,生命的悟性在此复苏。"这是艺术家的看法。

艺术家以后记录了这段时期的情况:"1986年以来主要的作品都转向表现家庭生活的危机感和面临这种危机的个人苦闷。这一切都是我个人的婚姻生活趋向破裂的写照……我想导致家庭危机的主要原因是我的精力全部放在了绘画上,对家人关心甚少。家庭和绘画丝毫没有能够统一起来,然而我最终选择了绘画,其实这是身不由己的事情。但内心中一直十分矛盾,难于取得平衡。"这种状态和情绪都体现在"私人空间"系列中,那些跳跃的人体无论男女都只是灵魂不安的象征物,就像艺术家在各种各样的文字中表述的那样:向内述求、本能书写、缺乏连贯性。

1987年,毛旭辉的情感生活发生了多重变化——与孙国娟的关系渐渐淡漠的同时，在 1987 年 6 月的一封给张晓刚的信里，毛旭辉表达了对四川美术学院附中学生何维娜直接的关心[1]，他似乎与何有了短暂的情感联系。8 月，他与这个女孩去了彭家坟，其中一幅画的文字记录是"彭家坟的爱情生活"[2]。大约 9 月初，他们一定是回到了昆明。从 8 月到 9 月这期间完成的若干圆珠笔素描里，都有艺术家对这位女孩的爱情的明显表露，画面细致而激情饱满，艺术家对植物、环境以及构图的编制，充满耐心，巨细无遗，艺术家把他之前在云南其他地方例如西双版纳生长与茂盛的记忆都表现在这些作品里，显示出生命力的旺盛与打开。有一幅画的文字这样写道："献给娜娜。八七·九 大咪 夏天的微笑，夏天温柔，夏天的声音，爱夏天的人们。"实际上，毛旭辉将从 8 月到 9 月的这些素描都归纳到了由多幅画构成的"夏天"系列中，8 月，正值夏天，艺术家使用的标题是《夏天的声音》《夏天牧歌》《山野·山野》《山村小记》。9 月中旬之后，标题发生了转换，《快要消失的夏天》《正在消失的夏天》，其实这也与女孩即将离开以及离开之后的心情有关。有意思的是，9 月中旬开始的画容易看到和平村的环境，毛旭辉甚至将标题也写成《私人空间》，这与他同时期完成的油画的标题是几乎一致的，只是他甚至将大自然的繁茂、欲望以及情色也植入到构图里，这样的私人空间与油画作品中呈现的压抑、枯燥以及不可忍受的气息形成了很强烈的对比。"私人空间"的概念表明了毛旭辉将要回到日常现实，梦渐渐淡去。他在《私人空间之二》构图下方写道："秋夜与魔鬼无法交谈，安慰来自树叶和荒草以及遥远未来的恐惧的诱惑，生命着的惴惴不安的魂

---

[1] 在信中毛旭辉写道："另外，上个星期收到何为（维）娜一封信，谈到她考中美和川美之事，看来很不顺利，谈考川美的成绩太差，说是你和叶帅给她打的低分，还有陈曦，她以为是因为没有到昆明来的惩罚。我给她回了信，说绝不会这样，要她相信你们。我是这样想，何为娜应该继续上学，而我现在也可算她的一个朋友了，尽管我不喜欢她那些疯狂思维，但有一点，她没有多少虚假之词，这一点还是不容易的。我只是简单的（地）想，你们是否可以帮她一把，当然我不知实际上是怎么一回事，总之，她来信情绪很糟糕。"（毛旭辉给张晓刚的信，1987 年 6 月 13 日）

[2] 在这年大年初一，毛旭辉与张晓刚、曾浩、孙国娟、沈佳明、崔亚红、鞠红、聂荣庆去过一趟彭家坟（是距离昆明几十公里的富民县的一个信奉基督教的苗族村落），那时，他与孙国娟还保持着感情关系。聂荣庆在他的《护城河的颜色》里对这群人在路上的生活有生动的记录。在简朴的生活中，他们不仅争论艺术与哲学，甚至还要倾听朗诵赫尔曼·黑塞《玻璃球游戏》的片段。

《献给娜娜》　纸本圆珠笔　26×37cm
1987年

《私人空间之二·夜晚的云》　纸本圆珠笔　26×37cm
1987年

《南方的阳台》　纸本自来水毛笔　25.5×36cm
1987 年

《夏天消失之后之二》(自画像)　纸本毛笔、墨　27×39cm
1987 年

和芳香的肉,可爱的笑柄和真理都被自然之神淡化和洗涤了。"之前在纯朴的自然中生活的记忆保留在都市的私人空间里,不过,空间里充满着自然中的一切:植物、魂灵以及性爱。9月27日这一天,毛旭辉还画了一张《秋夜的散步》,他回到了大街上,他无所事事地观看着普普通通的日常生活,他感到自己麻木而疲倦,夜空、街道、行人的脚步声,一切都使人感到乏味,甚至洗脸与散步都是为了能够早早睡觉,以便进入梦乡……10月初,何维娜已经回到重庆。毛旭辉用墨水毛笔画了一幅素描,构图的内容保持着之前作品中"繁茂"余续,但留下了很大一块空白,艺术家用来表达内心的感受:

你来的时候就这样美了

你走了更美

美,不具体的完完全全的

奉献

命中注定就悄声细语

情感

在流逝之中成形

成为瓷瓶上的图案

慢慢慢慢,满满满满

你来你去

你走你留

叶芝老公公如今

已住在岛上了

这是秋天已经来临的时候,毛旭辉还多少沉浸在对爱的追忆中,他画了两张自画像,标题是《夏天消失之后》。在"之二"的这幅构图里,他也写下了这样的文字"蓝色的有植物图案的布在夏季消失的时候挂在了天空"。构图中那块蓝色的有植物图案的布飘荡在空中,一只羊仿佛在与布嬉戏，这也许象征着艺术家对之前与女友之间的嬉戏的回忆。

从作品的情况看，毛旭辉在1987年仍然处在惶惑与不安中，他没有固定什么题材和表现手法，他不断地实验着不同的方法。他有时会画圭山的题材，可是，赤裸地走在圭山中的人已经显得非常蛮荒与缺乏精神的安宁，尤其是，他也试着用一种平涂的方式去绘制圭山或者少数民族的人物如《圭山女》，涉及人物题材的作品大致都表现出不安与疏离。涉及自我的感受时，艺术家总是通过自画像或者有自己参与的构图来表现低沉的情绪与不安的调子。在笔触的处理上，与甜蜜的主题明显不同。

有趣的是，在这个时期，毛旭辉保持着对毕加索的迷恋。他有很多小草图几乎直接使用了立体派的块面分割，让人立即想到毕加索，艺术家甚至在做圭山题材的草图思考时，也尽可能地设法用立体主义的块面分割去安排。他还画了自己与毕加索面对面，这样的思索影响了他的拼贴。从1983年起，艺术家就断断续续地进行着拼贴与综合材料作品的制作。除了一些作品反映出类似于"私人空间"主题的那种压抑与痛苦心理特征外，消除一般意义的达达思想恐怕占据着拼贴与综合材料作品的主导地位。

"无话可说的时候，走了这样的极端，从一切概念的监禁逃离出来，你发现事物有多种含义，很多时候大家都误会了，所以不必再清高。我的一个朋友说，垃圾和夜莺一样可爱，我想很多时候就那么回事。"早在1984年，毛旭辉就做了一批"纸盒构成"的实验。艺术家采用的材料十分普通——日常生活中被废弃的各种纸盒。艺术家把它们挖空、剪断、剪碎之后，再贴合在一起，以形成具有构成意味的新的物品。这些作品给人以形式化的印象，但它们的作用并非如此。"纸盒构成"作品实际上无任何意义。甚至无任何"审美"意义，产生这些作品的心理动机是虚无，是艺术家对生活意义的模糊采取的一种逃避主义所致。在"伤痕美术"之后，对过去的艺术采取彻底拒绝的另一种态度就是反艺术，1985年的"厦门达达"和之后谷文达、吴山专的达达式的作品，都是这个倾向的一部分。这样的态度在 1989 年 2 月的"中国现代艺术展"中开始泛滥。当然，毛旭辉似乎并未考虑语言意义上的富于逻辑的消除与重建的关系。事实上，"纸盒构成"作品本身是一种心态符号，是无聊感的视觉痕迹，是人受到恫吓之后的神经错乱以致成为白痴的一种无目的的行为记录。我们已经看到毛旭辉同时也完成了许多作品，它们表现了灵魂的失序，但艺术家也本能地意识到人们习惯的生命意义本身已经空泛，"我们需要白痴，白痴是有意义的"。

1986 年《无聊的日子》《预感》这类拼贴和综合材料的作品就表现了一种精神"堕落"和"溃烂"的状态。在《无聊的日子》里，报纸以一种陈旧过时的面貌构成了图画的基础，涂鸦成的人物和人体，在艺术家诙谐的拼贴与组合下，在我们内心的确能勾起一种对无聊的同情，作品所利用的材料以及艺术家对这些材料的处理效果，无论如何也不能使我们将其与"美""和谐""高级""健康"这样的意义联系起来。

《预感》从形式和表现上看，与《红色体积》这类作品有明显区别，但在构图体现出的潜意识恶流方面，有着内在的一致性。

那些在内心海洋中作恶的

鲨鱼、乌贼和怪物

那种种来意不明的瞬间、风暴

无知的恐惧和预感；

那些埋伏在心灵里的"情结"

和"固恋"

那种种无可奈何的状态，无意义生存，寂寥的日子；

那种种怪异的噩梦，

和在梦里展开的幻象；

那种种令人感到自卑、感到怅然，

感到失落的时刻；

那种种抑制不住的冲动，迷狂

和陶醉；

那种种对生与死的冥想，

对未知的迷惘和冒险；

那种种内心的膨胀、扩张，

激越、撞击和毁灭；

构成对生命的寻问，

构成今日艺术的土壤

——这是一位可怕的母亲，

她教导我们要有足够的勇气，阿门！

以上文字无疑是对《预感》这类作品的最接近作品内涵的说明。画中的符号的确是艺术家潜意识层面的视觉记录，作品昭示的是人在放开无意识闸门之后出现的病理状况。只不过，与"体积"作品比较起来，这类拼贴综合材料的作品加强了人的都市印象，作品中的符号与我们熟悉的现实有明显的联系，只是，美丽的形象（如那个女人的形象）受到魔鬼般的躯体威胁，事实上，她已经被一个外于她的力量给撕碎了。此外，红色的涂抹是令人不安的，并且这种不安被看上去很随便但实际上是精心安排的电影广告文字"死亡""陷阱"给加强了。

在拼贴作品中，《大卫与维纳斯》是最为符合这个时候艺术家心理状态的一幅。但它与《无聊的日子》《预感》的脉络是一致的："《大卫和维纳斯》是在那种无聊的日子里的消遣作品，既然人的自下而上可以被随便打发掉，那还有什么不可以拿来开开玩笑呢？"可能特别需要指出的是，《大卫与维纳斯》所反映出来的艺术家的想法，来自对艺术史的看法，而不简单是那种对生命内在需要的直接追问，无聊心态固然是制作作品的起因，但艺术家针对的对象是文化符号，这当然使我们联想到1985年劳申伯在中国展览唤起的波普倾向。作品在我们的心中唤起的幽默与诙谐最终挽回了本来会被"无聊地"抹掉的美感。《大卫与维纳斯》并不是对古代艺术的嘲笑，艺术家选用"大卫"与"维纳斯"这两个中国观众非常熟悉的形象，其目的在于借机嘲弄观众具有惯性的审美观念乃至生活观念：任何一种价值标准都不是唯一的，甚至是可以轻而易举地被推翻的。

毛旭辉的许多拼贴作品都采用了电影广告和印刷图片中的形象，这自然与他在电影公司绘制广告的工作有关。艺术家每天接触的都是那些漂亮的脸蛋和华而不实的广告，它们与艺术家实际生活中狭窄的楼梯、生锈的铁栏杆、斑痕累累的石棉瓦、陈旧的下水管，风蚀的砖墙以及生活中的噪音形成了鲜明的对比，正是这种对比，使艺术家的内心痛苦不堪，一时认识到环境的不可改变，虚无的情绪自然会产生出来。1987年，拼贴的手法被用于日常的生活环境和超越拼贴的游戏性质的心理叙事。同时也有突兀的回忆，例如《童年记忆》。这些拼贴作品是毛旭辉试图开拓表现方法的尝试的结果。直至1987年年底，毛旭辉也仍然在若干种方法之间徘徊和实验，他的气质是表现主义的，但是他的雄心却远远没有获得满足。看得出来，在好几年里，他都在"圭山"、个人生活以及更为隐秘的"心理叙事"之间来来回回——有时难以忍受的内心叙事与圭山田园几乎是同时完成。1987年，通过"私人空间"所呈现出来的个人焦虑与性压抑更为低沉和灰色，《私人空间·四月》是4月完成的，一对男女就在野外，在简陋的自然中，情绪与灰色的调子昭示出个人内心世界难以启齿的欲望和喘息，但与3月完成的《私人空间·失眠者》《私人空间·自囚》或《私人空间·死角》相比，多少有一些人性的活力。不过，总的说来，对于毛旭辉来说，1987年是内心焦虑与情感混乱的一年，无论是拼贴还是油画以及素描，性的冲突和情爱危机的程度较之之前更为紧张。艺术家总是将一男一女放置在一个空间里，不是做爱，不是依偎，甚至不是简单的矜持，而是猜测、怀疑，甚至对立，拼贴干脆就是一种撕裂的现场。这是情感转移迅速的一种心理紧张，毛旭辉没有回避这样的紧张，他将这样的紧张直接书写到画布和纸上，就像日记那样，没有太多的修饰。至于手法，他早就从国外展览和画册里理会到了，现在仅仅是用力完成自己的心理叙事而已。

1987年3月底，毛旭辉与前妻贺立德离婚；与孙国娟断断续续的感情业已耗尽。年底，毛旭辉与新的女友刘晓津开始了交往。总之，之前的感情生活——无论与谁——都已经停息。毛旭辉在"私人空间"系列里画了一幅"晓津"，这幅画成为他们之间感情生活的特殊记忆。

《小娟》　木板油画　42.5×35cm
1985 年

《圭山·草垛》　纸本油画　42×59cm
1986 年

《圭山写生》 纸本油画 42×59cm
1986 年

《圭山写生》 纸本油画 43×50cm
1986 年

第三章 "新具像"与现代主义

《圭山写生》　纸本油画　43×54cm
1986 年

《圭山写生》　纸本油画　43×50cm
1986 年

《红砖楼·胡同》 纸本、水彩、铅笔 30×41.5cm
1985年

《红砖楼·窗子》(在和平村2号红砖楼里的自画像)
纸本水彩、彩色铅笔 32×36cm
1985年

《红砖楼之二》（正午窗口之二） 纤维板上油画 40×47.5cm
1985年

《在红砖楼里的自画像》 板上油画 44×50cm
1985年

《预感》　纸本拼贴　28×47cm
1985年

《私人空间·几种感觉》　板上油画　78×108cm
1987年

《私人空间·水泥房间里的人》 布面油画 120×90cm
1986 年

《大卫与维纳斯》 纸本拼贴、水彩 27.5×19cm
1986 年

《水泥房间里的人体·正午》 纤维板上油画 65×100cm
1986年

《水泥房间里的人体·几种状态》 纤维板上油画 90×100cm
1986年

《水泥房间里的夫妇》 布面油画 54×77cm
1987 年

《私人空间·周末》 纱布纸板油画 76×88cm
1987 年

第四章 "家长"

1988年5月21日，毛旭辉在成都多子巷2号张晓刚家中为女儿贺晶庆祝4岁生日

在艺术中始终面对的是那些精神上长期反复地纠缠着灵魂的东西,你很难用话语去描述它们,而它实际上在暗中敦促艺术成形,如果你不懈地去追寻它的话。

——毛旭辉

我的自由就是在于我担承的每一任务上所给自己划定活动的狭小范围之内……

——斯特拉文斯基

灵魂不息

在1988年12月31日的一份对自己一年来的回顾里，毛旭辉这样概括这一年的生活："今年是恐惧、紧张、快乐、忧虑、忍辱负重，但又更为自信的一年。"[1] 毛旭辉使用的"恐惧"一词，是指年初因为张隆在华东师大接受学校和警方的问题调查而牵涉到了在昆明和重庆的毛旭辉和张晓刚，并给他们两个人带来的烦恼：公安部门对相关问题的询问和资料搜查，连同他与张晓刚的不少通信也被公安拿走。毛旭辉与张晓刚最终摆脱了调查与政治怀疑，但是他们两个都因为对张隆事先不知其具体原因和背景受到牵连而长时间倍感不快。[2] 直到1988年4月初，毛旭辉还在给张晓刚的信

---

[1] 记录在1988年使用的一个黑色塑料套封的笔记本里。

[2] 聂荣庆在他的《护城河的颜色》（第291—293页）里有这样的记述："1986年年底，反对资产阶级自由化运动开始，在1986年年底北大学生'学潮'那个敏感时期待在北大的张隆从回到上海华东师大开始就被学校有关部门'关注'了。

"1988年1月的一个阳光明媚的下午，我按惯例骑自行车去大毛的家准备蹭晚饭。一进大毛的家发现有两个陌生且十分严肃的人，大毛的桌子上、床上全是书本和纸张。大毛看见我，颇为沉重和严肃地告诉我有点事情，希望我回避一下。后来我才知道那两个人是从上海来外调张隆的材料的，抄走大毛和张隆之间的通信。好在最后那些信并没有查出什么问题，不过是一些艺术青年关于艺术和理想的梦呓之词。大毛那段时间在电影公司感到十分郁闷。类似的调查工作也深入到四川美术学院，张晓刚因1986年年底的展览风波尚未有定论，又一次成为学校的一个危险人物。调查持续了很多年，他们一直在各自的单位里备受相同事情的困扰。

"1987年年底，张隆以和女朋友非法同居，盗窃公共财产（其实是拿了体育系的废垫子做床垫），在公共场所播放黄色音乐（其实是邓丽君的歌曲）这三宗罪被拘留，开除出华东师大，并被送到殷高路上海市劳教所劳动教养两年。他的朋友张小波由于交的女朋友比他还要多几个，因此被判的教养时间还要长一些。由于张隆有绘画的一技之长，进入劳教所后，他的主要工作也是为管教干部临摹一些世界名画用以装饰劳教所公共空间和自己家。后来，张隆发现劳教所里有一种用来包装的卡纸很适合画油画，于是，在劳教所剩下一年多的时间里，他安安静静地用这种材料画了300多张油画。其实，到了1988年春天以后，公安局觉得这些人的罪状也很勉强，但是也不知道怎么返回去重审，也没有人愿意去折腾这件事；学校也觉得公安局已经带走的人，不可能再回学校了。于是张隆就这样在大墙里待到了1989年。"

中陈述张隆引发的烦恼:

> 至于张隆,咱们要不是为了办展览可能永远也不会在这个世界上碰面,他究竟是个什么人,他除了画画之外还热衷一些什么,我们是全然无知的。我曾经回信说,我们对他影响最大的一点就是,使他严肃地对待艺术问题。我想1985年我们与他能在一起办画展,他心里很明白,我们是真正的艺术家,这一点就是我们能与他在一起办画展、讨论艺术的根本基础,如果没有这一点,如我前面说的,咱们与他永不会碰面,更不会交为朋友。[1]

这段时间里,毛旭辉也许阅读了一些有关中国传统思想的著作,他在信中不但讨论了绿色革命、计划生育、核裁军谈判这些国际国内的话题,还颇有精神地讨论了"天人合一"这类主题。"东方人有一种特殊的表达这种宇宙精神的才能,几个汉字就概括了许多难于言表的感知,'静''虚''空'之类。有时我真想练一下书法,就练几个字就够了。前不久我在门口挂了竹帘,我在帘子上写了一大字'静',我近来心态也趋于这个领域。"[2] 他甚至津津有味地给张晓刚描述了他每周都有一点时间带领女儿玩耍的心情:"小毛头每周还是来我这里闹几天,但小娃娃心里是静的,尽管她很闹。今天带她到海埂,真好,人非常少,看着她在沙滩上拾螺蛳壳和小石头,忘乎所以,听听来自波涛的声音,阳光无阻挡地照射,然后下水受一点冷水刺激,爬上岸来日光浴,就这样心灵不再渴望什么东西,也不再焦虑重重……"[3] 几天后,毛旭辉收到张晓刚的邀请让他参加在成都举办的"中国·星星1988现代艺术展"。这让毛旭辉的精神振作了些。他送了四张表现主义风格的作品,"私人空间"主题当然在其中。他希望张晓刚早早地将展览请柬寄到昆明,以便能够向电影公司的领导请假,到成都参加展览活动。这一次旅行,毛旭辉带上了女儿毛头,他希望她能够"见见世面"。

1　毛旭辉给张晓刚的书信,1988年4月4日。

2　毛旭辉给张晓刚的书信,1988年4月4日。

3　毛旭辉给张晓刚的书信,1988年4月4日。

在成都的展览平静地结束了，在成都待了数天之后，毛旭辉带着女儿搭上了回昆明的火车。"我们平安回到家，健康及情绪都平安无事，只是火车上太单调了，没有一丝戏剧性，更没有与之多谈一句话的人。人太多了，能说话的人自然就少了，在车厢里犹如在沙漠，但又无沙漠之悲凉和诗意，人群有的只是无聊，明摆着的虚无现象，这是离开成都后碰上的第一个感觉，但也许是在成都咱们在一起太有文化了，有音乐、有喝葡萄酒的朋友、有艺术以及各种类型的'便饭'，总之就是有灵魂，尽管也过得松松散散，没有摆出什么一本正经的架势。想一想打百分、逛书店、'心理测试'等，文化已经在其中了，铬带（GrO_2）就更不用说了。"[1] 毛旭辉欣赏他与朋友们的生活，他觉得这帮朋友过得是有"文化""友谊"以及"有意义"的生活，尽管这样的生活非常平凡和微不足道。

回到昆明，他将成都的展览报告给潘德海，在"韩滩液"（一种成都本地酒）的激励下他们分享了成都的信息与感受。"谈到午夜3点。我尽可能纪实性地谈了展览之事以及咱们在蓉松散而舒心的日子。谈到各种川味系列小吃和春熙路，谈到成都人的皮肤，35℃高温。"

尽管过去的经济条件大致没有变化，不过，1988年的社会背景已经笼罩着强烈的商品经济的空气，社会本身正在发生变化。这样的背景开始刺激着人们关注物质条件改变的可能。毛旭辉开始与朋友讨论金钱问题了，他与潘讨论需要钱去租赁一个工作室，他认为这是一个艺术家最基本的条件。几年前，潘德海在自己的小黑屋里画了一个能够看到窗外蓝天和自然的窗户，成为朋友们经常提及的"美谈"。这是80年代现代艺术家的基本条件，就像他们的朋友叶永青，有相当长的一段时间里，他都是将自己的作品放在床上供来自己家的朋友们观看。在回到昆明后的这封信里，毛旭辉开始跟张晓刚谈体会了：

我们在过去画画，头脑极简单，没有商品社会的干扰，也没有来自情感上的干扰。现在就麻烦多了，年龄的增长的确是个恼人的问题，脑袋和

---

[1] 毛旭辉给张晓刚的书信，1988年5月8日。

经历都太过于丰富。

……当然现在"改革"也带来许多好兆头，有人想当画商，把手伸向艺术家，这是在解放艺术家的同时也是在"剥削"艺术家，当然这不是什么坏事情，我们是赞成的，总算有人来"剥削"我们了，把我们看成劳动者了，这无疑是一种光荣，我从来都喜欢工作。但画画很少被人看成是一种工作，一般只是被看作一种业余生活。其实艺术家自己最明白自己面临的是怎么一回事，并不是什么饭后茶余的事情。《梵·高传》为什么感动了几代人，就是因为他们看到世界上有一种人在将那种被看成饭后茶余的事视为要去堵枪眼、炸碉堡的事这点上。有人在拼命地发疯般干那些世人认为那种"无聊而难于理解的事"。有些人读了书上的梵·高很感动，但也许他们身边有一个梵·高时，谁也不会去注意他。不注意也罢了，可能还会去找他的麻烦，逼他的房租。不过现在好一些了，在西方又来了一个大转舵，艺术家变得神圣了，艺术家有搞头了，艺术家身上除了有世人欠缺的"感觉"之外，艺术品与商品经济也挂上了钩，艺术家也有了富翁。但他们更多的是使别人成为富翁。[1]

在信的最后，毛旭辉告诉了张晓刚两个"世俗"的事情，其中一个就是朋友刘涌[2]的毕业创作"被一个瑞士人用一万美元购去，他一夜之间成了昆明画画的万元户"。

张晓刚呼应着毛旭辉的心情，他回信也表达了自己的看法：

你说得对，艺术家总是使别人成了富翁，当他们赚了钱之后，又反过来"赞助"艺术家。这就是我们的宿命，就这样我们还是要喊一声赞同的口号。因为我们坚信这一点，只要人还没有变成机器，就会不自觉地询问艺术为何物？实际上艺术什么也不是，就是人自己。然而人是分裂的。常常以贪欲的那一面去向种种物质乞求恩赐，而当机器把某一个零件安装在人身上时，人又惶恐地重新回到心灵这边来了。……"艺术"本身也许并

---

[1] 毛旭辉给张晓刚的书信，1988年5月8日。
[2] 刘涌，1958年生于昆明，1983年毕业于四川美术学院中国画系，现系云南艺术学院教授。

非是所谓"神圣的",那么不可接近,那么冷漠。艺术不是靠"讨论"出来的,它本身并无任何定义,艺术即人,即我们的生活,我们对生命的某种感悟和体验。[1]

在6月26日的一封信里,毛仍然提到了艺术与钱的关系:

今天社会的种种的改革,无论如何是一种好事,社会和文化将更加活跃,今后的事将很难估计,但钱会促动文化的发展,这是无疑的,我们还将穷下去,但许多人会好过起来,我们已经习惯了,已经无所谓,因此不想改变自己的生活方向。[2]

总之,讨论金钱的日子渐渐开始了。不过,在他们关于金钱的讨论中,透露出某种不情愿。作为艺术的追求者,他们有一种潜意识的抵触情绪,但是,生活本身却告诉这些年轻人:本质论的生活快要结束了。

10月,吕澎以四川省戏剧家协会的名义策划的"1988·西南艺术"在四川省展览馆举办。这个展览是一天在张晓刚成都走马街的家里由一帮艺术家朋友共同策划的[3]。展览包括云南、贵州、四川、湖南和河南的艺术家。产生这个展览的真实背景是:热闹的"'85美术运动"在1987年反对资产阶级自由化政治运动的氛围中结束。尽管西南艺术家毛旭辉、张晓刚、潘德海和叶永青以"新具像"展览和"西南艺术研究群体"的活动参与了这个时期全国范围内的现代主义运动,但是,他们的艺术风格被认为沾染了过多的地方和民族性的特征,至少他们的艺术被经常看成是"乡土艺术"的变异,这意味着有批评家认为这些在西南地区从事艺术创作的艺术家还没有真正进入到更为现代的潮流中。有人从北京带话:中央美术学院的老师、批评家易英说:"你们西南艺术家的艺术基本上就是乡土艺术。"这样的评论无疑刺激了这些生活在成都、昆明和贵州的现代艺术家,他们决定通过一次"现代艺术展"来呈现自己的作品面貌,试图证明他们自己的艺术

---

1 张晓刚给毛旭辉的信,1988年5月23日。

2 毛旭辉给张晓刚的书信,1988年6月26日。

3 张晓刚的妻子唐蕾为这个展览找到了主要的赞助。

1988年，毛旭辉（左）与吕澎（右）在成都"1988·西南艺术展"现场留影，背后为毛旭辉作品

1988年11月，"黄山会议"合影。左起：顾雄、友人、高名潞、毛旭辉、潘德海、张晓刚、叶永青、栗宪庭、唐蕾、周彦、董超、蓝正辉

是整个 80 年代现代主义运动中的一个部分。展览中的确有贵州的艺术家展出了具有乡土特色的少数民族风情的作品，但是，张晓刚的《生生不息》、潘德海的《苞米》、叶永青的《奔逃者》以及毛旭辉的两幅作品《家长》《私人空间·自囚》是典型的现代主义风格的作品。展览开幕后，毛旭辉回到了昆明。

之前 9 月的一天，毛旭辉收到通知参加 11 月 22 日至 24 日在黄山由高名潞等人筹划的会议。在毛旭辉看来，这是一次很好的机会：南方的艺术家和北方的艺术家之间的不同看法可以有一次"华山论剑"：

此次"华山论剑"将是中国文化的一件大事，我自始至终都坚信无疑，否则我不会咬着牙在那种"虚无"之中，将那一箱画亲手寄出[1]。"文化"的产生包涵着一个因素，时间、空间和人的统一谐调。今年对我来说是忍辱的一年……好在现在我不那么在乎了，精神上又逐渐恢复一种活力、一种欲望，又回到一些简单的信念上去。"生命不息，冲锋不止"，老兄放心，艺术已经是甩不掉的圈套了。[2]

一开始，参加会议的通知仅仅限于毛旭辉、叶永青和潘德海，这个事实表明，张晓刚以及其他一些西南艺术家的工作在高名潞等人的眼里没有构成"'85 现代美术运动"的重点。此时的毛旭辉显然不同意这样的判断，他希望"黄山会议"能够邀请到张晓刚参加，以加强生活在西南地区的现代艺术家的影响力。所以他于 10 月 24 日在成都参加"1988·西南艺术"展期间就急急忙忙地给高名潞写了一封短信[3]：

高老师，你好！

我已经收到黄山会议的通知，我将按时去开会，与大家聚会。在成都的"1988·西南艺术"展已开幕，气氛非常好！关于这次活动，黄山见面再聊。现有一事，希望这次会议补发一份通知给张晓刚，他是"新具像"、西南

---

1 寄往成都参加"1988·西南艺术"展览的作品。

2 毛旭辉给张晓刚的信，1988 年 9 月 25 日。

3 毛旭辉的这封信是用吕澎提供的四川省戏剧家协会的信笺写的，表明了毛旭辉对让张晓刚参加黄山会议的急切心情。

艺术群体的创办人和组织者,这次成都大展也是组织者之一,这些年为现代艺术在西南的发展作了很多努力,很玩命的,我们希望他能代表西南群体去出席这次会议,与大家一道共商大计,见见面。[1]

回到昆明之后,毛旭辉很快收到了高名潞的同仁周彦的回信:他们同意张晓刚参加会议。[2]毛激励他的战友:"我想你已回到重庆,我想你也应该好好休息一下,准备黄山论剑。这个会我想要纯粹得多,各种观念和怪想法的相遇,我们要有足够的勇气和精神上的准备,中国美术界又要动一下了!!"他也报告说,他与潘德海也喝酒好好聊了聊,他激发了潘的进取意识,"像当年搞'新具像'那样,小潘看来也闲不住了"。[3]

会议期间艺术家们与当地人发生的冲突成为大家的记忆,以致对会议中的议题反而并不在意。而不同城市的艺术家在会议上的讨论已经开始暴露出观点的分歧。不过,这次会议直接成就了次年在中国美术馆举办的"中国现代艺术展"(Avant-Garde)。这次会议又名"'88中国现代艺术创作研讨会"。毛旭辉是指望在这次会议上发表看法的,在会议召开之前,他就向高名潞提交了一篇关于艺术问题的文章,实际上是他于1986年到1988年10月之间的艺术笔记。他希望这篇文章能够成为会议的文件,提交与会者阅读,而实际上,由于各个主要的艺术团体都要发言,不可能为每一位发言者提供充足的时间,毛旭辉在会上也仅仅是简单地陈述了他关于"艺术问题即人的问题"的基本观点。

从1986年到1988年,社会变化急速,商品经济与计划经济体制的冲突开始制造出复杂的生活内容与社会难题。艺术领域的意识形态冲突与政治运动的作用影响着艺术家的思维方式。1987年年底,反对精神污染运动早已结束,在上海的"首届中国油画展"呈现出"古典风",靳尚谊(北京)、

---

1 毛旭辉给高名潞的信,1988年10月24日。

2 毛旭辉在11月1日给张晓刚的信中写道:"今收到周彦先生的信,谈了他和名潞都收到我的信,他们同意补发一份通知给你,大概月初就能收到。另外,黄山会现改为11月22日—24日举行,正式通知上均有时间、地点。"

3 毛旭辉给张晓刚的信,1988年11月1日。

李慧昂(1954—)(贵州)、徐唯辛(1958—)(浙江)、董启瑜(1957—)(上海)的作品是这种古典风的代表。与之相反,孟禄丁、周长江、顾黎明、尚扬的抽象作品构成了艺术语言变化的另外一极,这两种风格的绘画倾向被批评界理解为对"'85美术思潮"的一种批判性立场,即对之前的现代主义艺术在语言上的"粗糙"的一种反驳,一种将艺术推向更为"艺术"的努力,所谓"纯化语言"的流行口号就是针对这类问题出现的。此时的批评家们,对艺术语言的理解出现了一种观念与表现形式之间的剥离。围绕"古典"和"语言"问题,艺术家和批评家进行了一年多的讨论,问题的焦点是如何看待"'85美术"这一场现代主义运动。"'85美术"的不少批评者相信存在着一种独立于现实问题的理想的艺术标准,相信艺术需要在语言上给予纯化甚至精致,以致要对之前的现代主义艺术语言给予提升。有一篇发表在《中国美术报》1988年第33期上的文章(作者朱祖德、刘正刚)这样写道:

> 现代艺术对每个中国人来说都太新太陌生,所以他们(青年艺术家)急切地要说出自己的观念却没能来得及找到自己的艺术语言,这一时期的作品中,经常可见到用概念符号充当情感符号,使作品变成表达他们对社会学观念的载体。有些作品不单显得生涩与不协调,某种程度上使他们不知不觉地跌入了他们深恶痛绝的地方——用艺术图解政治。因此,纯化语言,提高美学价值在今日已经是个不可回避的任务了。

与这种观点不同的态度出现在批评家栗宪庭的文章里,栗在《中国美术报》1988年第37期上发表了《时代期待着大灵魂的生命激情》,他在这篇文章里强调了作品后面的意义的重要性。他不同意语言存在着像剥离竹笋那样的与灵魂的分离,他强调:存在着一种人类的"大灵魂",这个"大灵魂"超越于艺术家"自己私人的精神",丢失了这个内在的东西,艺术家的工作就毫无意义:

> 艺术家的可悲,莫过于太执着于做一个艺术家,这会使艺术家把自己置身于整个以大师为标志的艺术史面前,而不是痛感到自己存在于这个活

生生的时代中。一旦语言、技巧、风格成了艺术家的目标时,艺术家就变得像工人不得不上班那样,艺术便在"自律"的幌子下,失去了它生命冲动的自足状态。

这个时期,毛旭辉和张晓刚赞同栗宪庭的观点,因为他们相信存在着一种具有普遍性的人性需求,当他们在"黄山会议"上听到王广义"清理人文热情"这个口号,感到颇为诧异。毛旭辉在他提交给高名潞的文章里陈述了自己的观点,他当然不同意将艺术作为一种外在目的性的工具来使用,他强调的是内心生活,是内心的冲突与不平衡的精神状态。"我们需要监禁、囚屋、酷刑,我们需要折磨,需要逼迫、恐吓心脏和神经,要使我们的意识喘不过气来,我们需要压抑、不断地扭曲、一再绝望地被鞭打,只有这样,你才有机会获得人的价值,这一切是调动灵感的动力和风势,好得很啊!狂暴的灵魂,断裂的神经,火红的眼球,无望的嘶叫,好得很啊!一切伟大艺术的前兆和雷鸣,一切深重地为灵魂而歌的激情和前提。"[1]这样的语言当然来自"'85时期"对西方著作的阅读,例如来自对黑塞的小说的理解:人的一种内心分裂并始终处在冲突的状态。毛旭辉想说的是,艺术是一种自然而然的状态的结果,是内在需要的表现,是生命感受的流淌。的确也存在着神圣的艺术本体,而艺术家不过是艺术的工具,就像之前"新具像"的狂热时期所理解的那样:艺术不过是心灵的具象和生命的具象表述,在理解艺术的过程中,理解生命的特征更为重要:

生命是个活的机体,它在我们的感知之中,也在我们的意识之外,它的变化莫测和不重复性常把认识甩在后面。它自由地向前或者衰弱,像梦一样展开着,"不合逻辑"地推动我们走向未知。在经验面前它总是干着越轨行为,干着扫盲工作。在我们的理性看来它一直在闯荡世界,过着冒险生涯。[2]

这样,毛旭辉自然将艺术问题理解为人的问题,艺术不过是人的一种

---

[1] 毛旭辉:《艺术问题即人的问题——1986年—1988年10月笔记摘录》。
[2] 毛旭辉:《艺术问题即人的问题——1986年—1988年10月笔记摘录》。

被称之为"艺术"的人的具体呈现。

可以想象,"黄山会议"上感受到的气氛没有让毛旭辉们快乐,他们发现现代主义的队伍中也出现了明显的不一致,而他们对那些对生命、痛苦、孤独、悲剧这类词汇后面的意义不再看重的艺术家不可理解。这时,毛旭辉的认识论明显表现出本质主义的特征,他甚至把"真理"与"人"视为同一:"今天是否可以说,人是追求真理的工具,而同时又是真理本身呢?!"[1] 整理这篇文章的时间是1988年11月15日,这是毛旭辉们即将动身去黄山"论剑"的前几天,他还是将一年前给高名潞的书信中陈述的观点放进这篇文章的最后,以便说明他坚持着自己之前的基本观点:"暴露生命和灵魂的状态,绝不是脆弱的表现。它需要一种气概,这绝不是一个简单的问题,像有些人认为的那样是一阵宣泄。它实质远比宣泄要严肃得多,有力得多。它恰恰有一副坚强的神经。"[2] 然而,这个时候的高名潞已经敏锐感知到了现代主义圈子里的问题:对"'85美术运动"有了朦朦胧胧的反省意识,他在回顾"黄山会议"并对之后的"中国现代艺术展"的性质可能从新作展退回为回顾展与新作展的结合时有一个相关问题的描述:

除了政、经双向冲击导致作品的弱化外,"'85运动"以来的新转向也是重要原因之一。会议中不少艺术家认为"'85运动"应有新的转向,因为"'85运动"是对"人文热情"、社会理想(包括政治理念)的抒张,而新的转向则应是对人文热情的清理。下个阶段中国现代艺术的发展是意义的消失,是与世界背景的认同。[3]

大约早在5月中旬,毛旭辉就收到了高名潞的一封信,高告诉毛:

《中国当代美术史1985—1986》[4]一书已交稿,50万字,写得比较充分。西南群体居"生命之流"一章之前,此次撰书详细将你们的材料整理一番,全面了解了你们的思想和追求,其中有很多深刻之处和超前性。故将你们

---

[1] 毛旭辉:《艺术问题即人的问题———1986年—1988年10月笔记摘录》。
[2] 毛旭辉:《艺术问题即人的问题———1986年—1988年10月笔记摘录》。
[3] 高名潞:《疯狂的岁月——"中国现代艺术展"始末》。
[4] 该书由高名潞负责统稿,七人共同编著,于1991年10月由上海人民出版社出版。

群体详细撰写，基本显现了你们的追求。我在书中将理性之潮和生命之流做了比较，都属人本美术，不过获取途径不同，随着各自发展有互相转化的可能。[1]

毛旭辉告诉张晓刚：高名潞正在筹备次年在中国美术馆举办"大型中国现代艺术展"——一个生发于1986年"珠海会议"的结果[2]，毛带着激动而紧张的心情提醒："我想你、永青、小潘和我都应该拿出高质量的作品参加此大展。也可通俗地看作这将是中国南北方的一场角逐。"[3]

1989年2月5日开幕、当天被警方要求闭馆，四天之后再次开馆又再次闭馆，最后于2月19日闭幕的"中国现代艺术展"被认为是80年代最后一次重要的现代艺术展览。参与这个展览策划的批评家有高名潞、栗宪庭、范迪安、周彦、费大为、孔长安、唐庆年、王明贤等数位年轻的批评家。毛旭辉、张晓刚、潘德海、叶永青这几位来自云南的艺术家参加了这次展览。的确，像毛旭辉所说的那样，他们多少不同程度地带着与全国各地艺术家"角逐"的心态，试图在这个特殊的展览上呈现自己的艺术。这是中国正处于商品经济刚刚开始的年月，1988年的流行杂志已经频繁地报道因为商品经济而引起的各类社会现象，例如在全国各个大城市里流动人口的增加，金钱意识已经深入到校园以及年轻人的日常消费生活，如此等等。事实上，这次展览本身不是由官方的中国美术家协会举办，尽管展览主办单位由中国美术界官方刊物《美术》杂志、中国艺术研究院美术研究所主办的《中国美术报》、以介绍西方现代学术成果为主的《文化·中国与世界》丛书编委会以及《中华全国美学学会》和《读书》杂志等六家单位组成，但这与中国美术家协会没有干系，展览的经费主要由主办单位、实际上是

1　转引自毛旭辉给张晓刚的信，1988年5月18日。

2　高名潞在他的《疯狂的岁月——"中国现代艺术展"始末》里写道："这次大型幻灯展是1989年的现代艺术大展的序幕，事实上，也正是这次展览上，与会的艺评家与艺术家共同发起倡议开一次大型的中国当代前卫艺术展。于是，一个艰难而复杂的展览筹备历程即此开始，而当时恐怕没有人会想到这一设想在二年半后方实现，而且也没料到它会引起那样强烈的社会冲击。"

3　毛旭辉给张晓刚的信，1988年5月18日。

由高名潞等人自行寻求赞助解决[1]。因此，展览不仅要求参展艺术家必须缴纳一百元的参展费，同时也需要艺术家自己去解决运输与保险问题。毛旭辉记录了参加展览过程中的经历细节：

除夕之夜被邀请到在北京工作的云南老乡家去过。老朋友把我们西南这窝穷艺术家拉到他那里喝二锅头。一电饭煲红烧大肉，几棵大白菜，几盘小炒，真带劲。边喝边和全国人民一道看着中央台播的春节联欢晚会。连日的紧张疲劳松弛不少。不管怎么说，大展终于是开幕了。这次从昆明赶来，一路辛苦，我和老潘的画一共两大箱，又重复了一道自办展览的艰辛。这次在昆明站办托运，还闹了笑话。两大箱画弄到托运房，搬上了称台，工作人员问保金多少，我们显然对这个保金的概念一窍不通，只想着多报，报高一点，自己的作品就越保险。信口开了一个每箱十万的保险。这下工作人员们可来劲了，二话不说，用电子计算机一下打出我们要付一千元的保金，而且单据也马上开好了，效率之高，令人振奋。但我们一看就傻了眼，慌忙解释，我们就是卖掉家当也付不起这么高的保金。况且我们根本不懂什么保金的概念，早知道所谓保金就是按照你自己申报的数收取1%，我等岂敢大口马牙地乱报。托运房的人员马上大为扫兴，对着两个稀里糊涂的艺术家发了一通脾气，指责我们开国家的玩笑。我们也只好连连赔不是，并希望他们开恩再给一次重新申报的机会。这次的申报是从十万元的高峰下跌到一分也不保的虚无之中，并且要签上"内损自负"的字才办完手续。她们还没完，瞪着眼睛对我俩说：你们以后要是还来找麻烦，试试！我们哪里还敢来试？人穷气短。想到梵·高，想到那两箱画，可能有一天价值连城，也可能就是一堆废品。谁知道呢。现在只知道不管它是财宝，是垃圾，它得上火车，拉到北京，拉到美术馆。这次来京办展，一切皆自费自理。中国这一代年青艺术家的荒唐之处就在这里。一方面温饱都成问题，

---

[1] 高名潞在他的《疯狂的岁月——"中国现代艺术展"始末》里有这样的文字："筹集资金的难度，远甚于学术的准备。场地与经费是筹备现代艺术展的双头马车，这样一个大型的展览，资金全部得自筹。虽然有六个主办单位，但只是名义和道义上的支持，且那年头，这些文化单位也是自身难保。"事实上，关于展览的赞助问题，高名潞也求助过毛旭辉，但是可以想象，无果。在周彦给毛旭辉和毛旭辉本人的书信中有其记载。

1989年2月5日,毛旭辉于中国美术馆广场,地上铺的是"中国现代艺术展"布标

1989年2月,毛旭辉与朋友刘铁君在中国美术馆"中国现代艺术展"现场合影

一方面又顽固地自费自力地搞什么众人不予理睬的现代艺术。算一算手头的经费，在北京每天的开支，包括吃、住不能超过5—6元人民币，否则就坚持不到展览结束。所以只得在中央美院冒着时常要被校方罚款的危险在学生宿舍里混住处。一个昆明在校读书的学生（曾浩）里应外合帮了大忙。每天给我们找床位，抓被子，借床单，把西南这伙"老哥萨克"东塞一个，西塞一个地解决了。吃的问题，早点只好吹了，中午和晚上要么泡方便面，撒点涪陵榨菜，要么上街打平伙吃水饺喝粥。毛主席说过："人总是要有点精神的。"我看这已经是我们的座右铭了。[1]

在大多数艺术家和批评家看来，有来自全国各个城市众多艺术家参加的"中国现代艺术展"，因肖鲁、唐宋的枪击作品事件、李山"洗脚"、张念的"孵蛋"、吴山专的"卖虾"等行为艺术和部分装置艺术导致的两次闭馆带给展览组织者高名潞等人极大的压力，并导致强烈的社会效应[2]，那些平面作品——无论是油画还是水墨——几乎失去了人们的注意力。毛旭辉当然注意到了这个事实：

这次用照片展示的行为艺术作品是很多的，有自杀计划；有在喜马拉雅山雪峰上对着珠穆朗玛峰顶礼膜拜，以及以世界最高峰为背景赤裸着身体的欢跃；有焚烧作品的事件，等等。五花八门，无奇不有。但当这些激动的行为是用照片的形式来展示时，也就没有直接的冲击了，同时也就失去了新闻效果。这次大展的大量架上绘画也是如此，无论它如何在形式和内容上走得多远，但它们的效果就只局限于一个平面之内，所以也就丧失了新闻效果，无论是对毛主席作绘画上的理性分析[3]，还是呼吁一种宗教精神；是将一双手套画得比真人还大，还是4个排列在一起怪笑的秃头；是巨幅的泼墨，还是在画布粘贴各种材料的纯抽象画……这一切都因保持着

1　毛旭辉：《是疯狂，是恶作剧，是艺术，还是……——记中国首届现代艺术展》（1989年4月7日）。

2　2月13日，中国美术馆还对组织者发出了《对中国现代艺术展主办单位不遵守展出协议，出现开枪射击造成停展事件的罚款通知》，参见高名潞的《疯狂的岁月——"中国现代艺术展"始末》。

3　这里的举例指王广义的油画作品《AO毛泽东》、丁方的油画《悲剧的诞生》、张培力的油画作品《X？》及耿建翌的油画。

绘画最古老、最传统的基本特征,所以都显得不讨好,引不起记者们和爱看热闹的观众的热情。

但是无论如何,在回到昆明不久,毛旭辉在几年前举办"新具像(作品幻灯、学术论文)第三届展"的云南省图书馆给昆明的艺术家专门举办了一次讲座,详细介绍了发生在"中国现代艺术展"上的那些主要的行为艺术和事件,他没有因为自己的作品被观众所忽视而不去给听众介绍那些"刺疼"他的艺术,他带着历史的眼光、复杂的心情与理解的态度,记录了一个现代主义者对"总结性地汇集了''85美术运动'的成果……的回顾展"的介绍。他这样结束了他的讲座:

对我来说,首届"中国现代艺术展"更像一座充满悲哀的里程碑。在我的记忆里,它遭受了那么多的"劫难",这是它"罪有应得"吗?还是一笔拥有的财富?为今后的历史提供着生动的素材。今天比我更年青一代的艺术家们常在大侃着:艺术就是一种"侵略"。但是要看到,在"侵略"时,恰恰也埋葬着我们的青春年华。[1]

接着到来的90年代被认为是现代艺术转向"当代艺术"的时期,没有人考察"当代艺术"这个词究竟是谁开始使用的。当《艺术·市场》第1期出版时(1991年1月),接受采访的艺术家王广义说了如下的话:

就目前来看,中国的当代艺术还没有获得与它本身所达到的学术高度相对等的地位,这里面的原因是很复杂的,其中主要的一点是没有强大的国家集团来做后盾,战后美国艺术的成功,实质上是国家集团的成功,否则,像波洛克(Pollock)、德·库宁(de Kooning)、琼斯(J. Johns)这些艺术

---

[1] 毛旭辉:《是疯狂,是恶作剧,是艺术,还是……——记中国首届现代艺术展》(1989年4月7日)。在3月23日给张晓刚的回信里,毛旭辉还有这样的表述:"这次大展,我们都保持了自己的本性,历史将给予它应有的地位,要用绘画去拼前卫的阵地是力不从心的。在'85的时候,我们是前卫,现在不是了,只是保留的一部分,我们是算以一种历史人物而出现的,新人在楼下,那些制造事端的人,是我们的私生子,不论我们认不认,历史可能就这样记载了。"
张晓刚在3月17日的信里就怀着复杂的心情说道:"看着'现代艺术大展'上那些急躁的同行,真有某种说不出的东西,我感到我们的沉默并不仅意味着一种羞怯。对我而言,更多的是感到一种孤独。我感到我们与那些简单的'破坏者'是格格不入的,与那些虚无的权欲分子是格格不入的,与那些企图让艺术远离人的灵魂去接近戏弄视觉感官的样式主义,去接近金钱的占有者们更是格格不入的。"(《张晓刚书信集》,第131—132页)

家将不会是今天的样子了。你刚才用了一个"艺术工业"这个词,这个词很好。这里面涉及一个循环流通问题。我想,首先要参与这个循环流通,然后才能在这个轨道上发生意义。现在,我们已经开始参与了,可以断言在五年之后的世界艺术工业领域里,中国"产品"将会是举足轻重的。

王广义的用词,显然与80年代现代主义者们的表述完全不同。然而,就在差不多同时,1990年10月,毛旭辉在和平村2号——他在无数作品中不断表现的母题——写了一篇题为"当代艺术的使命"的文字。在这篇涉及"当代艺术"的文章里,艺术家开篇就力图解释什么是当代艺术:

何为当代艺术?即那种能够继承传统艺术(指整个世界艺术)的伟大精神的艺术。何为艺术的伟大精神?即那种对世界和人生有着深切的关注,对真理有着执着追求的崇高精神。它借助着各种强有力的形式传达着人类灵魂的呼声,传递着永不熄灭的灵魂之火焰。当代艺术首先要维护和扩大的就是这种超越时空的永恒精神,即永恒的人性。

在文字的后面,艺术家还解释了"何为艺术的当代性",不过,他仍然用他在80年代的阅读经验和知识来解释这个问题,即用关于人的哲学或者生命哲学的思想来解释此时的艺术问题。毛旭辉是如此地深陷于本质主义的沉思,如此地受着挥之不去的一套现代哲学理论的影响来理解艺术。但是,他隐隐约约意识到了"图式"问题,即今天的艺术必须要有符合于内在性的形式,仅仅是情绪与宣泄的表现是不行的。他继续强调灵魂的重要性,不过,他注意到"要建立自己的语言体系"。这时,他把"语言"仍然理解为"形式风格"。在写作这篇文字的时候,他阅读了《江苏画刊》1990年7月号上吕澎写的《"新风格主义"解说》,他觉得吕澎对风格的提示是符合自己的看法的,所以,他在文字里写道:"这种形式风格的创造正如吕澎先生所言就是'灵魂创造性的证明,简要的表述就是:风格即灵魂的证明'。"事实上,吕澎在这时的写作中涉及的问题是"语言"问题,然而,"风格"一词的使用表明了作者对语言问题的认识没有跑出现代艺术的思维逻辑。1990年,王广义的"大批判"系列开始出现,在北京的方力钧的"光头"作品与之前的现代主义艺术明显地拉开了距离,任何有分析能力的人都会发现:在新的绘画中,"灵魂"似乎已经消失了,所谓的"精神性"被调整思维方式的"观念性"所替代。当毛旭辉还在说"当代艺术的实质就是一个人的问题的提出,一个人的最高价值的提出"时,王广义和方力钧却已经将本质主义的问题抛向了脑后,他们以及其他一些艺术家不再讨论毛旭辉最关心的"人的问题"或者"人的灵魂状态"。

在1990年10月的《江苏画刊》,王广义用了不少文字对1988年在"黄山会议"上抛出来,又在1989年2月的"现代艺术展"期间被艺术家本人高调提起的口号"清理人文热情"进行了解释:

> 艺术家们以在共同的幻象中所经历的一般经验事实为出发点共同建构神话史,在这种神话史中一切都经过夸张和放大的人文处理。当一个艺术家完全沉迷于这样的"情境"之中,无疑会相信这个"神话"的。这种神话的幻觉感从文艺复兴至今一直使得艺术家们自认为他们是在同神对话。欧美一些艺术家在20世纪末叶开始对这个神话表示了怀疑,但也往往是不自觉的,像波伊斯这样的前卫人物也还不时地误入神话的迷雾之中,这种悲剧是由"现代艺术"的语言惯性所导致的。其实"古典艺术"和"现代艺术"的语言发生之原点是一脉相承的,也正是这种语言的相承性包含了艺术代表和艺术的关系。从这种意义上说,我们应当抛弃掉艺术对于人文热情的依赖关系,走出对艺术的意义追问,进入到对艺术问题的解决之中,建立起以以往文化事实为经验材料的具有逻辑实证性质的语言背景。如果我们发现"古典艺术"和"现代艺术"为我们当代艺术家遗留下许多的问题,每个个体艺术家都可以选择和发现某些问题来作为自己工作的逻辑起点。[1]

然而就在1990年的一个笔记本里,毛旭辉仍然对"清理人文热情"的观点表示了决然的不同意:

> 今天常常听到一种学院式的呼声要清理"人文热情",要纯化艺术语言,所谓清理和纯化无非是力图使艺术摆脱或放弃对人类生存状态中那些本质

---

[1] 王广义:《关于"清理人文热情"》,《江苏画刊》1990年10月号,第17—18页。

方面的深切关注。而我认为,今天该强化的还是这种要被扬弃的"人文热情",除此之外,被称为艺术的这种东西还有什么意义呢?[1]

这里,毛旭辉显然将王广义的"清理"与学院老师们的"纯化"混在一起了。事实上,大多数艺术家的心情一直处在压抑与无可奈何的状态中,毛旭辉仍然保持着与少数朋友的通信习惯,他渐渐从"中国现代艺术展"中苏醒过来,尽管他直接表达了对王广义"清理人文热情"口号的反感,不过在潜意识里他似乎也感觉到了之前因生命哲学所刺激出来的肆无忌惮的情绪可能存在的问题。他坚持自己的立场,他对当初自己的表现主义艺术特征后面的根本取向不仅仍然在意,还希望将其推向极致,不过,这个时候的"极致"似乎缺乏流动性,而更多地倾向成为一种简单的符号,即不是一种偶然性的呈现。艺术家在一封信里给朋友说道:

当今艺术语言的范围已大大扩展,面对众多的自由反而创作者本人会显得力不从心,反而没有自由。在这点上我同意斯特拉文斯基的看法:艺术必须受到限制,才能愈加自由,所以人必须找到自己,然后肯定它,在自己单纯的选择中发挥所谓自由。[2]

显然,现代主义运动在80年代后期出现的转向,多多少少也触动着西南艺术家的思考,他们在秉持不同意的态度中事实上也开始了自己的理性反省。毛旭辉一边坚持着他关于艺术的观点,一边却实验着更为稳定的"家长"符号的衍生与变体,与"玩世现实主义"和"政治波普"的艺术家一样,他事实上开始了符号和稳定图案的系列创作,仅认为那些不同样式和情状的"家长"是来自他的灵魂和思想深处,而不是像"波普艺术"那样是设计出来的。

---

1 灰色硬壳速写本,毛旭辉在翻开的一面写下:"一九九〇年十月",一旁还画了一个"家长"图案,据此,这句话很可能是年底写的。

2 毛旭辉给吕澎的信,1989年11月9日。

"家长"

1988年，毛旭辉以他的油画《私人空间·自囚》和《家长》参加了"1988·西南艺术"，在这次展览中，预示着以后将产生一大批同一主题的"家长"系列的画，《家长》以一种朦胧但已明显能够分辨的形式奠定了"家长"系列的基本造型。在1988年12月31日工作总结里，毛旭辉开始意识到"家长"的不可摆脱的可能性。"'家长'有各种可能性，也有嘲讽意味，故作矜持，但又是一种'图腾'的形象。我老想起马尔克斯的一本书名《家长的没落》，我没看过此书，但也许我能感觉到这个东西，'家长'我知道这是一个大东西。"[1] 艺术家的这个意识看来刚刚产生，因为，在之前的几个月里，他还抱怨着自己的工作状态不佳，在寄出参加"1988·西南艺术"的作品时，他对张晓刚说："至于画的质量，就目前来说，云南就这几个人还在考虑艺术上的问题。至于我本人就十分惭愧了，这也是真诚的，因为近两个月来的心态被外界扰得一塌糊涂，很难集聚起力量干我们的正事。世事的纷扰，我常常在夜间就有一种要逃跑的感觉……"[2] 他还告诉张晓刚："总之，我还是寄了两张画，去年那张就很不好看，今年的这张画得极其粗糙，只不过这一切都是真实的罢了。我想它们要是影响展览的质量的话，你和吕澎完全可以做主，取消它们的展览资格，我是毫无怨言的，请相信我！"[3] 毛旭辉所说的"今年的这张画"就是最早的"家长"实验。艺术家这时对这件作品的态度显然还没有像年底那样表现出对自我的一次发现。

的确，此时的毛旭辉不再仅仅限于私人空间的感受，他和朋友们在一起

1　毛旭辉1988—1989年黑灰色皮笔记、日记、草图本。

2　毛旭辉给张晓刚的信，1988年8月20日。

3　毛旭辉给张晓刚的信，1988年8月20日。在6月26日给张晓刚的信里，毛旭辉还有这样的自我心理记录："只是我近来还没有画什么东西，画了几张即兴式的小画也很不像样，在艺术问题上我常陷入矛盾的境地，忽而这样忽而那样，我很清楚我还将摇摆下去，可能这是我的素质，不是用意志能改变的，但我还是想尽可能地加于（以）控制。" 7月，毛旭辉完成了参加"1988·西南艺术"展的这张"家长"。

讨论的不是自我的日常感受，或者是屋顶石棉瓦上的猫在夜晚里奇怪的叫声，而是一个关于未来，关于命运的走向，或者干脆是每个人往后将如何存在的问题！他像之前那样，思考着自己的艺术倾向，他认定高名潞对"'85美术运动"的逻辑，把在北方的艺术家王广义和丁方的艺术界定在"理性""意志"或者"崇高的悲剧感"范围，而他自己和同样生活在云南的张晓刚、叶永青被视为"非理性的"和"骚动的"。但是，这样的分析似乎已经不能概括在1988年开始，并在1989年明显出现的"家长"系列，尽管这个系列的风格是表现主义的。可是，"家长"这个图式的提炼源自一个更为社会角度的思考，就像他于1990年在笔记本上写到的：

当"家长"系列出现时，它又不同于"红土"和"私人空间"。因为"家长"已超出个人精神和存在的范围，它触击（及）到中国更为古老原始、深刻的一面。要用语言来表述这种感受是很累的，几个方面，"家长"这个符号，可象征权力、孤独、专制、尊严、残暴、专横、意志，它是属于"实在"范畴的东西，本质上是中国民族的命运，它的沉重和苦难、悲剧性是我们切身感受到，从漫长的历史到当代现实，这都是压倒一切的力量，这是我们创造涉及的中心问题，是我们精神多年来承受的东西，不抓住它，就是灵魂的犯罪，它的历史感和当代性，当中国发生更为深刻的变革时，更能领悟这个符号的深刻性。[1]

一个相对稳定的符号的产生，以及围绕这个符号开始不断演绎与变体，这是毛旭辉的艺术的一个明显的变化，这样的变化意味着艺术家针对现实问题的思考而希望寻找一种能够容纳自己复杂思考的形式，并且，他似乎觉得找到了这样的形式。艺术史早就提示了语言与风格特殊性的问题，事

---

[1] 红色边黑色面硬壳笔记本。时间标签为"1989"（年）。打开的硬壳这一页，毛旭辉贴有一张自己从楼上搬运一幅"家长"作品的照片。他给这张照片题名"搬运魔鬼"。显然，这个在逃奔的"家长"已经承受了复杂的含义。这一页，毛旭辉画了一个"家长"的头形轮廓，写上了时间：1989年12月14日。这应该是艺术家开始使用这个笔记本的时间，所以，可以将其视为1990年大量使用的笔记本。不过，在新的一年即将到来时，毛旭辉似乎没有将这个新的一年看成是与之前有什么根本的不同，他认为一切都在绵延：他在第一页上就写了这样的感受："……其实一年与一年并没有什么明显的交界，就象（像）1点钟与2点钟，12点与1点，这有什么明显的界限吗？！"

实上,毛旭辉和他的朋友始终都没有停止过对艺术史所提示的问题的思考。对于这些表现主义者来说,这是一个复杂的工作:他们既对形式主义的倾向没有兴趣,也承认一种特定的语言和形式系统的重要性。在一定程度上讲,"圭山"与"私人空间"也不过是寻找自己语言方式的不同路径,并且符合当时的内心需要。现在,一种更为复杂而强烈的感受已经不能够用随意或者偶然性的笔触去概括了,"家长"这个主题——无论如何复杂和具有心理因素的多样性——挥之不去。与"私人空间"一样,"家长"来自现实,来自个人的思考,在1990年的笔记本上,毛旭辉在一页画有"家长"图式草图的纸上写道:"家长:一个极普通的概念,人人都知道和经历的事实,人人都使用的概念。"不过,既然艺术家希望能够用一种符号化的图式来表达自己的思想与感受,他在另一页上,又写道:"我将'家长'这个普通概念图式化了。"这种图式化的工作当然与他经常思考的语言或者艺术问题有关。早在1987年的一封给张晓刚的信中,毛旭辉写道:

  另一个始终苦恼的问题就是艺术的问题。近来常常看《美术》全集和美术史方面的论文,当把《美术》全集浏览了一遍我才发觉,要使自己的艺术在上面留上一页,的确是一件非常严肃的事情了,而我们该做的是什么呢?!很多大师很清楚自己在做什么,不管是安格尔、莫奈、塞尚、马蒂斯、毕加索以及现代的五花八门,这些家伙都很清楚自己该做一些什么。他们知道自己在美术的样式、词汇的创造上做些什么。而我常常不清楚,或者说我不知道缺少什么,也许我太理智了,也许艺术家只该听命于自己的生命去流动、去喧响,别去管这类事情。但是像欧洲这些大师,哪个不是踏着卢弗宫(即卢浮宫——引者注)的步伐在前进,包括卢梭那种只能用天才这样的字眼来概括的画,他也是朝思暮想着向卢弗宫看齐的。在美术史上全凭自己的天性不与整体比较而出来的大师毕竟是占少数的,可能几乎是没有(的)。[1]

  在这封信里,毛旭辉谈到了"没有什么纯粹个人的东西,纯粹个人的

---

[1] 毛旭辉给张晓刚的信,1987年12月1日。

东西只是近代的产物，近代个人主义的产物"。尽管他仍然相信艺术存在着一种本质性的内核，但他对绝对的自由与个人主义开始了明显的怀疑，"我想艺术之上毕竟有一个至高无上者在俯瞰着，不管观念如何更新，艺术毕竟自身有一种规律和本质，在与过去发生着联系，艺术毕竟是艺术，不是其他什么东西，不管它出自什么目的，它最终必须是艺术。"这是"'85新潮"之后毛旭辉对艺术思考的逻辑。

与那些观念主义的艺术家不同，艺术家力图说明"家长"这个"图式"绝不是思想的图解，它本身就是一种复杂性的象征，以致艺术家的作品经常出现表现性很强的场域。艺术家没有彻底抛弃复杂的心理现实，他仅仅是希望对其可控。在一页有"云南电视台"抬头的信笺纸上，毛旭辉写了一段"谈'家长'系列"的文字：

我选择了一个"主题"，或者说是它选择了我。它渐渐地[在我心里]形成、扩展，推开了其他的问题。[我的]意志力因它而焕发出来，我不断地画"家长"这个东西（自1989年以来，我几乎全身心地投入其中），并没有完全感到满足。我至今还被[它]激发着，要做很多工作。[其实]这是身不由己的事情。在这个过程中，我更加了解了自己的力量和过去不甚明确的东西。人的力量终有一个突破口，就像埋伏在地下的火山终有一天会喷发。

......

"家长"系列里，包含了我对人生和历史的见解以及对人的状况和处境的关注。生活并非轻歌曼舞，生活是严峻的。

毛旭辉于1989年8月以后完成的为数众多的"家长"主题的作品显露出了一个新的阶段。正如我们看到的，在制作这些作品之前，艺术家涉及的路线并非只有一条，田园"圭山""私人空间"、拼贴"波普"作品几乎是同时进行。然而到了1988年下半年，"家长问题"开始逐渐突显出来。最初的一些"家长"肖像实际上是艺术家的精神自画像，在这些作品中，被拉成菱形的脸成了一种象征符号，肖像的意义几乎丧失了。这些画反映出艺术家对某种来自不明方向的力量的恐惧，艺术家体会到这个力量对肉体的人和精神的人有一种吞食和削减的作用，但奇怪的是，那个"家长"形象同时也是威胁人自身的形象。展出于"1988·西南艺术"展的那幅《家长》更明显地强调了"削减"力量的分量，左右两个头形完全有种后退感，而中间的那个头形却得到了其后深色正方形的支持。这件作品的形象总的说来是朦胧的。

　　拉长菱形非常肯定的出现是《家长88.12》这件作品。在这幅画中，菱形的"家长"具有正像和负像，它们分别得到了深色矩形和白色矩形支持。这件作品反映出艺术家更加明确"家长"的形式切入。以后的"家长"作品几乎是在这样一个基础上的全面展开。

　　早在1987年的一些"私人空间"的作品中，艺术家骚动的内心就有一种"家长"的形式表现倾向。除了我们在前面分析到的《水泥房间里的夫妇》外，《合影》中的人像也显露出了"家长"的菱形倾向，只是，揭示内心痛苦的恶魔般形象把这一潜在的特征给遮掩了。然而，在1988年年初的《家长88.3号》里，艺术家用使人联想到历史的符号将"家长"的内涵增加了成分，诙谐的形式强调出了"尖形"的内在需要。在以后的许多"家长"作品中，"尖形"的鲜明程度更加强烈。此外，"家长"较完整的阴影还出现在与明星在一起的拼贴作品中，"家长"又增加了滑稽和废物的含义。"家长"形式在各类作品中的出现并不意味着它与这些作品中的其他符号的象征性有什么外于它们的姻缘，相反，"家长"的形式与含义正是产生于这些符号的集合，最终，"家长"构成了独立的问题。

　　"家长"系列中，除了典型的"家长"形象外，人体也不时插于其中，如《靠椅上的白色人体》《坐在靠背椅上的人》《奔跑中的白色人体》《有黑白矩形的白色人体》《仿大卫的〈马拉之死〉》《坐在白色通道上的人》以及《黑色人体》。虽然"人体"意识与过去的人体有着内在的连贯性，但是，这个时候的人体已完全属于"家长"主题了。

　　艺术家设定了一个被称之为"家长"的概念。这个设定有许多含义：

　　"家长"首先是现实的人格化。他是生命的父亲。他对生命的存在方式

《合影》 纸本油画 45×78cm
1987 年

有着严格的规定。他给予生命一种威严、神圣,但也是恐怖、暴虐的印象,他使生命接受他所规定的一切,他使生命别无选择。

"家长"也是历史的阴影。它提醒我们生命的不可超越性,它把生命与已经溃烂的陈迹或更为遥远的世界联系起来。

"家长"是生命不可摆脱的来自任何方向的威胁,它使生命就范于一种死亡的工具而对生命施加酷刑。

"家长"是道德伦理的面具,它强制生命对它的依附,它使生命有一种被强奸感;"家长"是一种沉闷的声音,它发自一个神秘的深处,它诱使生命对它的接近并使生命失去正常的听觉。

"家长"是地狱的看门人,它在生命进入地狱之前对生命进行令人恐怖的鉴定。

"家长"居然也是生命的母亲。它也具有母性的特征,但这是一种使人联想到美狄亚的母性特征,它与杀戮与鲜血有关,所以它也使人联想到蒙克笔下的吸血鬼。

显然,"家长"也是自己。

在大多数构图中,"家长"总是以一种受到监禁的形象出现在各种令人不安的场所。生命受够了威胁以致它就是威胁的化身;它以可以目见的形式告诉我们威胁的力量;"家长"显露出深重的孤独,而这孤独属于每一个生命;"家长"呈现出畸形,而这畸形就是生命的畸形。因此,"家长"是酷刑的实施者同时也是酷刑的受害者,"家长"控制生命但同时也是被控制的生命;"家长"具有威胁性的力量但也同时受到某种力量的威胁;"家长"无处不在,但同时它却没有丝毫行动的自由,"家长"对生命加以摧残但同时又对生命提供支撑,"家长"是对生命追问但同时又是被追问的生命,最终,"家长"是艺术家对生命与现实的关系的一种存在主义的形象选择——艺术家认可并承受"家长"的这一饱含着精神内容的事实。

实际上,"家长"是艺术家对"控制"与"权力"的一种理解。现实可以被归纳为不可抵抗,这是精神力量的限度,所以现实问题便被理解为内在性与外在世界之间复杂的关系。

1989年8月,毛旭辉完成了"家长"主题中的三件人体作品《靠背椅上的白色人体》《坐在靠背椅上的人》以及收藏于美国加州亚太地区博物馆的《奔跑中的白色人体》。几乎就在同时或稍晚,一个月的时候,艺术家画出了《有黑白矩形的白色人体》《仿大卫的〈马拉之死〉》和《深夜走廊和楼梯》。

《靠背椅上的白色人体》和《坐在靠背椅上的人》使我们感受到令人窒息的紧张:赤裸的人体(《靠背椅上的白色人体》里也许是个女性)坐在一把简单但似乎具有潜在打击力的椅子上,姿态近似接受审讯,然而,人物双腿叉开构成的金字塔形显现出很大程度的稳定感。阴影的陡然表现起到了象征性的作用,阴影使人们联想到一种电击效果,因而阴影加强了画面的紧张,人物头部及其周围的模糊处理,使形象具有幽灵的意味。《坐在靠背椅上的人》中的人物头部实际上是个粗糙的菱形,虽然在造型上这幅画与其他"家长"作品是非常连贯的,但在色彩上它是一种特殊的日记性质。艺术家用白色在红色的背景上施以否定性涂抹,同时又在人体身上留下了与背景一样的红色,显然,表现性的语言起到了象征性的作用。这两件作品实际上表现的是一个"失败的家长"的形象。在这两幅画中,"家长"是"自我"的象征,是关于生命处在被监禁、受酷刑的状态下的记录。

《奔跑中的白色人体》反映出失败的生命的一种更为可怜的状态——生命的无援达到了凄惨的程度。这件作品与以前的"私人空间"的不同在于,人所处的空间被抽象化,"私人空间"不复存在,艺术家关于人的问题再次回到了"存在与毁灭"这一最基本的出发点上。在此时的艺术家看来,关心人在面对邪恶力量的摧残下的状态比关心人在"私人空间"中的行为更接近问题的实质。我们注意到,在奔跑中的白色人体与环境的白色——例如头部上方的白色和脚下的白色具有粘连特征,厚厚的白色处理与薄薄的背景所形成的对比,使我们暗暗为人体的未来着急,因为人体朝着向下的斜线方向跑去的结果,很可能被溶入白色世界,至少,白色人体将进入的空间是一个更不自由的空间,是一个更为窒息生命的空间。也许《有黑白矩形的白色人体》能使我们联想到"私人空间"主题的一些作品,但这并不重要,我们完全可以把这个人体看成是生命处在一个可怜而侥幸免于残废时的一个状态。画中重要的符号形式是黑白两个矩形,这两块底版似的东西我们在1988年的"家长"作品中就已看到,它们在这里重新浮现,可以被看作是涉及"家长"主题的某个问题被重新提出。就构图而言,它们与斜上角的两块不完整的矩形构成了呼应,而人体前脚一旁的暗红色与白色矩形后面的红色符号使我们自然联想到人们熟悉的现实问题。

《仿大卫的〈马拉之死〉》是一件变体画。在制作"家长"作品期间,毛旭辉翻阅了大量的西方艺术家的画册,卡拉瓦乔、格列柯、戈雅、大卫作品中对死亡的表现使这位中国艺术家对这个问题有了新认识。毛旭辉一度对古典和写实风格的作品抱有极大的反感,在相当长的一段时间里,使他感动的是德国表现主义的作品。然而,对现实的体验使艺术家后来思考到,看来他真正反感的是古典形式。比如对卡拉瓦乔,艺术家曾经对意大利画家很反感,后来他认为:"以前反感卡拉瓦乔是反感那种形式,现在看来他的表达很确切。"表达什么很确切?是死亡与生命这个主题。在许多大量的作品中,毛旭辉发现了关于生命的更为永恒的东西,以致在艺术家今天看来,"前卫,古典,现代(之间的区分)这个问题并不存在"。《马拉之死》是艺术家对死亡的再认识。在大卫作品中,马拉的死有一种纪念碑的意义,而在毛旭辉的作品中,马拉似乎并未死去,他受到了来自地心深处一种力量的辐射与刺激。前景深色的矩形与那种具有穿透力的"辐射"形成了一种矛盾关系,矩形是一种否定,它在抵阻崩溃与死亡,但问题是,矩形本身具有一种神秘的特征性,它使我们丧失判断。当然,在制作这幅画时,艺术家的心态与制作前几幅画时的心态是一样的,那个在呻吟的"马拉"实际上不过是"家长"的化身,或者说,"家长"借用了马拉的躯壳,艺术家要解决的是一个涉及"家长"主题的问题。作品使我们看到,艺术家回到古典的契机并不是想寻求一种便利(这种情况在1988年以来的确存在着,不少艺术家在"'85时期"之后重新拾起古典艺术的语言形式,而不去追问古典艺术的实质),而是在寻找艺术最为根本的问题。

在1989年9月至10月期间,毛旭辉画了《坐在扶手椅上的人》《坐在夜空中的家长》《坐在夜空中的家长·母性》。

《坐在扶手椅上的家长》与我们在前面分析的几件人体家长的作品不一样,画面呈现出冷漠的气氛,虽然紫红色的环境和黑色的人物构成的色彩关系在我们心中并不能起到抚慰作用,但是明晰的造型和并不紧张的笔触给我们建构了一个占据三度空间的"家长"实体。看上去,"家长"的身份与前面几幅中的人体"家长"的身份是不一样的,这时的"家长"具有一种潜在的威慑倾向。此外我们不得不承认,紫红色调黑色人体以及白色的椅子构成了令人愉快的色彩关系。

《坐在夜空中的家长》与《坐在夜空中的家长·母性》似乎是个对比,但是那个"男性"与"母性"相比,显得缺乏威慑,他的存在几乎是身后作为椅子靠背的矩形给强行支撑着的。"母性"的情况不同,她几乎代替了椅子而成了支撑本身,除了两个硕大的乳房外,她的躯体已化为令人畏惧的椅子——这是一个可怕的"母性"。

《坐在靠背椅上的白色人体》与《坐在扶手椅上的人》也是相互联系的作品,改变了"家长"与椅子的关系。这两幅画使我们想起艺术家1988年完成的那幅有正负像的《家长88.12》。而在这两幅画中,"家长"的面貌显得更加完整。《坐在靠背椅上的白色人体》是"母性家长"的一种形象,她在愤怒、挣扎,带来一股强烈的压迫感。《坐在扶手椅上的人》的呈菱形的头部已失去任何物理细节,使人难以捉摸。这里面很可能有一种转化——一种关于存在的多种特征或生命的不同侧面的转化。

在1989年10月以后完成的一批"家长"作品中,空间成了艺术家关注的焦点。

在《坐在废墟中的家长》里,"家长"退到一个较远的位置上,"家长"与椅子构成的稳固的金字塔关系继续保持了"家长"地位的威严,但是这

《私人空间·春日》 纱布纸板油画 22×15.3cm
1989 年

1990 年，毛旭辉与刘晓津在和平村 2 号宿舍合影

种"威严"的价值是极不可依赖的,废墟抵消了"威严"的力量,以致"家长"实际上成了废墟中的一个部分。

《家长系列·红门之二》呈现出一个矩形的方门,但是,这个方门是与深远处"家长"叉开的双腿或椅腿相呼应的。构图反映了两个空间——门内与门外,门内看上去使人紧张,仿佛存在着一种波及整个空间的磁场,我们看到磁场的正负极均处于家长的位置上,此时的"家长"形象被消减到最低程度,只有在白色椅背的衬托下,我们才能看到"家长"那纤细的身影。门外是平静的,艺术家为我们提供了一个旁观者或局外人的机会,至少,在我们还未进入门内之前,我们是安全的。当然,"红色斑"的来路我们并不清楚,它们间或与门内的世界发生关系,它们随意地涉足于充满紧张气氛的门内,我们很难说这是"红色斑"的侵入,还是"家长"构成的磁场产生的影响的结果,无论如何,"红色斑"使人感到意外。

《家长系列·红门》使红色改变了性质,它不是一种活动因素的象征而是一种存在的证明。红色的斑驳效果使我们联想到时间的力量。但是,令人不安的是,红色是那样鲜明,以致斑驳显得有人为的性质,这种富于生气的表现与遥远的中心处的"家长"构成了呼应——红门既是"家长"的环境又是"家长"的意义的阐述。在这幅构图中,由红门构成的矩形表现出强行的否定与控制,紧张的气氛被限制在红门之内,虽然这种气氛是问题的中心。

1990年1月完成的《家长系列·白门》显露出紧张度的减弱,由断断续续的白色色块构成的矩形似乎组成了一种地下通道,"门"的意味只是有微妙的象征性。我们不妨把这样的构图看成是我们对"家长"的接近。

《黄色调家长图》几乎就是一座没有威胁性的"宫殿"的辉煌的内景,虽然使人产生深度感的纵深表现仍旧与其他作品一致,但黄色与黑色的大块对比使构图显得平静和庄重,构图甚至有一种神圣而和谐的音乐效果。

《白色调家长图》居然消除了深度而呈现出平面装饰的特征,黑色和白色的方形与"家长"和椅子构成十分冷静的画面分割的关系。在这个时候,艺术家的心情平和多了，"家长"的位置和它的椅子的关系，多少使其显得有点滑稽。画面让人产生疑惑的是左上方的那个黑色的团块，它与直线条勾画出来的其他形象构成了对比。

平和的心境一直持续着，像《坐在白色通道上的人》和《黑色人体》这样的作品，我们甚至能够看到调侃的趣味表现，尤其是《黑色人体》又使我们回想到了"私人空间"里的虚无情绪。

三联画《90家长三联》使我们看到了艺术家对画面本身效果的进一步关注，艺术家似乎并不太强调紧张的效果而注重处理本身，在画面的干湿、厚薄、粗糙以及刷子（艺术家几乎没有使用油画笔）和画刀赋予画面的偶然处理中，艺术家找到了乐趣。在1990年8月完成的《红窟中的大家长图》中，我们更能清楚地看到艺术家感觉与思维的秩序性。

典型的"家长"形象是因对颧骨的过分强调而形成的菱形（我们在1990年5月完成的《家长肖像》中尤其能明白这一点），"家长"的姿态是他双脚张开，在正面和对称的处理下，"家长"往往与椅融为一体。可是这种表现正好是艺术家的一个意图，以致我们可以在《坐在红色靠背椅上的家长》这样的作品中发现椅子比"家长"更具有家长的性质，菱形的"家长"头部居然缩到了极其脆弱而不复存在的程度。

毛旭辉给我们提供了为数众多的、不可能再从我们的头脑中抹去的"家长"形象。这些形象反映了精神生活的不同侧面，同时，它们又将"存在"抽象化、概括化。在这些形象以及它们所处的环境中，我们能够感受到由控制产生的稳定，这种稳定不但确立了构图的整体关系，并且使生命的内在爆发力的活动范围有效地限制在一个大的结构之中——矩形和门经常起着这样的作用。另一方面，生命冲动或叫对这种稳定的反抗恰是构图的中心，它的力量非但没有因为它的活动被限制在一定范围内而遭到减弱，反而都因此增强了强度，过去曾经是放松甚至是发泄性的表现，在这时遭到了挤压和极大的限制，其结果是增强了表现的本身力度，换句话说，毛旭辉从来没有画出这样一些稳定的构图，但这些稳定的构图是强制性的，是

1990年11月15日,"云南十青年油画展"现场合影,左起:刘晓津、先燕云、姚钟华、于坚、毛旭辉、邓启耀

一种力量使得艺术家非如此处理不可的结果；同时，毛旭辉也从来没有把表现性语言的力度扩展得如此之大，它实际上是生命反抗死亡的逻辑发展，艺术家正视现实，并且积极地跟随他认为不得不承受的一切，他知道只有这样的承受，才能使自己找到力量的依据。"艺术本质上不是一种幻觉，而是一种承受力的产物。"

以后，"家长"系列的演绎延续了好几年，艺术家将"家长"衍生到了他的经历所能够提示的任何角落。

1990年11月，毛旭辉以"家长"系列的作品参加了由中国美术家协会云南分会、云南美术馆主办、姚钟华策划的"云南十青年油画展"。同月，昆明市电影美术工作者协会成立，在"家长"的深渊不能自拔的毛旭辉成了理事之一。

《水泥房间里的夫妇》　纸面油画　　48×76cm
1987 年

《家长·和明星在一起》　纸本拼贴、水彩、炭笔　56×81cm
1988 年

《家长》　布面油画　　100×120cm
1988 年

《家长》　布面油画　　111×165cm
1988 年

《自画像》 纸刻油彩 22×15.3cm
1988年

《靠背椅上的白色人体》 布面油画 101×81cm
1989年

《黄色调大家长图》　布面油画　140×140cm
1988 年

《白色调家长图》　布面油画　120×120cm
1990 年

《有黑白矩形的白色人体》　布面油画　140×140cm
1989年

仿大卫的《马拉之死》
布面油画　134×95cm
1989年

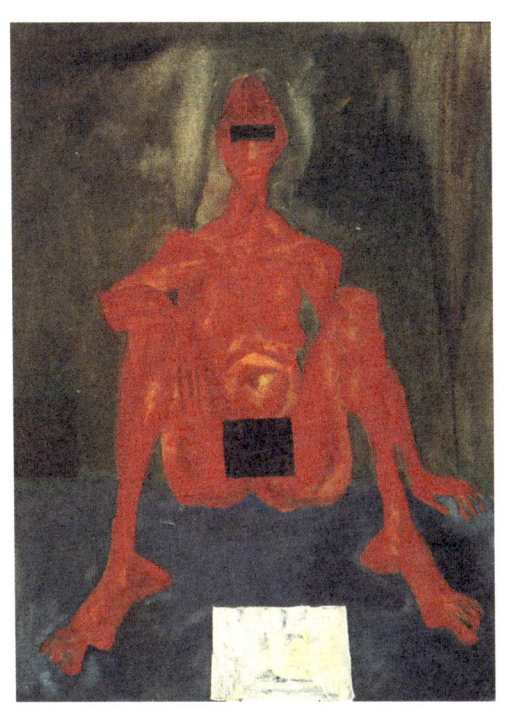

《坐着的红色人体之一》
纱布纸板油画
105×78cm
1989年

《坐着的红色人体之二》
纱布纸板油画
105×78cm
1989年

《坐着的红色人体之三》
纱布纸板油画
77 × 53cm
1989 年

《坐在靠背椅上的人》 布面油画 120×90cm
1989 年

《坐在扶手倚上的人》 布面油画 97×67cm
1989年

《坐在夜空中的家长》 布面油画 120×90cm
1989年

《坐在夜空中的家长·母性》　布面油画　　120×90cm
1989年

《家长·扶手椅》 布面油画 120×90cm
1989年

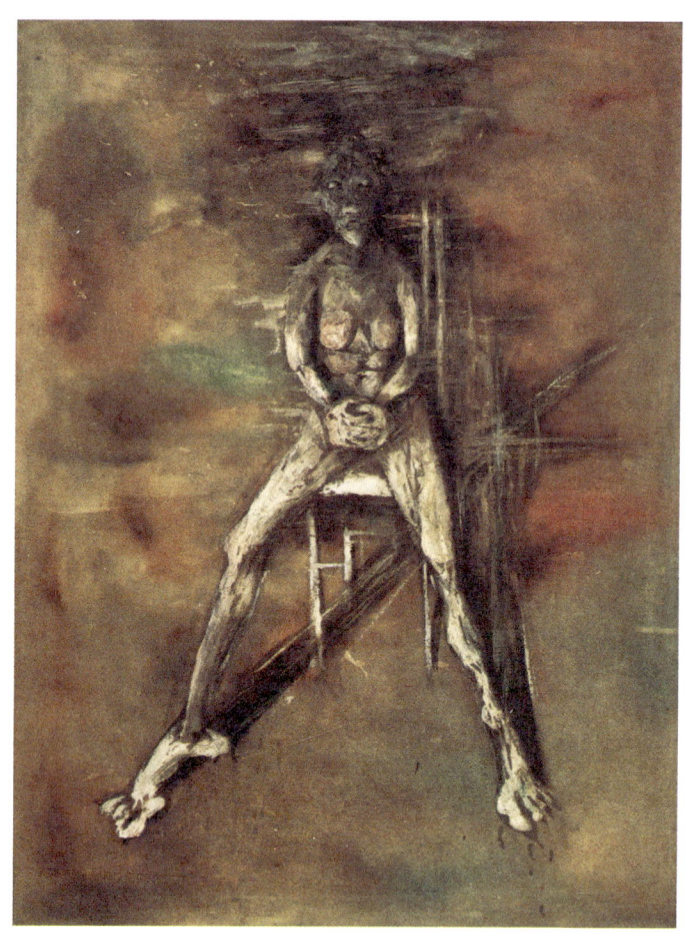

《坐在靠背椅上的白色人体》 布面油画 120×90cm
1989年

《家长系列·红门之二》 布面油画 120×120cm
1989 年

《家长系列·红门》 布面油画 100×100cm
1989 年

《坐在废墟中的家长》 布面油画 120×120cm
1989 年

《家长系列·白门》 布面油画 98×98cm
1990 年

《奔跑中的白色人体》　布面油画　120×160cm
1989 年

《坐在白色通道上的人》　布面油画　120×150cm
1990 年

《90家长三》　布面油画　　120×90cm×3
1990年

《家长肖像》　布面油画　　80×60cm
1990年

《坐在白色通道上的人》　布面油画　　120×150cm
1990年

《深夜走廊和楼梯》 木板油画 120×90cm
1990年

《红窟中的大家长图》 布面油画 120×150cm
1990 年

《黑色人体》 布面油画 117×147cm
1990 年

《坐在红色靠背椅上的家长》　布面油画　　90×90cm
1990年

后　记

　　约翰一直说得嘴唇发青。他打开窗子望着野外，看到太阳照到彭策尔阿尔卑斯山和格拉鲁斯阿尔卑斯山上，下面的山谷里传来了山区牧民的歌声和牛铃铛的响声。

　　"你要是有胆量，就把你说的这些话写下来！"朋友×说。

　　"好吧，我一定写下来，"约翰说，"我要用这些话作为《女仆的儿子》第四部的结尾。"

　　"第五部呢？第五部写什么？"

　　"去问将来吧！"

　　正如斯特林堡自己说的：他写《女仆的儿子》（这是毛旭辉喜欢的小说之一），"绝不是写什么悔罪书想得到别人宽恕或者写回忆录进行消遣。与此同时，也正好有一代年轻人开始走向生活，在这以前他们需要有点说明这个时代的东西，该书会有助于他们更好地了解自己生活的时代"。我之所以在完成《血缘的历史：1996年之前的张晓刚》之后又在时间极为欠缺的条件下写出《家长的故事：1980年代的毛旭辉》，不单是要向读者介绍一位50年代出生的艺术家，更重要的是希望利用毛旭辉的个人文献和资料来还原一段历史。这段历史虽然是由众多的艺术家和批评家共同构成的，远远不是一个人能够成就，但是，通过一个个体艺术家的历程，我们可以了解到艺术家所处的这个时代的心理状态和复杂变迁。的确，人们都会去想象历史的丰富性与复杂性甚至不可知性，但是历史根本就不是什么神秘主义的存在：历史总是要通过写作具体呈现出来，历史总是需要在一个个个案的描述中构成一个完整而清晰的形状。人们看到的历史经常是那样的概括而单调，仿佛不言而喻，以致对历史的判断往往表现出粗糙和缺乏洞察力，这就需要我们通过十倍的精力与注意力去挖掘历史的事实，以便构筑一个让人思绪无穷的历史大厦，并在其中流连忘返，同时，让"一代年轻人"了解到自己的生活与工作并没有离开这个大厦。

历史从来没有中断,历史将通过一个个活生生的人的生活与事件继续呈现出来,阿克顿曾说:"在我们这一代还不可能有终极的历史,然而我们能够抛弃因袭的历史。"我将艺术家毛旭辉的故事写出来,就是为了"抛弃因袭的历史",而让人们进一步认识到什么是应该了解的历史!

大多数艺术家都会有自己长期以来坚持的艺术原则,这种原则可能来自于艺术家对艺术最初的理解,这种原则后来会成为艺术家个人的思想田园。对于毛旭辉而言,他从来就是一个对表现主义天生持有极其强烈兴趣的艺术家之一。他似乎对于人性以及社会的终极问题有着天生的敏感性,即使他并没有把自己定义在"灵魂观察家"的角色上。

我们(艺术家肯定是我们中间的一个)处在一个人文学科正在迅速失去有效性的文化辩护主义的时期,在这样一个时期,经验与常规起着阻碍文化发展的作用。一方面,文化辩护主义的时期是一种知识结构,这种结构使文化成为形式主义的文字、形象乃至物品,文化最为本质的内核——它的怀疑与批判——因此而丧失得一干二净;另一方面,文化辩护主义是一种伦理道德准则,它把人的行为规范限制在一个徒有其表的"文明"范围之内,以致生命所具有的自由创造的权力被无形剥夺。更为值得提醒的是,文化辩护主义也是一种政治工具,它以一种政治的力量又以"文化"的名义实为意识形态的破布碎片来包裹不堪一击的痕疮。一句话,文化辩护主义拒绝对生命遭受到的各种问题给予有效的暴露与解决。可是,我们从来没有看到生命面临着如此众多且十分急迫的问题,它们以各种形式和方式将生命的水分挤干,使得生命丧失活力,在这样一种历史的关键时期,生命如何重新成为可能就成了当下文化的一个根本课题。毛旭辉是参与这一课题为数不多的文化人之一。他在切入问题的方法和角度上显然受惠于其他文化思想,他以他的工作向我们表明,只有挑破脓疮才能解决根本问题。来自尼采、萨特、黑塞这样一些西方人物的思想无疑与艺术家所处的文化现实是格格不入的,按照文化辩护主义者的看法,自身的问题可以依靠自身的逻辑来解决，一种特殊文化具有一套完善自身修复自身的机制，并且在人们的记忆中，这样的"完善"与"修复"是有据可查的。

非常有意义的是，艺术家从一开始，就把批判的矛头指向"自我"，他把"自我"剖开，让观众目睹生命病入膏肓的境况。他告诉我们，本能的冲击是那样邪恶但却又是那样富于生命力和给人以希望；告诉我们文化辩护主义滋滋乐道的"理想"比它所指责的虚无主义更为缺乏真实性；告诉我们个人主义的"私人空间"虽然十分狭小，但正是无数个这样的空间在推动社会整体的发展；最后，艺术家告诉我们，对文化课题的解决从根本上讲始终是对人的问题的解决。

对文化的任何一种活动赋予的价值判断具有相对性，但这并不是说相对性的权力可以为任何一种势力拥有，既然我们把文化的变异（文化只存在变异与死亡这两个可能）看成不过是人为改变他的存在方式所做的创造性的努力，那么我们就可以非常肯定地说，艺术家的工作和艺术因此而获得了文化的绝对意义。的确，也正是由于像毛旭辉这样的艺术家和知识分子微不足道的工作，在改变着人们的观念以及他们观察世界的方式。艺术家的确不可能替代人们去实施他们对自身和对自身环境的具体改变，但是艺术家为他们提供了有益于精神健康的药物。

以上是我为为什么要写作这本书进行的再次补充说明。

最后要交代的是，基于主题与相应的体例，本书只能限于毛旭辉80年代的艺术历程，自从"家长"出现之后，艺术家延续这个主题有好几年的时间，到了1994年，他发现他的"家长"变得越发"抽象"，他又转向了非常具体的日常生活中的物象，这种变化的确类似他之前从具有乌托邦色彩的"圭山"题材转向"私人空间"的主题一样。在写于1995年12月26日的一封给高名潞的信中，艺术家解释说：

从"家长系列"过渡到"日常史诗"，是基于这样一种动机。"家长系列"的后期已经画得愈来愈抽象和"形而上"了。为了避免空洞，我想回到更具体和琐碎的日常生活中来，找到那种真正意义上的类似"史诗"和"形而上"的东西，我自己的生活经历、体验、感觉，都不断地告诉我，应该是这样的，因为最终我只能关心真正与自己有关的东西。

从1990年之后，毛旭辉在"家长"系列上倾注了大量的精力，直至1994年，他将"家长"的尖锐和不能调和的冲突内核进一步转化为"剪刀"，艺术家又一次进入了艺术的新的阶段。之后，毛旭辉将自己的艺术实践融入了中国当代艺术所面临的一个接一个的新问题中。

图书在版编目（CIP）数据

家长的故事：1980年代的毛旭辉／吕澎著．—北京：新星出版社，2019.12
ISBN 978-7-5133-3418-1

Ⅰ．①家… Ⅱ．①吕… Ⅲ．①毛旭辉–传记 Ⅳ．① K825.72

中国版本图书馆 CIP 数据核字 (2019) 第 222422 号

传记文库

家长的故事：1980年代的毛旭辉

吕澎 著

策 划 人：简　枫
责任编辑：孙立英
责任校对：刘　义
责任印制：李珊珊
装帧设计：简　枫

出版发行：新星出版社
出 版 人：马汝军
社　　址：北京市西城区车公庄大街丙3号楼　　100044
网　　址：www.newstarpress.com
电　　话：010-88310888
传　　真：010-65270449
法律顾问：北京市岳成律师事务所

读者服务：010-88310811　　service@newstarpress.com
邮购地址：北京市西城区车公庄大街丙3号楼　　100044

印　　刷：北京美图印务有限公司
开　　本：710mm×1000mm　　1/16
印　　张：23.25
字　　数：300千字
版　　次：2019年12月第一版　　2019年12月第一次印刷
书　　号：ISBN 978-7-5133-3418-1
定　　价：78.00元

版权专有，侵权必究；如有质量问题，请与印刷厂联系调换。